합기도

역사·철학·수행

합기도
역사·철학·수행

발행일 2013년 9월 3일 초판 1쇄

지은이 | 황종대 김동규
펴낸이 | 노석균
펴낸곳 | 영남대학교출판부
출판등록 | 1975년 9월 5일 경산 제16-1호

주소 | 경북 경산시 대동 214-1
전화 | 053) 810-1801~3 · FAX 053) 810-4722
홈페이지 | book.yu.ac.kr

ISBN 978-89-7581-471-6 93690

이 도서의 국립중앙도서관 출판시도서목록(CIP)은
서지정보유통지원시스템 홈페이지(http://seoji.nl.go.kr)와
국가자료공동목록시스템(http://www.nl.go.kr/kolisnet)에서
이용하실 수 있습니다.(CIP제어번호: CIP2013017335)

합기도

역사·철학·수행

황종대 · 김동규 지음

영남대학교출판부

머리말

합기도는 1945년 8월 15일 우리나라가 일제의 강점에서 벗어난 후 일본으로부터 최용술(崔龍述)의 귀국에 의해 시작되어 세계 여러 곳에서 실용성과 효율성을 인정받고 있는 무도이다. 전통무도의 본질적 요소인 지속성, 고유성, 대중성, 현재성 등에 부합됨은 물론 종합무도의 성격이 강하고 수행분야가 다양하며, 상대를 제압함에 있어 독자적인 특성이 존재하는 무도가 합기도이다. 그리하여 합기도는 경찰공무원의 자격취득과 경호무도나 실전무도 및 호신술 등의 목적으로 다양하게 활용되고 있다.

그러나 최근까지 출간된 합기도(HAPKIDO)의 출판물들은 합기도의 대중화에 비해 양적, 질적으로 미비함은 물론 합기도의 이론을 소홀히 한 채 술기(術技)에 대한 기술적 나열이 전부인 것처럼 서술되고, 역사철학적 접근에서 왜곡된 부분이 고정관념화 되어 무비판적으로 인용된 내용들이 주류를 이루고 있다. 또한 개별단체의 시각에 의해 범위가 제한된 편파적이고 편협적인 주장이 보편적이고 포괄적인 사실인양 오도하는 경향도 있다. 이는 다름을 인정하려는 성숙한 연구문화가 정착되지 않은 현상이며, 자국의 전통무도에 대한 문서화와 이론화가 합기도계에서는 아직 미흡함을 의미하는 것이다. 이러한 측면에서 이 저서의 상당부분은 검증을 거친 저자의 석·박사학위논문 및 학술지 등에 게재되거나 발표된 내용으로서, 합기도의 이론과 실제에 대해 균형을 유지하려는 노력의 결실이라고 볼 수 있다. 그러한 점에서 이 저서는 합기도의 역사·철학·수행 등의 총괄적 맥락을 정초하는데 유용한 지침서가 될 것으로 본다.

이 저서는 일곱 장으로 구성되어 있다. 제1장은 개관, 제2장과 3장은 역사, 제4장과 5장은 철학, 제6장과 7장은 수행으로 구성되어 있다. 이를 세부적으로 보면, 제2장 '한국무도의 역사적 맥락'은 한국합기도의 역사와 본질의 흐름을 이해하는 부분으로 구성되어 있다. 이는 삼국·고려·조선·근대의 무도사가 한국합기도의 형성에 전통적 인식의 기반을 이루고 있다는 광의의 의미로서 한국무도사를 규정한다는데 의미가 있다.

제3장 '합기도의 역사성과 발전과정'은 합기도의 모체라 할 수 있는 대동류합기유술(大東流合氣柔術)의 근원과 해방 이후 최용술이 국내활동을 시작하고, 그 제자들에 의해 성립·발전·유지되어 온 한국합기도의 흐름을 태동기, 발전기, 성장기, 전환기 등으로 구분

해서 전개하였다. 제4장 '한국합기도의 철학적 구성원리'에서는 한국합기도 개념의 철학적 함의, 예 정신, 3대 원리에 내재된 철학적 함의 등을 논하였다. 제5장 '한국합기도의 사상적 맥락'에서는 한국합기도가 전통무도의 본질적 요소인 지속성·고유성·대중성·현재성 등에 부합됨과 한국합기도 철학의 주된 키워드라 할 수 있는 한(ᄒᆞᆫ) · 기(氣) · 도(道) 사상(思想)에 대해 다루었다.

제6장에서는 한국합기도 수행의 일부라고 할 수 있는 준비운동과 정리운동의 의미에 대해 탐색함으로써 한국합기도 준비 · 정리운동의 형태에 관한 이론을 정립하고 한국합기도 수련 시의 안전과 효율성을 증진시키려 하였다. 제7장은 한국합기도를 지탱하게 하는 근간이자 근원적인 동력이라 할 수 있는 수행의 실제로서 유사단체의 난립 속에서 한국합기도의 기술적 체계를 밝히고자 술기의 종류와 형태가 지닌 의미에 대해 심도 있게 접근하였다. 술기의 체계적인 이론정립과 단전호흡, 겨루기, 격파, 활법 등 한국합기도만의 독자적인 기술적 특성을 확립하려 하였다.

부록에서는 합기도 관련 박사학위논문, 합기도 관련 학회지 게재논문, 합기도 관련 국내단체, 합기도 · 무도 · 호신술의 수업계획서,

수강생의 합기도 승단심사 채점표 등을 첨부하였다. 마지막으로 저서가 완성되기까지 조언을 아끼지 않은 박병관 회장, 제갈성모 회장, 주철수 교수, 주동진 교수, 구강본 교수, 김현수 교수, 영남대학교 대학원 체육학과 연구실 및 스포츠사회철학회 회원들에게 감사의 뜻을 전하며, 출판을 허락한 영남대학교 출판부에도 감사의 마음을 전한다.

2013년 9월

지은이

차 례

제5장 한국합기도의 사상적 맥락

제6장 한국합기도의 준비운동과 정리운동

제7장 한국합기도 수행의 실제

제1장 개관

서구화되어 가고 있는 현대사회에서 전통과 맥 잇기를 근본으로 하는 동양무도의 수행은 시대에 뒤떨어진 현명치 못한 삶의 방식으로 비춰질 수 있다. 세련된 장비와 함께 '보다 빠르게, 보다 높게, 보다 강하게'를 지향하는 현대스포츠에 숙련된 자들만이 문화인으로 숭앙될 수 있는 사회정황인 것이다. 그리하여 동작의 이치를 깨달으면서 익혀야 하고, 선명치 못한 언어들을 이해하는 데에 많은 시간이 요구되는 무도의 수행은 무모한 일이 될 수 있다.

그럼에도 불구하고 최근 동양은 물론 서구인들에까지 무도의 수행은 그 폭을 넓혀가고 있다. 동양무도의 상징인 도인道人은 아니더라도 도복으로 무장하고 예의를 갖추면서 단련에 여념이 없는 일상인과 서구인의 모습은 이제 흔히 볼 수 있는 현상이 되었다. 이와 함께 농구, 배구, 축구나 복싱, 레슬링 등과 같은 서양스포츠에서 발현되는 유희성, 경쟁성을 기축으로 한 스포츠적 성향이 무도에서도 도출되고 있다. '일격필살一擊必殺'이라고 하는 거시적 차원의 이념이 작은 기술의 합산이라고 하는 미시적 차원으로 변모되고 있고, 산이나 계곡 혹은 산중 사원寺院에서 행해지던 무도수행이 이제는 대도시 한가운데에서도 행해지고 있다.

20세기 중반에 이르러, 서양사회의 많은 관심 속에서 양적으로 큰 발전을 이룬 동양무도가 발전한 계기는 스포츠산업적인 측면이 한 몫을 하였다. 일본의 유도柔道와 가라테空手道, 唐手道는 제2차 세계대전 이후 일본에 주둔했던 미군들로부터 동양무도의 신비주의에 관심이 모아졌으며, 중국의 쿵푸功夫는 절권도截拳道의 창시자이며 영화배우인 리샤오룽李小龍의 영상(문화적 측면)에 의해 서양사회에 상당한 파장을 일으켰다. 이어 태권도가 '88 서울올림픽' 이후 동양무도의 가치를 경쟁스포츠로 변모시키면서 입지를 강화하였다.

오랜 세월동안 동양무도는 천지인·합일사상天地人·合一思想에 의해 신비주의에 묻혀있었다. 즉 무위자연無爲自然의 노장사상老莊思想·유가儒家의 공자사상孔子思想·석가모니釋迦牟尼의 불교사상佛教思想 등에 기반 한 동양무도는 기독교의 심신이원론적 이성주의 사유체계의 서양철학적 입장에서 보면 이해하기 어려운 수행으로 치부될 수밖에 없었다. 서양인들에게는 동양철학을 바탕으로 한 동양무도의 수행체계가 수용되기 힘든 과정이었던 것이다. 이러한 면은 한국의 합기도合氣道, Hapkido와 일본의 아이기도合気道, Aikido에서도 예외가 아니었다.

최근 확산되고 있는 동양무도의 경기스포츠 또는 스포츠산업화 현상은 무도의 본질과는 거리가 있지만, 전 세계에 보급되고 신비주의에서 벗어날 수 있는 계기가 되고 있다. 그러한 밝은 면이 있음에도 불구하고, 무도에 내재된 역사와 철학적 성찰을 간과하고 술기중심의 무도만을 강조하게 되면 무도의 정체성은 상실될 수밖에 없다. 이는 결국 무도수행에 있어서 신체와 정신의 불협화음을 초래하게 되는 것이다. 이는 합기도 수행에 있어서도 동일하게 걱정되는 부분으로서 무도수행이 신체단련뿐만 아니라 수행자의 인격조화와 예禮의 교육적 가능성을 전제하는 것이다. 무도는 건전한 인간상과 주체성 확립의 기회를 가질 수 있는 사회교육적 가치를 강조하고 있으며, 이러한 시각에서 보면, 무도는 개인의 생존은 물론 국가의 존립과도 무관하지 않은 것이다.

무도에서 의미하는 '동양'은 엄밀한 의미에서 서양에 대한 아시아 전체가 아니라 한자문화권, 즉 한국, 중국, 일본 등을 포함하는 동아시아 지역을 가리킨다. 무도라고 하는 이념과 실천이 이들 동양의 세 나라에서 성장되고 발전하였기 때문이다(이진수, 2004). 그리하여 한국을 비롯한 중국, 일본 등에서는 자연히 인간의 한계를 극복하거나 생존율을 높이기 위해 옛부터 맨손과 무기를 사용하는 무도를 주요 문화로 정착시켜 왔다.

현대사회에서 무도는 지구상 어느 국가나 사회에서도 수련되고 있는 세계적 신체활동의 한 양식이 되었기 때문에(양진방, 2002) 오늘날의 무도는 근대적 특성의 차원을 넘어 현대적 감각에 부응하는 무도로 발전해야 하는 시대적 과제를 안고 있다. 일부 전통무도들은 이미 국제대회의 스포츠로 각인되어 가고 있으며, 이에 대한 대책은 무도인 혹은 체육전문인의 거부할 수 없는 시대적 소명이 되고 있다.

무도에는 태권도, 유도, 검도 등과 함께 합기도가 한 축을 이루고 있다. 합기도는 태권도, 유도 등과는 달리 현재 국제경기화로 인한 전통무도의 정체성 훼손문제가 비교적 안정적이라고 볼 수 있다. 그럼에도 불구하고 합기도는 세계화, 국제화, 스포츠화 등의 흐름에 일정 수준 부응하면서 전통무도의 정체성만은 상실하지 않으려는 자구책이 이 시점에서 논의되어야 할 것이다.

따라서 이 저서는 합기도의 뿌리를 바르게 이해하고 한국 고유의 합기도사상과 수행분야를 정립하고, 한국합기도의 역사·철학·수행의 총괄적 맥락을 정초하는데 의미가 있다. 이는 합기도의 난제, 즉 스포츠화와 무도성의 조화 문제를 해결하는 계기가 될 수 있으며, 타 무도에서 겪고 있는 무도성의 훼손을 최소화시킬 수 있는 기반구축이 될 것이다. 그리하여 이 저서는 합기도의 근원과 정체성을 확립하는 동시에 한국합기도의 성립과정 및 수행의 실제를 체계적으로 정립하려는데 목적을 지니고 있다. 즉 합기도의 역사를 추적한 후 수행의 목표가 심신의 단련은 물론, 바람직한 인격체의 형성을 기반으로 사회질서 유지와 복지사회의 구현에 일익을 담당하려는 보편적 가치의 추구에 있음을 밝히고자 한다. 이는 합기도에 대한 올바른 역사의식과 가치관 및 본질을 이해하는데 있어서 중요한 단서가 될 것이다. 이 저서의 세부적인 내용은 다음과 같다.

첫째, 한국무도의 역사적 맥락을 기반으로 합기도의 역사성과 발전과정을 탐색함으로써 합기도의 전통수립과 역사적 근원을 파악하려 한다. 이는 사실적 근거에 입각한 한국합기도 70여년의 역사를 정립하는 계기가 될 것이다.

둘째, 합기도의 철학적 구성원리와 사상적 맥락을 논의함으로써 스포츠와 무도성의 조화, 그리고 정체성을 확립하려고 한다. 이는 한국합기도 기술인 술기 등의 외재적인 형태와 함께 평상심, 최선, 예절, 초심, 끈기, 겸손 등의 내재적 가치를 인식하는 기반이 될 것이다.

셋째, 한국합기도의 본질이자 근원적인 동력이라 할 수 있는 수행의 이론적 기반을 준비·정리운동과 더불어 체계화 하려 한다. 이는 일본 아이기도 및 타 무도와 차별화된 한국합기도의 존재 및 한국합기도 수행의 이론적 근거를 정립하는 계기가 될 것이다.

제2장 한국무도의 역사적 맥락

고대부터 현대까지 무도와 관련된 주요한 사실들은 무도사(武道史)에서 살펴볼 수 있다(김주연, 2008). 역사History라는 말의 어원인 그리스어의 Historia는 '찾아서 얻은 지식'이라는 의미를 담고 있다(한국의역사와문화편찬위원회, 1995). 김호연(2004: 26-36)에 의하면, 역사연구의 필요성이나 효용성은 첫째, 삶의 교훈, 둘째, 인간의 자기 발견, 셋째, 지식과 학문의 기초, 넷째, 미래에 대한 예측이라는 측면으로 볼 수 있으며, 다른 학문과 구별되는 가장 두드러진 특징은 "시간적 차원의 문제를 다루고, 시간에 대한 개념과 중요성을 인식시켜 준다."고 하였다.

한국무도는 한국체육의 뿌리이며 스포츠 정신의 기본적인 틀을 제공한다. 또한 현대사회에서 다양한 체육문화의 일부로서 정착하였다(이종영, 김권택, 2009). 육태안(1990: 31)은 "무도의 역사는 민족의 역사와 같이 시작되었으며 함께 숨 쉬며 살아왔다. 역사의 흐름 속에서 그 빛을 발하던 때도 있었고 어두움의 그늘에 가리어져 보이지 않을 때도 있었지만, 항상 우리 민족과 함께 그 운명을 같이 하고, 지금 이 순간까지 이어져 내려오고 있으며, 앞으로도 민족이 살아있는 한에는 그 운명을 같이할 것"이라고 하였다.

> 특정사회나 민족의 신체문화를 이해하려 할 때, 무도라는 신체활동을 통해 그 나라의 신체문화를 살피는 작업은 매우 큰 의의를 갖는다. 무도는 그 사회의 최고 통치자와 그를 중심으로 하는 엘리트 집단에 의해 전승되는 문화적 성격을 지니는 반면, 사회 구성원의 대다수를 차지하는 민중들에 의해 전승되는 문화적 성격도 함께 지니고 있다. 우리나라의 경우 예를 들어, 조선 시대에 많은 무도를 체계화하여 왕과 엘리트 집단들이 신체단련의 수단으로서 혹은 입신양명의 발판으로 삼아 수련해 왔을 뿐 아니라, 일반 민중에게도 널리 보급하여 장려해 왔다. 당시 무도를 통한 신분 상승의 통로로써 마련된 제도적 장치중 하나가 바로 과거제도였다. 그러나 갑오개혁을 계기로 과거제도, 신분제도 등이 철폐되고 외부 열강에 의한 문명개화 속에서 근대적 군사제도가 수용됨에 따라 전통적인 무도문화는 많은 영향을 받게 되었다. 게다가 일본의 식민지 지배를 거치면서 우리의 일상 생활문화는 한층 더 근대화의 길을 걷게 된다. 그러한 과정에서 전통적 무도 또한 서서히 쇠퇴하거나 그 자취를 감추어 완전히 사라진 경우도 있었다(이승수, 2007: 52).

역사를 바르게 아는 것은 단지 과거에 대한 지식의 습득만으로 그치는 것이 아니라 역사를 통해 지난날의 과오를 정확하게 파악하여 앞으로는 동일한 과오를 되풀이하지 않고 바른 길을 찾을 수 있다는 것에 그 의의를 둘 수 있다(최점현, 2008). 역사는 지나간 과거를 배우고 익혀서 다가올 미래를 밝게 조명하는데 그 의의가 있는 것(김동규, 1999)이기 때문이다. 이러한 맥락에서 황종대는 "한국 무도는 일제 강점이라는 역사적인 특수성도 있었지만 인류의 시작 때 혹은 고구려高句麗, 백제百濟, 신라新羅까지 거론하며 명확한 자료와 물증 없이 오래 전부터 전래되어 왔다고 내세우고, 벽화나 책자에 그려진 애매모호한 그림으로써 자신의 무도동작이라고 하는 것은 바람직하지 못하다"고 하였다.

실제 한국의 상당수 무도가 도입되고 발전하게 된 것은 식민지 시대 혹은 광복 이후 일본과의 관련 속에서 이루어진 것임에도 불구하고 각 무도의 역사적인 기원을 모두 고대 한국으로 올려 잡음으로써 학문적 진실성이란 측면에서 문제가 되고 있다(이재학, 2005). 국내에서 자생하고 있는 무도의 수는 엄청나게 많다. 일부는 한국의 전통무도라고 하기도 하지만, 일부는 중국에서, 일부는 일본에서, 그리고 일부는 역사적 자료조차 제시하지 못하는 무도들도 있다(강유원, 김이수, 2005). 따라서 이 장에서의 논의는 한국무도의 역사적 맥락을 논의하여 한국합기도의 올바른 역사와 본질의 흐름을 이해하는데 있다.

1. 삼국시대의 무도사

고대, 중세에서 현대에 이르기까지 어느 나라·민족을 보더라도 그 흥망興亡의 뒤안길에는 무武의 저력이 힘차게 고동치고 있음을 알 수 있다. 우리 민족의 유구한 역사 또한 그러한 武의 저력에 의해 계승되어 왔다고 해도 과언이 아닐 것이다(신좌중, 2006). 이에 김부찬(2005: 16)은 "무도의 기원이 정확히 언제부터인가를 규정할 수는 없지만, 고대국가의 형성이전부터 무도를 연마하기 시작한 것은 분명하다"고 하였다. 이와 관련하여 안용규는 다음과 같이 진술하고 있다.

> 어느 민족이나 그들 고유의 무도가 있었으며 그것은 민족 나름의 생활여건 등 역사 속에서 형성된 것으로서 그 민족의 얼이 담겨져 있는데 우리 민족에게도 이러한 무도의 형태가 있었음에 틀림이 없다. 전통무도라는 것은 스포츠의 전래 특성처럼 어느 날 갑자기 소개되어 발하는 법은 흔치 않기 때문이다. 따라서 무도의 역사는 인류의 역사와 맥을 같이 하고 있음이 명백하다. 험난한 대자연속에서 생존을 영위하기 위해서는 먹을 것을 취해야 했을 뿐만 아니라 천재지변과 불의의 고역으로부터 자기 스스로를 보호하기 위해 본능적인 방어능력을 필요로 했기 때문이다. 오늘날과 같이 과학이나 기술 또는 무기가 발달하지 못했던 과거일수록 무도단련의 필요성은 절실했을 것이다. 그러므로 한국 무도의 역사는 민족의 발생과 기원이 같다고 할 수 있다(안용규, 2006: 42).

생존을 위한 본능적 행동과 농경발달에 따른 잉여생산물의 상호쟁탈로 인해 원시사회는 전사적 수련이 무엇보다 중요했고, 이 시대 신체활동의 대부분은 무사수련이 가장 핵심적인 요소인 것이다(이재학, 2005). 즉 인간의 근원적 본능과 생존율 등의 한계를 극복하기 위해 무도의 발달은 자연스러운 것이었으며, 무도는 인간의 생득적·본능적·자연적 현상과 맥락을 같이한다고 볼 수 있다. 그 후 삼국시대에 접어들면서 각국 간에 경쟁이 치열해지므로 인해 국가주도의 군사력 증강에 따라 조직적·체계적으로 무도가 발전해 왔다고 할 수 있을 것이다.

우리나라의 무도사를 시대별로 살펴본다면 삼국시대부터 그 근원을 찾을 수 있다(이교윤, 2002). 삼국시대에 들어와서 고구려, 백제, 신라가 대내적으로 세력 확장을 위한 영토 분쟁과 민족 통일을 위한 각축전을 벌였으며, 대외적으로는 외적에 대한 민족적 의식의 각성을 촉진시키기 위해 무도를 중심으로 한 활동이 성행하였다(박병국, 김경호, 2005). 특히 삼국시대의 집권세력들은 그들의 영화와 번영을 위해서 무력적 정복과 통치가 필요하다는 인식하에 끊임없이 공방전을 벌였다(최종삼, 1993). 또한 박맹로, 박성희(1998: 642)는 "삼국은 때에 따라 북방의 중국이나 남쪽의 일본 등을 서로 이용하거나, 결탁하여 외세를 국내 전에 끌어들였다"고 하였다. 삼국시대의 지리적 여건에 의한 각국 간의 상황을 살펴보면 다음과 같다.

> 고대 한국은 지리적 영향을 많이 받았다. 삼국시대에 이르러 고구려는 서북으로 수당(隋唐)이라는 거대한 세력이 있어 무력적 충돌에 대비해 상무적 기질을 길러 세력을 견제하면서도 남으로 신라·백제와 세력균형을 이루고 있었다. 백제는 서쪽으로 바다 건너 수당이라는 세력과 마주보고 있었으며, 남으로 왜(倭)라는 섬나라와 근접해 있어서 그 영향을 서로 주고받았으며, 신라는 동·남쪽으로 바다 건너 왜와 교섭이 잦았고 서북으로 백제·고구려와 접경을 이루고 있어 영토분쟁이 끊임없이 계속되는 가운데 나라를 지키기 위한 독특한 문화를 형성하고 있었다(이성진, 김의영, 2005: 40).

이에 대해 나현성(1974: 23)은 "삼국시대의 훌륭한 무사가 국가의 유능한 지도자였고, 무도적 수련의 성과에 근거하여 인재를 등용하였다. 삼국의 충돌로 인한 국민들은 군사적 의무를 부담하지 않을 수 없었고, 국가적인 목적달성을 위하여 무사적 수련집단이 조직되었다"고 하였다. 고구려, 백제, 신라 등으로 구분하여 삼국시대의 무도사를 살펴보자.

1) 고구려

고구려는 대한민국의 옛 나라였다. 우리의 선조들이 뿌리를 내리고 이 땅에서 살고 생활한 것은 고조선을 시초로 오천 년의 세월이 흘러왔다(임식, 홍재익, 2008). 즉 고구려는 기원전 37년에 주몽집단이 졸본지역에 정착하여 건국하였고, 백제는 기원전 18년에 고구려에서 남하해 온 온조집단이 한강유역에 정착하여 세웠다. 신라는 혁거세가 기원전 57년 경주지역에서 6촌장의 추대를 받아 세웠다(한국의 역사와 문화편찬위원회, 1995).

고대한국의 무도는 지리적 영향을 많이 받았으며, 고구려의 시조인 주몽이란 이름은 당시 부여에서 활을 잘 쏘는 사람에게 붙여주던 위대한 용사의 별칭임을 언어학자들은 밝히고 있다. 고구려가 집권적 봉건국가로 성장한 후 삼국정립이라는 불리한 여건임에도 불구하고 고구려·수나라, 고구려·당나라 전쟁 등 거의 한 세기에 걸쳐서 대륙의 초강대 세력과 굳건하게 항쟁하여 빛나는 승리를 거둔 것은 우리 민족의 자랑이며 영광이 아닐 수 없다(임동규, 1990). 그래서 고구려는 용맹하고 강건한 군인을 만들기 위해 무도수련장과 같은 경당[扃堂]을 만들었다(최종삼, 손수범, 2006). 고구려의 역사적 맥락에 대해 신장호는 다음과 같이 서술하고 있다.

> 고구려는 신라, 백제와는 달리 국경이 중국대륙과 맞닿아 있었기 때문에 외세의 침략을 받아왔다. 그러나 많은 외세의 침략으로부터 한반도를 지켜나갔기 때문에 민족의 방파제 역할을 해왔다는데 고구려에 대한 가장 큰 역사적 의의를 두고 있다. 고구려는 삼국 중 가장 먼저 고대국가의 모습을 갖추어 나갔으며, 주위의 적인 한족과의 투쟁과정에서 성장 발달한 관계로

> 백제, 신라보다 기력이 호전적인 국민이었다. 또한 대륙과 접해 있었던 관계로 가장 일찍 대륙문화를 받아 들였으며, 주체적 역량과 자율성을 지닌 왕권국가로 발전시킨 강력한 힘을 가질 수 있었다(신장호, 2007: 11).

2) 백제

백제는 국민개병제[國民皆兵制]의 군사조직을 가지고 있었기 때문에 폐망 때까지 강한 군사력으로 주변국을 위협했으며, 해상권을 행사하기도 하였다(김이수, 1995). 특히 일본에 지대한 영향을 미쳤음을 알 수 있는데, 이에 대해 이성진은 다음과 같이 서술하고 있다.

> 백제는 고구려의 유민이 세운 국가로서 고구려와 같이 수박과 각저(角抵)가 있었을 것이나 사서(史書)의 기록에는 나타나지 않았다. 백제의 무도도 전투능력 향상을 위해 수련하였으며 건국 이래 삼국이 국력을 겨루는 상황에서 크게 장려 되었을 것이다. 검술과 궁술이 발달했다는 점은 기록을 통하여 알 수 있다. 백제에는 22부제의 내부에 도부(刀部, 도검의 제작과 관리를 맡았던 부서)라는 관직을 두었다. 그리고 칠지도(七支刀)를 일본에 보내는 등 도검(刀劍)을 통한 외교활동도 있었다. 이러한 백제의 도검에 대한 관심은 도검이 가지는 신성한 의미까지 부여하였던 것으로 보인다(이성진, 2005: 63).

백제의 역사서는 거의 소멸되어 정확한 역사를 말하기 어렵다. 그래서 중국과 일본의 역사서와 삼국사기와 삼국유사에 등장하는 단편적인 이야기들로 유추할 수밖에 없는 실정이다. 백제에서의 무도적인 활동은 도검[刀劍]으로 일본국왕에 하사한 것으로 알려진 칠지도검이 존재하고, 일본에서 사무라이로 발전한 ‘싸울아비’무사도가 존재하는 것으로 보아 검법이 고구려나 신라 못지않았을 것으로 추측할 수 있을 뿐이다(김부찬, 2005). 이러한 아쉬움을 김주연은 다음과 같이 이야기하고 있다.

> 무도사의 기록유형으로 문헌자료가 독보적인 인식을 가지고 있는 실정에서 무도사의 기록은 항상 부족함이 있기 마련인데, 이는 기록의 생산 자체가 이루어지지 않았거나, 기록은 있지만 구체적인 사실의 확인이 불가능하거나, 보관상의 문제로 기록이 유실된 경우가 많기 때문이다. 그리고 때로는 권력기관이나 기득권 세력에게 불리한 기록으로 취급되어 폐기되었거나 기록의 공개를 막아 놓은 경우도 찾을 수 있다. 한국사에서 무도사 기록의 부족은 아마도 武보다는 文을 더욱 숭상해서, 기록할 때에도 武와 관련된 사실에 대한 기록을 남기는데 인색하였기 때문으로 여겨진다. 즉 무도와 관련된 기록의 부족은 역사가 ‘승리자의 기록’과 비유되는 측면에서 볼 때, 한국사 대부분에서 무도가 기득권 세력에 속하지 못했음을 거듭 확인시켜주는 것이기도 하다(김주연, 2008: 4).

이에 오장환(1991: 40)은 “일본의 「일본서기」에는 백제의 벼슬아치 및 수박에 능한 무인武人을 일본 조정에서 초청하여 일본의 무술인과 상박相搏하게 하였다는 기록이 있다”고 하였다. 이는 백제에 수박이 행해졌음을 알 수 있게 하는 기록이라고 볼 수 있다.

3) 신라

신라는 삼국지 위지魏志에 사로斯盧, 삼국사기나 삼국유사에 서벌徐伐, 서나벌徐那伐 등에서 나타나 있듯이 처음에 경주 중심의 조그만 부족국가였으나 북으로부터 유이민流移民을 받아들이면서 부족연맹의 세력을 형성하게 되고, 그 뒤 지배 세력이 강화되어 고대 국가의 기초가 잡히기 시작하였다. 신라가 삼국통일의 위업을 달성하는 데는 화랑도의 이념, 조직, 훈련을 통하여 호국의 토대 아래 국가에 기여한 바가 절대적이었다. 신라의 뛰어난 용장과 열사들은 대부분 화랑출신이라는 것이 그것을 입증해 주고 있다(안용규, 2006).

화랑은 원화·국선·선랑·풍월도·풍류도라는 이름을 가지고 있다. 화랑의 기원은 신라에 국한하지 않고 고대시대로 거슬러 올라가 찾아 볼 수 있다. 본래 화랑은 삼한 진한의 소도蘇塗 - 솟대 제단의 무사에서 온 것으로 그때의 「仙(선비)」이라고 칭하는 자이다. 이것을 고구려에서는 조의선인이라고 하였고, 신라에서는 미모를 취한 화랑이라 하였다(김기태, 2000). 이홍진은 신라화랑의 활동에 대해 다음과 같이 진술하고 있다.

> 신라의 무도는 화랑을 중심으로 하여 번성하였는데 화랑의 활동을 보면 '서로 도의(道義)를 좇아 닦고, 서로 노래와 음악을 즐기고, 명산대천을 유람하며 즐기고, 아무리 멀어도 아니 가는 곳이 없으며, 난시(亂時)에는 전장에 나가 죽음을 영광으로 알아서 공익을 위해 한 몸을 희생하는 정신이 있었다. 또한 수박이라 하여 맨손무도인 권법과 격검(擊劍)이라 하여 검 사용법, 기마(騎馬)라 하여 말을 이용한 무도가 활발히 이루어졌음을 알 수 있다(이홍진, 2007: 150).

삼국통일을 이룩한 신라는 삼국가운데 가장 늦게 고대국가를 형성하고 한민족 최초로 국토의 통일을 이룩하여 민족 자주성과 주체성을 확립하여 민족문화의 뿌리를 내렸다는 점에서 신라의 화랑은 역사적 의의를 갖는다(신장호, 2007). 신좌중(2006: 18)은 "화랑도는 무사정신의 제도로서 신라가 삼국을 통일 할 수 있었던 정신적 육체적인 원동력이 되었다"고 하였다.

이상의 논의에서 알 수 있듯이 삼국시대는 하나의 통일된 국가를 형성하여 부족국가 시대에 형성된 전통적인 신체활동을 보다 체계적으로 형성하여 국가의 인재양성을 위한 교육제도의 일환으로 중요한 역할을 수행하였다(이재학, 2005). 즉 삼국시대의 무도는 호신을 위한 훈련, 군사적 훈련, 그리고 道를 닦기 위한 수련의 방법으로 전개되었던 것이다(박현우, 2006). 그래서 무도는 외부의 침입으로부터 나라를 방어하고, 내부적으로는 질서와 평화를 유지하는데 필수적이었다. 무도는 삼국의 지리적 여건에 의한 국방력 강화와 유희 및 심신수련을 위한 교육적 활동으로서 조직적이고 체계적으로 발전되었다고 볼 수 있다.

2. 고려시대의 무도사

고려는 건국과 함께 후삼국의 혼란을 수습하고 통일신라 이후 다시 한반도를 통일함으로써 새로운 지배체제의 확립에 힘을 기울였다(장성수, 2007). 고려의 무인 난(1170) 전까지의 문벌귀족중심의 정치는 무인의 권력확대를 우려하여 그들의 기반인 군사활동과 관련된 일체의 것들을 간소화하였으며, 무인들의 직위와 녹봉 등이 문인에 비하여 하향 조절되는 모순을 가지게 되었다(이기백, 1967). 그럼에도 불구하고, 고려는 문벌귀족의 등장으로 초기에는 유교적 수양을 갖춘 문신세력들에 의하여 무도를 경시하는 풍조가 있었으나, 무신들을 중심으로 하여 무도는 중시되었으며, 무신정변에 의하여 무신들이 집권하게 되는 고려후기에 있어서는 무도가 크게 장려된 면이 있다(김부찬, 2006b: 77). 이에 대해 김정행 등은 다음과 같이 진술하고 있다.

> 고려는 신라의 문화를 계승하여 강건한 군인의 손으로 새로운 정치적 이념을 실현하였으나 중국문화의 영향, 불교의 융성, 북방종족의 침범으로 인해 고려 말은 국력이 약화되었다. 특히, 유교의 도입과 거센 대륙문화의 흐름 속에서 사대주의적인 사상이 대두되고, 한학이 융성하여 문신이 중요한 자리를 맡게 됨에 따라 무신이 천대를 받는 경향이 나타났다. 고려는 삼국시대와는 달리 전통적인 무도가 다소 침체된 경향이 있으나, 궁술, 수박, 마상재, 격구 등의 무도를 장려하고, 무희적인 요소로 발전하고, 무도가 국가방위 수단의 일환으로 전투능력의 양성을 목적으로 실시되고 있음을 알 수 있다(김정행 등, 2007: 65).

이러한 내용으로 보아 문관이 당시 상당한 권위를 가지고 있었던 것으로 보이지만, 대외적으로 북방민족(거란·여진·몽고)들의 잦은 침입과 계속된 군사적 긴장으로 인해 무인의 존재 또한 상당한 위치를 점유하였음을 알 수 있다(정재환, 2007). 이와 관련하여 이민형은 고려시대의 무도 제도를 다음과 같이 설명하고 있다.

> 고려시대는 음서제도(蔭敍制度)와 같이 신분에 따른 세습적 관료화에 따라 무인계급의 구성 또한 신분적 차별이 존재하였다. 그러나 호위조직에 있어서는 그 특성상 실질적 안전을 보장하기 위해 무도실력이 뛰어난 자들을 그 신분에 상관하지 않고 등용하여 국왕 및 세도가의 측근에서 핵심적 역할을 하였다. 특히 이의민과 두경승은 뛰어난 수박실력으로 견룡으로 입신하였으며, 기탁성 또한 궁술과 격구가 뛰어나 국왕의 최측근 호위군관으로 승격되었다고 하였다.(이민형, 2009: 366)

고려시대는 일정한 정치적 기능을 담당하는 몇 개의 집단, 즉 반(班)을 설정하고 거기에 소속되는 가문에게 이를 세습할 권리와 의무를 부여하는 세습의 원칙을 가지고 있었다. 문반은 문관직, 무반은 무관직, 남반은 궁중직, 군반은 군인직을 세습하게 하였으며, 신분의 세습을 보장하기 위해 5품 이상 문·무반의 아들 1인이 관직을 받을 수 있는 음서제도와 군반이나 향리들에게 그 자손이 직책을 세습할 수 있도록 영업전을 지급하는 등의 몇 가지 제도적 장치를 지니고 있었다(이윤근, 한재덕, 1998). 체육교재편찬위원회(1995: 232-233)는 "고려시대에는 국방력의 강화라고 하는 국가적 대의명분 하에서 무도를 중시하였으며, 그 중에서도 오병수박희伍兵手搏戲라는 단체겨루기가 생길 정도로 군사무도로서 수박이 널리 행해졌으며, 수박의 기량에 의해 관직의 등용 및 승진이 이루어지기까지 했고, 국자감에서 무인교육을 위해 '강예제講藝濟'라는 무학을 설치하여 수박이 수련되었다"고 하였다.

따라서 고려시대는 대륙大陸 방면의 요·금·원遼·金·元의 세 강국이 항상 압력을 가하여 왔으므로 나라를 유지하고 국토를 보전하기 위하여 무력적인 항쟁이 불가피하였다. 그래서 고려시대는 북방종족과의 투쟁사라고 할 수 있으며(이재학, 2005), 무도가 융성하여 우리나라 역사상 가장 번창한 시기라고 할 수 있을 것이다(대한합기도총연맹, 2010). 박준석(2004: 48)은 고려시대 무도의 발전과정에 대해 "첫째, 무도가 제도적 가치를 인정받아 체계화 되었고, 둘째, 무도의 경기화 내지 스포츠로서의 기반이 이루어졌으며, 셋째, 사회적 계급과 지위를 결정하는 중요 변수로 자리를 굳혔다."는 세 가지 측면을 제시하였다. 삼국시대부터 체계적으로 발전되어 내려온 무도는 고려시대에는 실용단계로서 중요한 사회적, 문화적 활동으로 정착되었던 것이다.

3. 조선시대의 무도사

조선의 건국은 14세기 말, 고려가 국외적으로 북방 외적과 남방왜구의 압박 그리고 국내적으로는 귀족정치의 혼란으로 국가적 위기를 맞게 되면서 발단이 되었다(이지원, 2005). 그 후 15세기에 조선은 고려 말의 대내외적 위기를 극복하고 성리학적 유교 이념에 입각한 새로운 국가체제를 정비해 갔다(충청대학한국사연구실, 1998). 조선은 평상시 농업에 종사하고 무도 습득을 강요하였으며, 병장기 휴대를 국민의 의무로 정하고 있었다(노희덕, 1999).

> 그렇지만 화약의 발달에 따른 새로운 무기의 사용도가 높아지고 군대조직이 정비되자 맨손무도에 대한 제도적 뒷받침은 쇠퇴하기 시작하였다. 더구나 유교의 이념을 국시로 삼고 불교

> 를 멀리하는 정책을 시행함에 따라 연등회, 팔관회 등 국가적 인 행사가 폐지된 후 무도의 진흥은 많은 타격을 받았다. 특이한 점은 수박이 무사의 개인 호신술로서 그리고 기본무도로서 계승되고 있었다는 것이다(김길평, 1997: 88).

이홍진(2008: 93-94)은 "조선조 5백여 년 동안 대신大臣의 수가 365인을 헤아리는데 그 중에서 무사출신은 고작 7인밖에 안 되는 것으로 기록되어 있다. 이 일곱 대신도 모두 개국공신이거나 정난공신, 혹은 전쟁에서 세운 공로에 의해서 대신이 된 것이지 무력의 가치를 존중해서가 아니었다. 조선시대에 와서 무도가 급격히 몰락한 직접적인 원인은 왕권강화의 정책에 의하여 사병私兵이 혁파되고 관제의 개혁이 단행된 것을 들 수 있다"고 하였다. 조선시대 무도사의 시대적 상황을 살펴보면 다음과 같다.

> 500년간 지속된 조선시대는 양반사회였다. 문반과 무반으로 나누어지는 양반제도는 조선사회의 근간을 이루었다. 문인에 비해 무인의 대우와 평가는 우리의 생각보다 그렇게 낮지 않았다. 그동안 문인에 대한 연구가 상대적으로 많았고, 문인에 대한 우리들의 인식과 생각이 너무 높아서 무인은 천시되었다고 잘못 생각했을 뿐이다. 과거시험으로서 문과와 무과가 실시되었는데 공식적으로 3년에 한번 문과는 33명, 무과는 28명씩을 선발하였다. 그러나 전쟁과 국방의 상황 그리고 경사가 있었을 때 과거시험은 때때로 실시되었고, 어떤 경우에 만과(萬科)라고 하여 만 명이 넘게 많은 인원을 뽑아 부실하게 운영되기도 하였다. 조선시대를 통틀어 무과는 약 200여회가 실시되었고, 합격자는 모두 12만 명 정도였다. 그리고 하급무인들을 선발하

는 다양한 시험제도가 있었다(나영일, 2009년 9월 22일).

무과는 조선시대에 무관을 선발하기 위해 실시한 과거시험으로 고려 말부터 시행하려 했으나 본격적으로 실시된 것은 조선시대에 들어와서이다. 조선시대의 무과에는 문과와 같이 3년마다 1번씩 실시하는 식년시[式年試]가 있었는데 보통 무과라 하면 이를 지칭한다(한민족전통마상무예·격구협회, 2003). 조선시대에 무관이 되기 위해서는 당연히 무도의 습득은 필수 불가결한 요소였던 것이다. 백승훈(2001: 59)은 "나라에서 시행하는 대과[大科]의 응시자격도 양반에게만 자격이 부여되는 문과[文科]에 비하여 무과[武科]의 응시자격은 큰 제약을 받지 않았다. 이러한 흐름으로 양반이 무과에 지원하면 이상하게 생각하게 되었다"고 하였다.

> 조선시대에는 과거시험의 준비기관이라 할 수 있는 사숙(私塾)과 성균관을 비롯한 학당, 향교가 있었으나 그 어느 교육기관에서도 무도를 가르치지는 않았다. 무관을 뽑는 무과는 시험과목으로 궁술, 창술, 격구, 수박 등의 무도와 경서, 병서가 부과되기도 하였다. 그러나 양반계급에만 응시자격을 주는 문과에 비하여 신분제약이 너그러웠던 무과에는 향리나 양인도 응시할 수 있었기 때문에 문과에 비하여 무과의 격이 낮게 인식되었다. 더구나 임진란 이후에는 무과응시자격의 신분제약이 사실상 폐지된바와 다름없어서 천민, 상민은 물론 노비신분까지도 무과에 응시하게 되자 무사의 위신이 크게 실추되어 무관직으로 나가려는 양반은 세상 사람들의 멸시를 받기까지 하였다. 그러므로 벼슬길에 나가려는 사람은 오직 문관을 희망하였기 때문에 자연히 무도수련에 힘쓰는 자가 적어지게 되었다(이

홍진, 2008: 94).

그럼에도 불구하고 임진왜란과 병자호란 등의 외침을 극복한 조선은 끊임없이 변화되는 동북아 정세 속에서 다양한 상황에 대비한 전법과 이에 필요한 무도의 정립 사업을 국가의 주도로 꾸준히 추진하였다(박금수, 2007). 조선시대 무도연구는 '무예제보, 무예제보번역속집, 무예신보, 무예도보통지'를 중심으로 무도의 발전과정 및 정착에 관심을 기울였다. 이를 통해 1790년(정조14)에 편찬된 '무예도보통지'가 조선무도의 완성이라는 통설로 자리 잡게 되었다(정해은, 2007). 이종영, 김권택(2009: 4)은 "조선시대에는 문관 출신이 최상위 무관직을 장악하였기 때문에 고려시대와 같이 무반이 정권을 장악하는 일은 발생하지 않았다"고 하였다.

따라서 조선무도의 특징은 일반서민에게 생활 풍습화와 무사선발의 기본과목으로 활용했고, 무예도보통지의 출간으로 무도의 역사 및 학문적 접근의 계기가 되었음을 알 수 있다(최점현, 2008). 조선시대의 무도는 이와 같이 사회전반에 따른 문치주의의 숭상과 화약의 발달에 따른 무기의 사용도가 높아지므로 무도에 대한 제도적 뒷받침과 무관에 대한 사회적 지위가 점차 쇠퇴하였으며, 지속적으로 무도의 체계화·조직화 등은 이루어지지 못했다고 볼 수 있다. 하지만 조선시대는 국가주도의 무도정립을 추진했다는 측면에서 의미가 있다.

4. 근대의 무도사

근대와 현대를 잇는 시점에서 한국은 일본 제국주의에 의한 식민통치를 겪었다. 1945년 이전 전시 중에는 황도정신이 기반이 된 무사도 정신이 무도에서 강조되었고, 그 기술이 전투적 입장에서 이용되기도 했었다(阿部忍, 2004). 그리하여 한국은 일제의 압박 밑에서 갖은 고충을 겪어야 했고 민족정신말살 등 모든 부분에 차별을 가했으며 이에 따라 한국의 전통무도는 통제를 받게 되었다(신장호, 2007). 근대 일본 군국주의 시기의 배경에 대한 내용을 살펴보면 다음과 같다.

> 근대 일본의 군국주의 시기(1910년부터~1945년까지)는 정치적으로는 중앙 집권적인 천황제 정치기구, 경제적으로는 만성적 불황 상태에서 1920년의 경제 불황, 1922년의 관동 대지진의 혼란, 그리고 1927년, 1929년의 대공황에 의해서 위기적 상황의 이행기였으며, 일본 군국주의는 큰 타격을 받았다. 천황제 국가체제의 위기적 상황에 대처하여 정부는 중국의 무력 침공, 국내의 탄압정책강화, 모든 반체제적 사상·문화의 말살, 사상 선도·교화운동을 전개하였다(김우철, 2007: 195). 또한 1937년 중일전쟁을 일으킨 일본은 식민지 한국에 대하여 전쟁수행을 위한 병참기지(兵站基地)의 역할을 강요하는 한편, 보다 강력한 전쟁체제를 구축하기 위해 최고의 통치목표로서 내선일체(內鮮一體)라는 목표를 달성하기 위하여 국민정신총동원운동(國民精神總動員運動), 신사참배(神社參拜), 창씨개명(創氏改名) 등의 정책도 전개하였다(김재우, 2009: 46).

20세기 초 조선을 강점한 일본은 이와 더불어 한국인의 무도수련과 여타 고유의 문화 활동을 금지하였으나, 한국무도는 일부 사람들에 의해 비밀리에 계속 명맥을 유지하였다. 같은 시기에 일본인은 한국인에게 자신들의 무도인 가라데나 유도를 가르쳤다(김정행 등, 2002). 안용규(2000: 49)는 "일본은 한국의 전통무도를 금지시키는 대신에 가라데, 검도, 유도, 아이기도 등의 일본식 무도를 장려하여 무도사상을 말살하고 대신에 일본의 무사도를 주입시킴으로서 한국의 민족정신을 일본에 종속시키는데 이용되었다"고 하였다.

> 일제 강점기의 사회문화적 특징은 모든 것이 한국이 아닌 변화하는 일본의 문명화정책의 필요를 반영하고 있었다. 더욱이 식민정부는 한국인의 자치적인 체육활동을 제한하고, 군사적인 목적을 달성하기 위한 병식체조(兵式體操)와 체력단련으로서의 체육의 운동문화를 추진하였다. 결국 이 시기의 운동문화는 타율적인 개방속에서 부국강병과 근대교육과 선교활동을 목적으로 이루어지기 시작하여 일본인에 의한 군사문화의 지배를 받는 순종하는 신체를 만들기 위한 문화적 장치가 된 것이다(박홍규, 2003: 235-236; 김영선, 2007: 68).

일본의 근대무도는 일제 지배하에서 한국의 문화에 그대로 무비판적으로 수용되었다. 이는 한국 무도의 개념정립도 없는 상황에서 그대로 이식되었던 것이다. 한국 무도의 근현대화 과정은 전통무도와의 단절 속에서 일본 신무도의 유입으로 근대무도를 접하게 되었다(강경화, 2005). 그러므로 근대의 무도는 조선왕조의 쇠퇴와 일제의 침략으로 우리 전통무도의 흐름은 단절될 수밖에 없었고, 자연히 정체성을 잃고 쇠퇴할 수밖에 없었다. 해방이후의 한국 무도는 다음과 같이 설명할 수 있다.

> 해방 이후의 한국 무도는 크게 두 가지로 대별된다. 학교나 경찰의 제도로 정착되어 있던 유도(柔道)나 검도(劍道)와 같이 일본인들에 의해 한국에 이식된 무도들과, 또 하나는 태권도와 합기도처럼 전자보다는 후에 일본인이 아닌 한국인에 의해서 전해진 무도들이다. 유도나 검도는 이미 일제 식민지시대에 한국에 이식되어 제도화되었기 때문에 일본의 무도라는 인식이 일반인들 사이에 깊이 자리매김 하고 있었다. 하지만 태권도나 합기도의 경우는 일본에서 무도를 익힌 한국인들이 한국으로 돌아와 전한 것으로, 외부의 압력에 의해서 강제로 이식된 것은 아니다. 게다가 출발 이후부터는 일본과 단절하려는 의식적인 노력이 결부되기 시작하였다(최복규, 2007: 23).

이러한 측면에서 보면, 최용술은 아이기도Aikido가 아닌 대동류합기유술大東流合氣柔術을 배웠고, 아이기도의 창시자 우에시바 모리헤이植芝盛平와는 수평적 관계로서 일본 아이기도의 모태라 할 수 있는 대동류합기유술이 한국의 합기도에 영향을 미친 것이다(윤대중, 2002; 허건식 등, 2003). 이러한 관점은 해방 전 최용술은 일본 아이기도가 아닌 대동류합기유술을 수련하였음을 입증하는 것이다.

해방 이후 한국합기도는 수많은 변화를 보이며 한국적인 발전을 하고 있지만, 아이기도는 일반적으로 수련범위에서 크게 벗어나지 않으며 이어져오고 있다(박세림, 2008). 그러한 맥락에서 황종대, 김동규(2008a: 262)는 "태권도의 이원국, 전상섭, 황기, 윤병인, 노병직, 최홍희 등과 한국합기도의 최용술, 장인목이라는 역사적 인물이 존재함으로써 그 제자들에 의해 태권도와 합기도는 가라테나

최용술의 도장
(大韓合氣道本部 道主 崔龍述)

아이기도와 차별성 있는 무도로 거듭날 수 있었다"고 하였다.

이와 같이 한국무도의 역사적 맥락을 살펴보면, 삼국시대의 무도는 각국 간 무력항쟁의 치열함에 의해 공격용 무기로써 칼·창·활 등과 방어용 무기로써 투구·갑옷·방패 등의 발달로 군사력이 증강되었고, 이에 따라 무도 또한 정교화 되어 체계화 되었으며, 고려시대의 무도는 제도적 가치를 인정받아 국가방위 및 신분상승의 기회로서 두드러진 모습을 보였다. 조선시대의 무도는 화약의 발달에 따른 무기의 다양성과 사용도가 높아짐에 따라 무도에 대한 제도적 뒷받침은 부진하였으나 국가주도의 무도정립이 추진되었다. 그리고 근대의 무도는 일제강점으로 인해 전반적으로 전통무도와의 단절이 있었고, 이에 따라 자연히 정체성을 잃고 쇠퇴하였다고 볼 수 있다.

* 제2장의 내용은 황종대(2010)의 박사학위논문「합기도의 철학적 구성원리와 수행의 실제」의 일부분을 수정 보완한 것임.

제3장 합기도의 역사성과 발전과정

한국의 '합기도Hapkido'와 일본의 '아이기도Aikido'는 '대동류합기유술大東流合氣柔術'에서 그 근원을 찾을 수 있다. 그리고 '대동류합기유술'은 한국의 고대국가인 신라와 관련이 있다. 그러나 현대 합기도의 역사를 보면, 한국은 한국 나름대로, 일본은 일본 나름대로 각기 다른 형식의 변천과정이 있었다. 그리하여 이 장에서는 현대 한국합기도가 일본에서 무도수련을 하였던 최용술(崔龍述; 1899~1986)에 의해 대구를 중심으로 전파되어 오늘에 이르렀음을 밝히려 한다. 최용술이 다께다 소오가꾸(武田惣角; 1859~1943)로부터 대동류합기유술을 배워 한국으로 돌아온 후 한국합기도를 창안한 것이다.

합기도의 역사는 문헌이나 증거 사료史料의 부족으로 인해 그 동안 끊임없는 시비是非가 이어져 왔다. 최근에 와서 이에 대한 연구가 연이어 나오고, 여러 증빙자료들이 발굴됨으로써 한국합기도의 역사는 명확해지기 시작하였다. 이러한 연구와 자료를 바탕으로 이 장은 한국합기도와 일본 아이기도의 역사를 바르게 볼 수 있는 계기를 마련하려고 한다. 이는 한국합기도와 일본 아이기도의 기원이 되는 '대동류합기유술'에 대한 고찰을 통하여 각각의 역사적 전통성을 찾을 수 있을 뿐만 아니라, 각각의 무술사武術史를 비교하면서 형성과정까지 살펴보는 계기가 될 것이다. 지금까지 한국합기도가 '정체성 혼란'에 의한 '시비의 도가니'로부터 벗어날 수 있는 기회가 되기를 기대한다.

1. 합기도의 모태, 대동류합기유술

일본의 스모すもう나 몽골의 부흐Buh와 같은 씨름 류類는 각기 나름의 전통을 이어오고 국민들이 많은 사랑을 받고 있다. 한국, 역시 전통과 문화가 독특하며 고유한 배달문화를 가지고 다양하고 창의적인 문화유산이 존재한다. 그 중에서도 무도와 관련하여 뛰어난 문화유산이 있다. 최근에 형성된 태권도는 세계인의 사랑을 받는 무도로써 올림픽종목으로 자리를 잡았고, 고대부터 전승되어 온 활은 그 성능이 매우 뛰어나 '세계의 민족전통활 동호인'들로부터 높은 칭찬을 받고 있다. 전통무도인 태껸 역시 국민들의 많은 사랑과 관심 속에서 무형문화재로 존재하고 있다.

그러나 한국합기도는 양적으로 많은 동호인들이 활동을 하고, 호신술과 건강, 그리고 자아수련 등의 측면에서 다양한 가치가 인정되고 있음에도 불구하고, 한국 무도철학의 부재 혹은 한국 무도로서의 정체성에 문제가 있다는 편견에 의해 전통성을 인정하지 않으려는 입장이 강하다. 이는 한국합기도가 일본의 아이기도에 많은 영향을 받았고, 시작이 일본이라고 알려져 있기 때문이다. 그리하여 한국합기도는 전통무도로서의 정체성이 확보되어 있지 못한 혼란스런 상황에 빠지게 된 것이다.

한국에 '합기도'라는 말은 오래 전부터 사용되어져 왔다. 그러나, 현재 합기도계에는 한국합기도와 일본 아이기도가 양립되어 있다. 한국의 합기도는 일제 강점기라고 하는 상황에서 일본으로부터 기술적이고 문화적인 영향을 받아 성장해온 것은 사실이긴 하나, 신라를 기반으로 하고 있는 대동류합기유술이 한국합기도와 일본 아이기도에 영향을 주었음이 명백하다(박세림, 2008). 이러한 의미에서 대동류합기유술에 대한 역사를 살펴보는 것은 의미 있는 일이 아닐 수 없다. 이에 대해 허일웅은 다음과 같이 진술하고 있다.

> 일본의 무도사에 있어서 대동류합기유술이나 다께다(武田) 가문은 중요한 역사성을 갖는다. 일본무도사와 무도철학의 형성에 지대한 영향을 미친 무도 중의 하나가 아이기도이고, 아이기도는 다께다 가문에서 전승된 대동류합기유술을 중심으로 발전되었고, 또한 대동류를 일반인에게 공개하고 발전시킨 다께다 소오가꾸가 명치시대의 무도가들과 밀접한 관계를 유지했을 뿐만 아니라 일본의 무도발전에 기여하였기 때문이다. 일본의 아이기도 서적을 보면 대부분 합기술 시조를 신라삼랑원의광(1045~1127, Sillasaburo Yosimitsch)이라고 기재되어 있다. 신라삼랑원의광의 가계를 살펴보면 56대의 청화천황 - 정순친왕 - 경기 - 만중 - 뢰신 - 뢰의 - 의광(3남) - 의청으로 이어지는데 그의 아들 의청부터 다께다 지역으로 이주하여 성을 다께다로 쓰기 시작하였으며, 몇 대를 지나 합기술을 부흥시킨 다께다 소오가꾸에 이르게 된다. 원의광은 당시 전쟁에서 사망한 병사의 시체를 해부하여 그 골격을 조사하였으며, 거미가 거미줄 위에서 큰 것과 싸워 이기는 것을 보고 비법(秘法)을 창안하여 다께다 가문의 가전 무도로 대대로 전해졌다(허일웅, 2005년 10월 37호).

다께다 소오가꾸
(武田惣角, 1860~1943)
출처 : DAITO-RYU AIKIJUJUTSU(2010)

다께다(武田, 지방이름)라고 하는 성씨姓氏)는 신라삼랑원의광의 후손들이 다께다에 살게 되면서 성씨를 하사받았다. 대동류합기유술은 가전으로 전해 내려오다가 그의 35대 후손인 다께다 소오가꾸에 의해 널리 알려지게 되었다. '삼랑三郞'은 성씨나 신라의 벼슬이름으로 해석되는 경우가 있으며, 대동류합기유술의 비전목록에서는 원의광이 대동류합기유술시조라고 기록되어 있는 것으로 보아 대동류유술의 시조는 원의광에서 시작되었음을 알 수 있다(최종균, 2002). 이러한 관점에서 한국의 합기도와 일본의 아이기도에 결정적인 영향을 끼친 인물은 다께다 소오가꾸라고 볼 수 있다.

대동류합기유술의 시조인 신라삼랑원의광과 그 마지막 고제인 다께다 소오가꾸에 대해 김이수(2000: 39)와 오세용 등(2006: 11-13)은 "일본 교토京都, Kyoto 시가현滋賀縣의 오쓰시大津市에 있는 원성사에는 신라 성신당이란 산신각이 있고, 그 뒤 감추어진 듯한 숲속에 신라 삼랑원의광의 묘가 있다. 묘의 형태는 전형적인 한국의 전통적인 흙 봉분으로 되어 있으며, 이는 일본의 매장문화와 상반되는 형태로서 신라인이라고 하는 신빙성을 더욱 보증해 준다."고 하였다. 이와 관련하여 대동류유술의 발생 근원지가 신라라는 신빙성 있는 고대 고증문헌자료가 존재하고 있음을 강조하는 송일훈, 김재우(2005: 22-23)는 다음과 같이 설명하고 있다.

> 일본의 중파 적산궁(赤山宮) 지역은 장보고(張保皐, 新羅明神)의 후예인 신라계 도래인의 거주지로 밝혀졌으며, 대동류라는 이름의 시조는 장보고의 후예인 신라계 도래인에서 신라삼랑원의광으로 전파 되었고, 장보고의 상징물과 신라삼랑원의광·무전신현(武田信玄, Takeda Shingen)·대동류합기유술(Daito-ryu Aiki Jujutsu) 종가의 상징물(깃발)무늬가 동일하다. 또한 대동류유술의 근원에 있어서 대동이란 명칭은 장보고 시대 때 발해와 신라의 압록강 지역 경계선을 대동구(大東溝)라 부른 것에서 유래된 것으로 보이며, 무사의 개념에 있어서도 일본의 부시(bushi)가 아니라 한국어의 그대로인 무사로서 일본 천태종(天台宗)의 좌주(座主)인 자원(慈圓)의 저서 우관초(愚管抄)에 표기되어 있어 고대 대동류유술의 기원은 장보고의 후예인 신라계 도래인 임을 인정해야 한다.

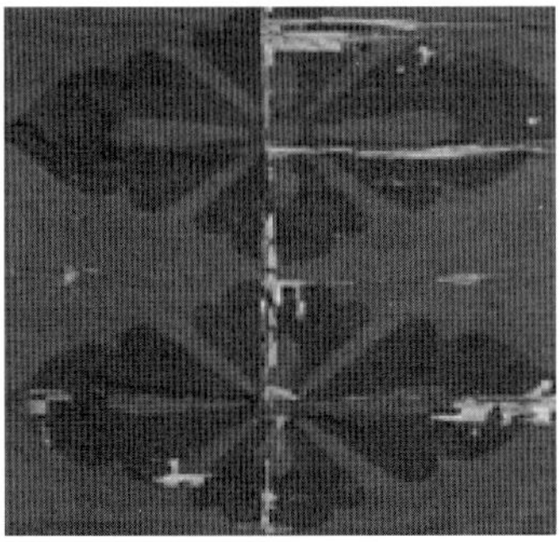

약 888년대 추정되는
장보고(신라명신) 상징물

현) 대동류합기유술
본가 상징물

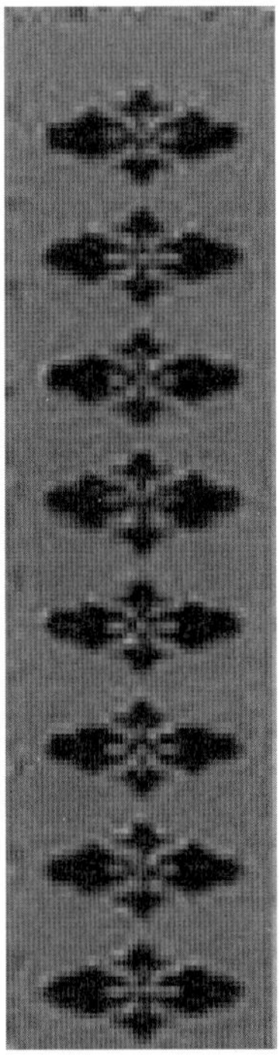

약 1573년대
추정되는 다께다
신겐의
무전가깃발

대동류합기유술은 삼국시대, 특히 신라의 무도가 일본에 전이되어 오랜 세월을 일본의 문화적 기반위에서 전투적이고 실전적 성향을 바탕으로 한 가문武田家의 비기秘技로 계승 발전되어 왔다는 것은 부인할 수 없는 사실이다(박철희, 2005). 즉 다께다 가문의 시조가 신라사부로新羅三郎라는 것은 일본무사의 뿌리가 신라계임을 부인할 수 없는 증거이다(정순태, 2004). 이에 대한 근거로 이창후(2003b: 73)는

"일본문화원에 소장된 '대율시신라명신大律市新羅明神' 이라는 자료에서 '삼랑씨'는 본래 신라에 있었던 고유의 성씨이며, 신라삼랑원의광 이전의 '삼랑씨'는 일본 역사에 존재하지 않고 있으며, 한서대 김태도(2000)의 '신라명신고新羅明神考'라는 논문에 신라삼랑원의광이 신라 사람임을 보여주고 있다"고 하였다.

한국합기도의 창시자는 덕암 최용술이다. 이에 대해 이병선(1997: 188)은 "현대의 합기도는 신라 삼랑원의광이 시조이고, 다께다 소오가꾸에 의해 신라의 후손인 최용술에게 전수되어 오늘날의 합기술로 전승되었다."고 진술하고 있다.

> 지한재(池漢載)는 최용술이 처음부터 다께다 소오가꾸로부터 무도를 배웠다고 하였다. 최용술이 다께다 소오가꾸로부터 무도를 수련한 이야기는 김정윤(1962, 132-137)의 '합기술'에도 기재되어 있으며, 이는 최용술이 다께다 소오가꾸의 제자임을 언급하였음을 알 수 있다(허인욱, 2010년 4월 14일).

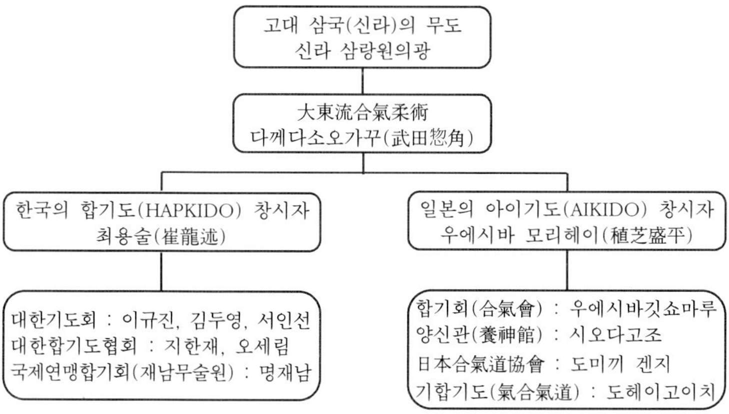

위의 그림은 신라삼랑원의광을 시조로 한 초창기 한·일 합기도의 창시와 변천과정의 대표적인 인물들을 소개한 것이다. 이러한 맥락에서 보면, 합기도의 모체가 되는 대동류합기유술의 발생근원은 신라라고 하는 신빙성 있는 고대 문헌자료가 존재하며, 현대의 합기도는 신라삼랑원의광이 시조이고, 다께다 소오가꾸에 의해 최용술에게 전수되어 오늘날의 한국합기도로 계승되었음을 알 수 있다. 즉 아이기도와 한국합기도 모두 신라삼랑원의광의 대동류합기유술에서 비롯되었으나, 이를 일본에서는 우에시바 모리헤이植芝盛平, 한국에서는 최용술이 각기 다른 유형의 무도로 발전시킨 것이다.

2. 대동류합기유술과 한국합기도의 연계성

德菴 崔龍述(1899~1986)은 "1899년 7월 20일(음력)에 충북 영동군 황간면 광평리 150번지에서 태어났다(김이수, 김종필, 2001: 21)." 1908년에 일본인 산전대길山田大吉을 따라 일본으로 건너간 최용술은 대동류합기유술의 지도자(전수자)인 다께다 소오가꾸와 만나게 된다. 이에 대한 자세한 설명은 다음과 같다.

> 일본생활에 적응하기 어려웠던 최용술은 산본수웅(山本秀雄)과 함께 교토(京都)에 있는 사찰에서 기거하면서 요시다아사오(吉田朝男)라는 이름으로 불리어 졌다. 이곳에서의 생활은 종교적인 교양과 의식, 그리고 무사가 되는 기본적인 소양을 익히게 됨으로써 추후의 수련에 큰 도움을 받는다. 山本秀雄과

> 함께 4년을 생활하던 최용술은 山本秀雄의 친구이자 당대 제일의 무사였던 무전총각(武田惣角)을 만나게 되면서 대동류합기유술을 수련하게 되는 계기가 된다. 武田惣角과 함께 일본전역을 순회한 최용술은 1917년 다른 門徒들과 함께 武田惣角을 모시고 서장산(瑞牆山)으로 입산하게 된다. 북해도인(北海道人) 林金(하야시)氏, 동경인(東京人) 山本(야마모도)氏, 구주인(九州人) 森本(모리모도)氏, 그리고 宮本(미야모도)氏 등이 그들이다(김이수, 2000: 53-55).

입산시의 수련내용은 정확하게 밝혀지지는 않았지만, 어두운 밤을 이용한 담력훈련과 편력遍歷 등 웬만한 사람으로서는 견디기 힘든 고행을 한 점은 최용술의 구술에 의해 강조되었다. 이후 1923년에 하산한 武田惣角과 최용술은 일본전역을 순회하면서 지도하였고, 최용술은 한국으로 귀국하기 전까지 북해도에서 생활하였다(김정윤, 1962).

한국합기도와 일본 아이기도의 원류라고 할 수 있는 "대동류합기유술 수련에 참여한 한국인(마쯔다 토시미(松田農作)로부터 지도를 받은 장인목의 경우는 제외) 5명이 다께다 소오가꾸의 영명록에 지도를 받은 것으로 기록되어 있다(김이수, 2008: 30)." 염득응(廉得應, 32세), 양어수(梁魚壽, 32세), 김달민(金達珉, 33세), 정형옥(鄭亨玉, 48세), 이용준(李容俊, 32세) 등이 그들이다. 그러나 이들은 다께다 소오가꾸로부터 전문적인 지도자 수련을 받았다고 보기는 어렵다. 왜냐하면 첫째, 수련과정과 내용이 전해지지 않은 점, 둘째, 이들의 무도에 대한 활동은 국내외(한국, 일본 등) 어디에서도 찾아보기 어렵다는 점 등이다. 따라서 이에 대해서는 특별한 의미를 부여할 수 없는 상황이다. 〈표 1〉은 영명록英名錄에 기록되어 있는 한국인 명단과 그 내용이다.

표 1. 영명록에 보이는 한국인

회수	제1회(8일간) 1928년 11월 2-9일까지	제2회(8일간) 1928년 12월 10-17일까지	제3회(8일간) 1928년 12월 18-25일까지
참여자	廉得應, 梁魚壽, 金達珉, 鄭亨玉, 李容俊, 외 일본인 2인	廉得應, 梁魚壽, 金達珉, 鄭亨玉, 일본인 1인	廉得應, 梁魚壽, 金達珉, 鄭亨玉
기록자	廉得應 筆	사토 가즈오 (佐藤一雄) 筆	廉得應 筆
장소	아키타야(秋田屋) 旅館	아키타야(秋田屋)旅館	아키타야(秋田屋)旅館

출처: 김이수(2008: 30)

김이수는 자료수집을 통한 실증적인 자료(기록지, 인터뷰자료, 자서전 초고, 영명록 등)를 제시하고, 구술방법을 통한 연구방향과 접근방법으로서 최용술과 대동류합기유술과의 관련성을 주장하고 있다. 그리고 김문헌(2002: 13-14)은 장인목張寅穆이 "자신이 대동류의 수련을 시작하였을 때 최용술은 수련을 마친 뒤였다. 이점이 다께다 소오가꾸의 문하에서 최용술이 수련하였음을 입증시켜주고 있다."라고 한 진술을 전하고 있다. 이러한 점에 비추어 보면, 최용술은 아이기도를 배운 것이 아니라, 대동류합기유술을 배웠다는 결론에 이른다. 그러므로 "최용술은 아이기도의 창시자 우에시바 모리헤이와는 수평적 관계였으며, 일본 아이기도의 모태라 할 수 있는 대동류합기유술이 한국합기도에 영향을 미쳤음(허건식 등, 2003: 110)."을 알 수 있다.

최용술의 술기 1
출처: 합기도창시자 최용술(2010)

한편, 류지량(2007: 78)은 송일훈(2003: 111)의 논의를 토대로, "1945년 해방 이후 한국 합기도의 기원을 최용술의 합기도로 보고 있음은 문제점이 있으며, 최용술이 합기도를 배운 것은 대동류유술이라고 주장하고 있으나 대동류유술의 계보를 정리해 놓은 '영명록'에는 최용술과 관련된 기록이 없는 반면, 장인목의 기록은 있고, 합기도 기법자체도 완전히 다른 형태를 보인다."라고 하였다. 그러나 장인목은 사실 합기도의 제자양성보다는 지압이나 접골 등의 활법분야에 치중했다는 것이 일반적인 통론이다. 이러한 문제와 관련하여 황종대, 김동규(2008a: 262)는 "최용술, 장인목이라는 역사적 인물이 존재함으로써 세대 간 이음이 이루어졌고, 일본 아이기도와 차별성 있는 무도로 거듭날 수 있었다."고 정리하고 있다.

이상을 종합해 볼 때, 한국의 합기도는 최용술과 그 제자들에 의해 발전된 것이라고 보는 것이 한국합기도의 정사正史이다. 이에 대해서는 기록도 있고 현존하는 한국합기도 원로들의 증언도 있다. 한국합기도가 최용술에 의해 시작된 것만은 명백한 것이다. 다만, 대동류의 비전목록(秘傳目錄: 지금의 단증)의 기록을 찾을 수 없다는 점이 아쉬울 뿐이다.

비전목록에 기입된 장인목과 한국합기도에 대한 기록은 다음과 같다.

합기도 원로 장인목

장인목은 1915년 8월 25일 경상북도 영천군 신영면에서 태어나 1928년에 일본으로 건너간 이후, 1935년에 대동류에 입문하게 된다. 장인목은 1943년 8월에 대동류의 전과정을 수료하고 비전목록을 받았으며, 1945년에 한국으로 귀국하게 되었다. 그러나 장인목은 다께다 소오가꾸의 직계제자가 아닌 대동류의 마쯔다 토시미 도장, 즉 아사히가와旭川의 쇼부칸松武館에서 대동류를 수련하였다. 그러나 대동류 전서를 소장하였던 장인목은 조용하고 온화한 성품과 한 유파를 내세우는 일 없이 생활을 하였기 때문에 한국합기도에 영향력을 미치지는 않았다(진성우, 2009; 박정환, 2010; 명성광, 2010: 10).

마쯔다 토시미의 문하생으로서 비전목록을 가져 명확한 증거를 확보한 장인목은 한국에 돌아와서 무도로서의 제자양성보다는 합기도 수행의 일부분인 지압이나 접골 등의 활법 분야에 치중하였다. 이러한 내용들은 결국, 최용술과 장인목이 일본에서 대동류합기유술을 배웠고, 해방을 맞이한 뒤 한국에 돌아와 한국합기도의 틀을 마련하였음을 시사하고 있는 것이다. 이상의 내용을 두 가지로 요약하여 서술하면 다음과 같다.

첫째, 한국합기도는 대동류합기유술의 전수자인 다께다 소오가꾸로부터 수련을 받은 최용술에 의해 이루어진 것이며, 우에시바 모리헤이 역시 다께다 소오가꾸의 문하생으로 최용술과 같지만 다른 전파과정을 가졌다. 최용술은 한국에서, 우에시바 모리헤이는 일본에서 그들이 배운 대동류합기유술을 각기 다른 형태로 발전시킨 것이다. 즉 최용술은 한국에서 합기도를, 우에시바 모리헤이는 일본에서 아이기도를, 자신들의 무도철학을 통해 창작하고 발전시켰다. 그 근원에는 대동류합기유술의 전수자인 다께다 소오가꾸라는 인물이 있다.

둘째, 최용술은 해방 후 귀국하여 대동류합기유술을 대구에서 보급하기 시작하였다. 그 첫 제자가 서복섭이었고, 장승호, 서병돈, 그리고 최용술의 아들인 최복열 등으로부터 본격적인 후진양성이 시작되었다. 특히, 기존의 유술적 성격이 강한 합기도에 발차기의 종류를 기존보다 다양하게 가미시켜 새롭게 한국형 합기도를 창출한 것으로 평가받고 있는 지한재와 대한기도회와 국술원을 통합하여 기술적인 영향을 미치게 한 서인선 및 합기도의 술기개발에 많은 기여를 한 것으로 평가받고 있는 명재남 등은 각각의 대표적인 단체를 형성했다는 차원을 넘어 최용술의 세대간 이음에 의한 한국 합기도의 이론과 실기형성에 역할이 지대하였다고 볼 수 있다. 즉 최용술의 제자이면서 지한재, 서인선, 명재남 등과 세대를 같이 한 원로들의 노고와 연구에 의해 한국 합기도가 정립되었음은 부인할 수 없는 사실이다.

대동류합기유술은 한국합기도나 일본 아이기도의 모체母體이며, 그 발생의 근원에는 한국의 고대 국가인 신라와 연관이 있다. 그러나 현재의 관점에서 보면, 한국합기도는 70여년의 역사를 지닌 현대무도임을 인지해야 한다. 대동류합기유술은 한국합기도나 일본 아이기도의 모체가 될 뿐 한국합기도 그 자체는 아니기 때문이다. 한국합기도는 해방 이후 최용술에 의해 태동되었고, 그의 제자들에 의해 유지·발전된 것이다.

3. 한국합기도의 발전사

1) 태동기(胎動期) : 해방후~1970년

우리 역사는 1945년 해방 이후 곧 6·25라는 전란을 겪었기 때문에 자체적인 문화적 수용기를 갖지 못하였다. 이런 상황에서 외래의 무도들이 비정상적으로 자리를 잡았으며, 이 과정에서 각 무도단체의 고유성을 중심으로 한 자연스러운 발전이 아닌, 관 주도의 발전과정을 통해 합기도, 태권도, 유도, 검도 등이 뿌리 내렸다(송일훈, 2003). 한국의 전통무도는 현재 체육의 한 분과로 활동하면서 사회체육의 현장에서 일반인들에게 사회적 병폐를 해결해주는 기능을 하고 있다. 특히 다른 사회체육활동이 미진하던 1960-70년대에 그 기능을 성실히 수행하였다(허일웅 등, 2000). 이러한 과정을 거치면서 한국합기도는 태권도, 유도, 검도와 더불어 인지도가 높은 무도로 정착되었다.

한국합기도는 최용술에 의해 시작되었다는 점이 전제될 때 태동기는 그가 해방 후(1945년 8월 15일) 한국에 귀국한 직후로부터 시작되었다고 보는 것이 옳을 것이다. 최용술은 현재 대구시 달성공원 사거리의 서복섭의 집에 처음으로 대한합기유권술도장을 열었다. 이에 대해 권오석(1992: 10)은 "1951년 2월 12일 서복섭의 집

(당시 대구시장 북로)인 대구 양조장 2층에서 '대한합기유권술도장'을 연 것을 합기도계에서는 한국합기도의 시작으로 보고 있다."고 하였다.

1951년 2월12일 대한 합기 유권술도장이란 간판을 건후 본격적인 합기도 후진양성에 들어갔다. (좌로부터 장승호, 최용술도주, 최복열(최도주의 아들)서복섭, 서병돈)

최용술과 서복섭·장승호·서병돈·최복열

출처: 신도환(1991년 9월 3일)

이후 1954년 양조장이 매각되어 도장을 대구 연매시장으로 옮기고 그곳에서 가마니 몇 장을 깔아 놓고 수련을 하였다고 한다. 열악한 환경 속에서도 최용술은 계속하여 합기도를 지도한 것이다. 당시에는 일본의 대동류합기유술의 기술들을 계승하여 지도하였는데, '합기유권술' '야와라' '유술' '합기술' 등의 명칭을 혼용하여 사용하였다.

많은 제자들은 최용술의 무술을 높이 평가하고 있다. 서인선(2006년 9월 48호)은 최용술에 대해 "한국에서 합기도를 보급할 때 상당한 무도의 고수였다. 제자들에게 직접 한 수 한 수 은밀하게 전수 하였고, 제자들끼리도 물려받은 수가 달랐다. 이렇게 전수받은 제자들은 입장은 달랐지만 창의적인 능력이 뛰어났다. 최용술로부터 한수를 배우면 나름대로 연구하여 수를 체계적으로 정리하고 개발하였다. 그리고 그들이 개발한 수는 도장에서 조직적으로 전수되었고 합기도가 급속도로 전파되는 윤활유가 되었다."고 진술하고 있다. 그리고 최복규도 그 시절의 합기도 수련에 대해 다음과 같이 이야기하고 있다.

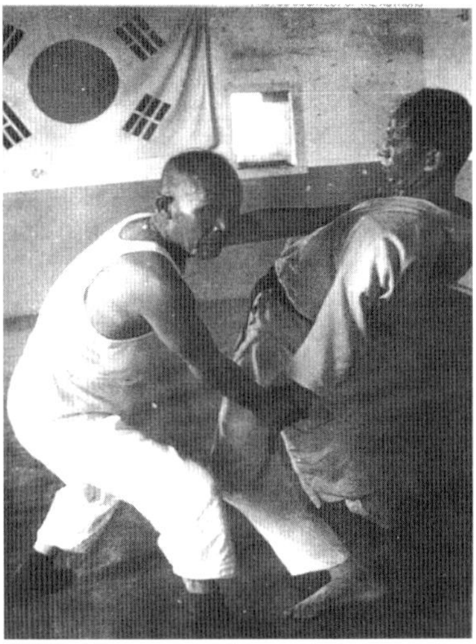

최용술의 술기 2

최용술이 처음 대구에서 전한 기술들은 날 기술 중심이며, 상황중심이었다고 한다. 게다가 어떤 정해진 체계를 통해서 가르치는 것이 아니라 1대 1 직접 전수면서 개인별로 다른 기술들이 전수되는 경우가 많아 제자들 사이에도 진도나 내용이 서로 다른 경우가 많았다고 한다. 관절을 제압하는 기술을 기본으로 하고 상하좌우를 막는 몇 가지의 막기 기술과 상대의 하단을 공격하는 하단차기 등을 응용하여 사용하였다고 하는데, 이러한 단조로운 기술체계는 일반인들을 대상으로 한 지도를 위해서는 한계를 가지기 마련이다. 왜냐하면 무도를 무도로서가 아니라 체육이나 취미 활동 등으로 익히는 사람들에게는 다양한 기술의 습득이 수련의 매우 중요한 동인動因이 되기 때문이다. 당연히 새로운 기술체계를 계발하여 기술을 다양화할 필요가 있었다. 그것이 초창기 합기도 지도자들이 당면한 과제였다(최복규, 2007: 24).

최용술과 합기도 원로 박병관

최용술의 첫 제자였던 서복섭徐福燮은 "대구출생으로 보성전문학교 1회, 1951년 영남대 법학과 편입, 1959년 최용술과 분리하여 도장을 개관하고 합기도의 발판을 마련하여 1970년대 서울 낙원동에 도장을 열었다. 그리하여 국내는 물론 세계 곳곳으로 후진양성을 많이 하였으며, 경희대, 수원대, 단국대 체육과 교수로 재직하였다(신재칠, 2010년 3월 3일)." 이외에도 최용술의 제자로서 장승호, 서병돈, 김무홍, 지한재, 문종원, 여만영, 송중회, 강문진, 김광호, 신상철, 이종원, 김정윤, 서인혁, 서인선, 유영우, 오세림, 명재남, 홍승길, 박병관, 진경환, 김정석, 박금실, 진종문, 정무권, 구정렬, 박윤박, 염장호, 유선종, 명광식, 허일웅, 김정수, 원광화, 이민영, 황덕규, 김윤상, 윤세권, 채홍준, 김해영, 안영원, 박기호, 신동원, 장영출, 김학길, 최양두, 배영복, 임현수, 김영재, 정두삼, 박태균, 유병돈 등이 있다.

표 2. 한국합기도 초창기의 지도자

계열	주요 인물
수덕관	최용술, 서복섭, 장승호, 서병돈, 문종원, 지한재, 김무홍, 최복렬, 강무진, 신상철, 김정수, 원광화, 김정윤, 서인혁, 송준회, 최양도, 김광호, 허달준, 한학봉, 홍승길, 장진일, 유병돈, 임종배, 박정환, 서정용, 황정길, 임현수, 김윤상, 이용수, 김근배
성무관	지한재, 유영우, 오세림, 권태만, 송주원, 황덕규, 강정수, 명광식, 김용진, 이동구, 이태준, 김용관, 한봉수, 최세오, 명재남, 김종택, 정원선, 김서봉, 김진팔, 박상범, 김덕인, 김종수, 김남제, 김명룡, 강무영, 김용석, 장제도
신무관	김무홍, 원광화, 김정수, 이민영, 김무정, 정환, 나인동, 김우탁, 이한철, 허일웅, 김무진, 이주방, 정승호, 신동기, 이동우, 김유, 김재원, 최원철, 김희영, 배효근, 박이현, 이범주, 이관영, 고명팔, 강익조, 김창수, 박현수, 김진환

출처: Kimm He-Young(2008: 556-723)

한편, 권중기는 당시 한국합기도의 주요 관을 다음과 같이 소개하고 있다.

> 1955년 경북안동에서 지한재가 합기유술도장을, 대구에서는 김무홍이 1959년 신무관을 개관하였다. 그 후 1957년과 1960년에 각각 서울로 이전한 후 지한재는 '성무관'을 창관하여 훗날 대한합기도로, 김무홍의 '신무관'은 한국합기도로 단체를 결성하게 된다. 또한 1959년 5월 전남강진에서 병영도장을 개설하여 합기무술을 지도하던 명재남은 1962년 2월 인천의 송현동에서 합기도본부도장을 개설하여 후진양성을 시작하였다(권중기, 2008: 22).

표 3. 초창기 합기도 주요관

개관년도	개관자	관명칭	개관장소
1951	최용술	대한합기유권술	대구 달성공원 앞
1955	지한재	합기유술도장	경북 안동
1959	김무홍	신무관	대구
1962	명재남	합기도본부도장	인천 동구 송현동

출처: 권중기(2008: 22)

대표적인 합기도의 초창기 개관년도, 개관자, 관명칭 및 개관장소는 〈표 3〉에 제시된 바와 같다. 처음의 합기도는 관 중심으로 전파되었다. 그러나 1963년에 이르러 대한기도회를 시발점으로 국제화되면서 협회 중심의 새로운 발전이 있었고 이로부터 양적인 팽창이 이루어졌다. 이와 관련하여 신동원은 다음과 같이 진술하고 있다.

대한기도회 마크

> 한국합기도가 행정적인 역량을 가지게 된 것은 1963년 9월 2일 당시 문교부로 부터 합기도보급의 목적으로 비영리법인 대한기도회 인가설립을 계기로 합기도의 체계적인 단증발급과 국가무도종목으로 인정받아 합기도의 국내활성화에 기여하였다. 이후 협회단증을 발급하던 대한기도회는 1978년 대한민국 최초의 합기도 공인단증 발급공고를 중앙지신문에 공고하여 신청자를 접수하였으며 이 공고 기간 중의 합기도 공인단증 발급은 당시 최용술의 단증을 가진 사람들에게도 소급 적용되어 대한기도회로 부터 공인단증

> 을 발급 받을 수 있었다. 대한기도회가 승단의 기준을 최용술의 단증으로 인정하였음은 대한기도회가 최용술의 위업을 이어가고 있으며 합기도의 뿌리가 덕암 최용술 이라는 것을 인지하고 있었기 때문이다(신동원, 2004년 12월 13일).

대한기도회는 문교부 제24호로 인가받았고 초대 총재에 최용술, 회장에 이규진이 취임하였다. 그리고 2대(1965년 10월 10일 총회)에도 그대로 승계하여 연임하였다. 그래서 최종균 등(2009: 19)은 "최용술로 인해 직·간접적으로 영향을 받은 제자들이 새로운 館중심으로 조직이 이루어지면서부터 대한기도회, 대한합기도협회 그리고 국술원 및 국제연맹합기도회 중심으로 분산되기 시작되었다"고 하였다. 이후 1967년-1968년 사이에 국술원은 대한기도회와 통합하여 대의원 30여 명 중에 14명의 대의원과 서인혁을 수석부회장으로 추대하였다(서인선, 2006년 6월 45호). 다음 그림은 기존의 유술적 성격이 강한 합기도에 발차기의 종류를 기존보다 다양하게 가미시켜 새롭게 한국형 합기도를 창출한 것으로 평가받고 있는 합기도 원로 지한재와 서인선의 술기 모습이다. 서인선은 대한기도회의 발전에 기여를 한 적이 있으며, 한민족합기도무술협회 총재로 활동하고 있다.

지한재의 술기모습

서인선의 술기모습

출처: 한민족합기도무술협회(2010)

2) 보급기(普及期) : 1971년~1990년

1970년대에 동양무도에 대한 관심이 고조됨에 따라 중국무도가 국내에 유입되기 시작하였고, 1980년대에 접어들어 정부의 문화정책에 의해 스포츠문화의 확산과 전통문화에 대한 국민들의 관심이 한층 고조되었다(이승수, 2007). 관주도의 초기 합기도는 점차적으로 협회와 법인으로 탈바꿈하면서 더 나은 제도로 발전하였다. 윤대중은 이러한 제도적 차원의 전개과정에 관해 다음과 같이 진술하고 있다.

서인혁의 경우는 미국 센프란시스코에 1975년 설립한 '세계국술협회'의 활동이 그것이며, 명재남의 '국제연맹합기회'의 경우는 1969년 '한국합기회'(1974년 국제연맹 창설)라는 명칭으로 단체 활동이 시작되었다. 그 후 1970년대 접어들어 흩어졌던 합기도단체의 통합의 가능성을 보였다. 이것은 1973년 '(통

합기도 원로 지한재
출처: 허인욱(2010년 4월 28일)

합)대한합기도협회'라는 명칭이 그것인데, 이것이 다시 흩어졌다가 1978년 '대한민국합기도협회'로의 통합을 이루어냈다. 하지만 얼마가지 않아 다시 분화되고 침체되던 중 제5공화국인 1985년 '새마을중앙합기도협회'라는 명칭으로 통합되었다. 하지만 '국제연맹합기회'의 경우 이러한 통합에 가담하지 않고 독자적인 단체 활동을 전개하였다. 통합되었던 합기도조직은 다시 분파되어 원래의 단체 활동을 계속하였으며, '대한합기도협회'의 경우 1990년 사단법인을 인가받아 기존의 '대한기도회'와 동등한 법인체로 인정을 받게 되었다(윤대중, 2002: 52-53).

합기도 원로 김윤상
출처: 무예신문(2012년 11월 22일)

1970년대는 단체의 일원화를 시도하려 한 시기였다. 통합을 시도한 최대훈에서 김우중(대우그룹 총수)을 거쳤고, 전경환 역시 1980년대에 합기도의 통합시도를 추구했지만 진행이 순조롭지 못했다. 1970년~80년대는 소수의 많은 단체들이

의견을 달리 했을 뿐만 아니라, 각기 나름대로의 주장이 강해 많은 단체(당시 사회단체 등 포함)가 양산되는 사태가 전개된 시기였다.

3) 성장기(成長期) : 1991년~2010년

1990년대에 들어와 한국합기도는 단체의 규모와 더불어 그 수에 있어서 양적으로 팽창하였으며, 학문적으로도 성장하여 석·박사 학위논문과 학술지, 그리고 서적이 발간되어 상당한 발전이 있었다. 따라서 실기에 이론이 보강된 시기라고 볼 수 있다. 또한 합기도는 일반인들이 호신술에 대한 관심과 새로운 무도의 개념으로서 접근해 왔다. 즉 사회문화적인 측면에서 일반인들이 합기도의 관심과 실용성이라고 하는 이유에 의해 급부상한 것이다. 이는 대학에서 호신술 강좌로 채택된 것이 주요하게 작용하였지만, 한편으로는 경찰공무원의 가산점 항목으로 작용되어 더욱 확산되었다. 일반인들이 합기도를 합리적이고 실용성 있는 실존무술로 인식하여 확산의 효과가 커졌다고 볼 수 있다.

기산점과 관련한 내용을 보면, 합기도는 "경찰공무원 가산점 종목에 포함되어 있고, 경호무도 또는 실전무도로 활용하고 있는 기관이 대부분이며, 호신술·체포술·연행술·연행체포술 등의 명칭 및 종목으로도 활용되고 있다(황종대 등, 2009: 299)." 가산점이 인정되는 단체는 대한기도회, 대한합기도협회, 재남무술인, 대한국술합기도협회, 한국합기도연맹, 세계합기도협회, 대한신무합기도협회, 한국정통합기도협회, 한민족무술합기도협회, Korea 합기도중앙협회, 대한국예원합기도협회, 대한합기도연맹, 대한합기도연합회, 대한합기도총연맹, 국제연맹합기도중앙협회, 세계합기도무도연맹, 대한합기도유술협회, 신대한기도회합기도협회 등의 18개 단체이다.

최용술의 술기 3

이와 함께 국민체육진흥법(제11조)에 의해 3급 생활체육지도자 자격증이 발급되었던 것도 이 시기(1992년-1995년)였다. 그러나 합기도 단체의 혼란과 행정적 부작용(운영의 능력)에 의해 자격증 제도는 무산되고 말았다. 이후 합기도 단체들은 모두 참여하고 활동할 수 있게 한다는 의미에서 국민생활체육합기도연합회를 각 시·도별로 새롭게 결성하여 조직적이고 체계적 모습으로 생활체육의 일환으로 보급을 하기 시작하였다.

이 시기에는 지역별 허가 기관에서 재단법인(재남무술원, 2000년)을 포함한 사단법인체로 인가 받은 단체(동일한 단체가 명칭변경을 한 것을 제외) 수가 50여개를 넘어서기에 이르렀다. 이에 따른 관련단체 현황은 〈부록 Ⅲ〉에 제시되었다. 국내에 분포된 합기도 도장을 지역별로 살펴본 권중기(2008: 23)는 "경기도〉서울특별시〉대구광역시〉광주광역시〉경상북도〉충청북도〉경상남도〉충청남도〉부산광역시〉전라남도〉인천광역시 순으로 분포되어 있다"고 하였다. 해외에는 80여 개국에 1,000여명 이상의 지도사범들이 파견되었고 세계 여러 나라에서 직접 경영하는 사범들도 늘어나고 있으며 국내·외 합기도 동호인 수만 해도 1,000여만 명을 상회하고 있는 것으로 알려져 있다(최방호, 2007).

합기도 원로 명재남
출처: 재남무술원(2010)

명재남은 합기도 술기개발에 많은 기여를 한 것으로 평가받고 있으며, 국제연맹합기회(재남무술원)를 설립하였다. 실용적 무도성이 내재된 술기 등을 기반으로 한 최용술에 의한 한국합기도의 발전은 70여년에 가까운 세월 속에서 많은 발전을 이루었다. 비록 협회의 일원화에는 실패했지만 합기도의 보급이라고 하는 차원에서 보면 성장기였다고 볼 수 있다. 진성우(2010년 4월 24일)는 한국합기도의 성장규모를 다음과 같이 진술하고 있다.

> 국내 합기도 단체 중 가장 큰 규모의 대표성을 갖고 있는 단체인 대한합기도협회, 대한기도회, 대한신무합기도협회, 재남무술원, 국민생활체육전국합기도연합회 등(무순)의 발표된 자료와 조사에 의하면 국내 합기도 도장의 전체 수는 약 2,820여개로 추정할 수 있다. 이러한 공개 자료는 각 협회에서 발표하고 있는 자료뿐만 아니라, 대표성을 갖지 못하는 소규모 단체들의 가입 도장수와 도장에서 협회에 중복 가입되었을 가능성을 감안하더라도 국내외의 합기도 수련인구는 수백만 명에 이른다는 것을 알 수 있다.

4) 전환기(轉換期) : 2011년~현재

2013년 현재, 합기도는 대한체육회(KOC) 산하단체의 승인취소 종목(최초)이다. "대한체육회는 송파구 올림픽파크텔에서 이사회를 개최하고 이의 제기 없이 만장일치로 합기도 종목에 대한 승인취소 안건을 통과시켰다. 이는 대한체육회가 지난 1920년 창립된 이후 처음으로 내려진 산하단체 승인취소 처분결정이다(윤영진, 2011년 2월 11일)." 이는 합기도가 대한체육회 규정, 즉 1종목 1단체의 조건을 충족하지 못했기 때문이다. 합기도는 단체의 일원화를 이루지 못하여 결국 대한체육회에서 승인취소 종목이 된 것이다. 이와 같은 아쉬움에 대하여 허건식은 다음과 같은 권고를 하고 있다.

> 공존하려는 노력이 필요하다. 이기적인 것보다 무도를 위해 무엇을 하고, 모두가 살아남기 위해 어떤 힘을 키워야 하는지 고민하고 또 고민해야 한다. 합기도 명칭에 대한 논쟁 속에서도 '합기도'라는 이름 석 자를 지키기 위해 제도권 진입을 환영했던 합기도인들은 크게 실망했지만, 기회는 또 올 수 있다. 그 기회는 바로 내실을 튼튼히 하고 합기도인 모두가 공통분모가 되었을 때 이보다 더 큰 기회가 올 수 있을 것이다(허건식, 2011년 2월 18일).

한국합기도는 서양의 스포츠와는 달리 경제적, 정치적인 목적보다는 개인차원의 심신건강, 호신, 윤리성 등의 과제에 초점을 맞추고, 한편으로는 수련의 다양성을 추구하고 있다(황종대 등, 2011: 194). 한국의 합기도는 70여년에 가까운 세월 속에서 그 나름대로의 독창성과 적절한 무도이론을 가지고 있다. 술기術氣와 공법攻法의 독창성과 실용성, 합리성 등은 한국합기도를 더욱 발전시킬 수 있

최용술의 술기 4

는 충분한 가치를 가지고 있다. 그러나 합기도 내의 많은 단체들의 서로 엇갈리고 일치되지 못한 주장들에 의해 대한체육회에서 마저 승인취소라는 불명예를 안겼다. 따라서 현재의 합기도는 소통과 융합을 통해 일심동체가 되어야 할 것이며, 위기를 기회로 삼아 전환의 시기를 만들어 나가야 할 것이다.

이상의 논의들을 요약하면, 한국합기도의 발전과정은 4단계로 정리될 수 있다. 첫째, 태동기(해방후-1970)로서 한국합기도의 시작과 무도교육에 관한 것이다. 이는 일본에서 대동류합기유술을 전수받아 한국으로 귀국한 최용술의 등장과 함께 한다. 둘째, 보급기(1971-1990)로서 동양무도의 관심과 함께 등장한 합기도의 양성시기이다. 관 자체의 팽창을 도모하면서 점차적으로 협회와 법인으로

합기도 원로 윤세권
출처: 파인뉴스(2005년 6월 5일)

새롭게 탈바꿈되는 발전기이다. 셋째, 성장기(1991-2010)로서 단체의 수와 규모의 성장, 그리고 합기도 수련생의 양적인 팽창이 이루어진 시기이다. 이론에서 실기적인 측면까지 연구가 보강되었으며, 경찰공무원 가산점으로서의 무도종목으로 인정되었고, 생활체육으

로서 조직적이고 체계적으로 성장되었던 시기이다. 넷째, 전환기(2011-현재)는 일원화 되어 있지 못한 한국합기도의 새로운 접근이 요구되고 있는 시기이다. 실기와 이론에 있어서 많은 연구가 진행되고 있고, 합기도 단체 간의 소통도 어느 정도 이루어지고 있으나, 여전히 융합에는 한계가 있다고 볼 수밖에 없는 시기이다. 따라서 한국합기도는 보유한 독창성과 실용성의 전파를 통해 도약을 도모해야 하는 현실적인 과제를 안고 있다.

4. 일본 아이기도의 형성

아이기도에서는 기술력보다는 오히려 그것의 정신을 강조한다. 아이기도를 가리켜 和의 아이기도라고 표현하는 것도 이 때문이다. 아이기도에서는 타자他者를 보존하는 것을 기본적인 정신으로 삼는다. 아이기도의 기술을 통해 상대를 해칠 수도 있으나 그런 손쉬운 방식을 택하지 않고, 자신뿐 아니라 타인에 대해서도 안전한 통제를 하려고 노력한다. 강한 것보다는 부드러움을, 공격적인 성향보다는 방어적인 면을 선호한다.

아이기도 기술

아이기도의 대표적 기술인 입신던지기를 예로 들면, 다가오는 상대를 직선적인 공격을 통해 제거하는 것이 아니라, 상대를 자신의 범주 안에 품어 자기화自己化하여 다시 돌려보내는 제압술이다. 곧 상대를 가격함으로 해서 상처를 주기보다는 상대를 정확하게 통제하여 자신과 상대를 동시에 보존하고자 한다. 이와 같은 기술의 배후에는 우에시바 모리헤이의 말대로 타자에 대한 '사랑'의 정신이 기본바탕이 되어있기 때문이다. 윤익암(2000: 34-35)은 아이기도의 모체를 동양사상으로 보고, 그 특징을 다음과 같이 서술하고 있다.

> 동양사상의 특징 중 첫 번째는 비분할주의이다. 즉 자연은 수많은 사건과 사물들이 헤아릴 수 없이 많은 표현들로 이루어진 역동적 유기체라고 인식하며, 파괴, 갈등, 대립, 투쟁을 일으키는 분할적인 사고는 앞으로 창조해야 할 새로운 문명에 훌륭한 뒷받침이 될 수 없다고 본다. 두 번째는 다원주의이다. 우리가 보는 세계는 자연의 전부가 아니며, 비록 과학적인 방법으로 입증되었을지라도 그것은 전 영역에서 입증된 것이 아니다. 그러므로 투쟁적인 어떤 결과를 놓고 이를 전 영역에서 적용하려는 것은 잘못된 것이라고 본다. 영어문화권의 가치관이 모든 나라에서 받아들여져야 한다는 획일적인 생각은 잘못이다. 하지만 투쟁도 자연활동의 일부라는 것을 인식하고 대처한다. 세 번째는 개방성을 들 수 있다. 우주는 헤아릴 수 없이 많은 사물들을 포용할 수 있도록 비어 있다. 이것을 虛의 세계라고 하며, 아무 것도 담고 있지 않으므로 무엇이든지 담을 수 있는 것이다. 이것은 아이기도의 기술과 정신에서 그대로 표현되고 있다. 타인에 대한 조화와 배려, 일상생활에서의 절제가 아이기도의 기본정신이라 할 수 있다.

우에시바 모리헤이(植芝盛平, 1883~1969)
출처: http://ja.wikipedia.org/wiki

따라서 아이기도의 정신은 적과 싸워서 적을 무너뜨리는 파괴의 수단이 아닌 상대와 공존하는 생산적인 개념으로 세계를 화합하고, 인류를 한 가족처럼 만든다는 의미로 아이기도를 통해서 자신의 사명을 깨닫고, 서로가 서로를 도와서 자신의 사명을 완수하며, 인류는 한 가족같이 되고, 싸움은 그치고 우호관계와 평화를 유지한다는 가르침을 두고 있다. 나를 보호함은 물론이고 사랑과 존경으로 적이나 다른 사람도 보호하고 이해할 수 있어야 한다.

합기合氣, 신神, 그리고 무산無産이라는 단어는 고대어 이지만, 우에시바 모리헤이는 그 단어를 심오한 예지를 통해 재해석하고 있다. 기氣는 무無에서 발생한 최초의 에너지다. 합기를 통해(음기와 양기를 혼합) 무수한 형상들이 생겨난다. 생명의 원천이며 流地原인 合氣는 神이다. 원래 신이라는 말은 정신精神을 상징하는 것으로서, 불의 성질을 뜻하는 것과 물의 성질을 뜻하는 것으로 이루어져 있다(송일훈, 2002: 122).

현재의 아이기도(合氣道, あいきどう)는 우에시바 모리헤이가 창시한 새로운 무도이다. 우에시바 모리헤이는 젊었을 때부터 무술을 좋아하여 기도류起倒流 유술, 신음류新陰流 유술, 강도관講道館 유도, 대동류 유술, 보장원창술 등을 수련하여 여러 유파의 심법心法과 기법 등을 연구하여 한층 더 깊고 새로운 무도를 탄생시켰다. 田中 守(2006: 88-89)등은 우에시바 모리헤이가 아이기도를 수행하게 된 계기를 두 가지로 정리하고 있다.

> 첫 번째로는 홋카이도(北海道)의 개척민으로 있을 때 대동류 합기유술의 중흥조인 다께다 소우가꾸와의 만남이었다. 이때가 1915년이었고 그의 나이 31세였다. 당시에는 가노지고로(嘉納治伍郎, 1860~1939)의 강도관(講道館) 유도가 유술계에 커다란 세력을 형성하고 있었기 때문에 일반적으로 그 존재가 알려져 있지 않았던 대동류합기유술은 주로 일부의 경찰을 대상으로 수련이 이루어지고 있었다. 그러나 당시의 상황을 살펴보았을 때 경찰계통에서 유술을 지도할 수 있었던 만큼 다께다 소우가꾸의 합기유술은 상당한 실력에 이르렀음을 알 수 있다. 우에시바 모리헤이는 다께다 소우가꾸와 홋카이도의 한 작은 여관에서 만나 합기유술의 우수성에 감복(感服)하여 그 곳에서 약 1개월 간 대동류합기유술을 수련하게 된다. 이후 약 1년 뒤에 우에시바 모리헤이는 대동류합기유술의 오의(娛義)를 전수

> 받게 되었다. 만일 우에시바 모리헤이가 그대로 수련을 마쳤다면 그는 단지 대동류합기유술의 전수자로서 끝이 났을 것이다. 그러나 그는 그 후 대동류합기유술을 꾸준히 수련하면서 자신만의 독특한 기술을 창출(創出)시켜 새로운 의미의 합기술을 창안하였다. 두 번째는 우에시바 모리헤이의 부친이 위독하다는 전보를 받고 귀향하는 도중에 만난 오오모토교(大本教)의 데구치 우니사부로(出口王仁三郎)와의 만남이었다. 데구치 우니사부로는 당시 신도(神道)의 일파인 오오모토교의 주재자로서 우에시바 모리헤이의 정신세계에 커다란 영향을 끼쳤고, 그의 합기술이 성장할 수 있도록 강력한 후원자가 되었다. 또한 그는 데구치의 권유로 "우에시바 쥬쿠(植芝塾)"라는 사설도장을 열어 주야(晝夜)를 걸쳐 오오모토교의 신자를 중심으로 합기술을 지도하였다.

이와 같이 우에시바 모리헤이는 다께다 소오가꾸와 데구치 우니사부로와의 만남을 통하여 자신의 아이기도를 완성할 수 있었다. 다께다 소오가꾸로부터는 아이기도의 기술을 전수받았고 데구치 우니사부로부터는 무도정신적인 측면을 이어받아 자신의 끊임없는 구도求道수련을 통하여 아이기도를 완성하였다. 우에시바 모리헤이로부터 파생되어 나간 유파는 많다. 하지만 자기만의 독창적인 기술체계를 인정받고 있는 유파는 4개 정도이며, 그 유파는 합기회合氣會, 양신관養神館, 일본합기도협회日本合氣道協會, 기합기도氣合氣道 등이다. 오세용(1999: 17-20)과 대한합기도회(2006년 10월 25일)에서는 아이기도의 유파에 대해 다음과 같이 설명하고 있다.

1) 合氣會

우에시바 모리헤이가 직접 만든 재단법인은 合氣會이다. 1969년 4월 26일, 우에시바 모리헤이는 간암으로 서거했다. 계승자는 아들 우에시바 기쇼마루植芝吉祥丸가 했고, 기쇼마루 2대 도주 서거(1999년) 후에는, 손자인 우에시바 모리테루植芝守央가 3대 도주가 되어 현재에 이른다. 合氣會는 일본 내에 머물지 않고, 세계적으로 확대되어가고 있다.

이 조직의 가맹단체加盟團體는 전일본합기도연맹全日本合氣道聯盟과 전국학생합기도연맹全國學生合氣道聯盟, 그리고 국제합기도연맹國際合氣道聯盟 등에 70개국이 속해 있다. 1976년에는 國際合氣道聯盟 IAF이 결성되어 연맹의 총회가 4년마다 개최되고 있으며, 또한 國際合氣道聯盟은 1984년에 국제경기단체연맹國際競技團體聯盟 GAISF의 정식회원이 되었다. 매년 해외 보급활동을 위해 재단법인 합기회본부도장合氣會本部道場의 독자적인 활동과 각국의 조직에 의한 자주적인 활동이 있으며, 일본 정부에 의한 지도자 파견 및 국제 협력사업단의 해외 협력단체에 대한 지도자 파견 등도 활발하게 이루어지고 있다.

우에시바 기쇼마루
(植芝吉祥丸, 1921~1999)

2) 養神館

양신관養神館은 일본무도계의 굴지의 달인이었던 시오다 고조(監田剛三, 1915~1994)에 의해 1955년에 만들어진 합기도 수련관이다. 시오다 고조는 창시자의 제자로 우에시바 모리헤이 전성기 때의 기술을 습득한 사람이다. 양신관은 관명 자체에서 파생된 하나의 유파이다. 일본 내에서나 세계에서 협회로 인정받는 단체이다.

시오다 고조
(監田剛三, 1915~1994)

시오다 고조의 실력은 아이기도계의 달인達人이라고 불릴 정도로 기술이 신기神技의 경지였다. 겨루기가 없고 연무演武만을 함으로써 실전에 매우 약하다는 생각을 하기 쉬운 아이기도를 일본경찰에서는 시오다 고조의 아이기도 기술을 도입함으로써 아이기도가 실전성을 확실히 증명하는데 큰 역할을 하였다.

3) 日本合氣道協會

아이기도의 경기화를 외치며 탄생한 와세다 대학의 도미끼 겐지(副木謙治, 1900~1979)의 아이기도는 1966년에 출범해서 또 하나의 유파로 형성되었다. 도미끼 겐지는 아이기도 창시자의 초대 제자로 알려져 있다. 그는 유도柔道의 창시자인 가노지고로(嘉納治伍郎, 1860~1939)가 옛 유술柔術의 던지기와 굳히기 기술만으로 유도의 경기화를 성공시킨 것을 보고 아이기도의 경기화를 모색하게 되어 일본에서 유일하게 시합과 자유연습법을 하고 있는 유파이다.

도미끼 겐지는 자유연습법을 고안한 계기에 대하여 "자유연습법은 형식에 구애받지 않고 기술의 응용과 체득이 용이하다. 또한 자유연습법과 시합이라고 하는 실전적 장면에서의 수행에 의해서 용기와 극기와 같은 인간형성을 도모할 수 있다"라고 하면서 실전적 수련을 강조하였다. 즉 가타(形)는 중요하지만 가타 만으로의 수련으로는 실전적인 면에서 한계를 가지고 있기 때문에 아테미當身技기술 5本, 관절기 12本을 기본적으로 자유연습법을 수련하도록 하였다. 그리고 경기에 있어서는 고무재질의 단도短刀를 사용하여 상대를 찌르는 공격자에 대하여 아테미 기술과 관절기술로써 제압하는 방법으로 득점제로 승패를 결정한다(田中 守 등, 2006: 90-91).

도미끼 겐지
(副木謙治, 1900～1979)

4) 氣 合氣道

우에시바 모리헤이의 제자인 도헤이 고이치藤平光一에 의해서 설립된 재단법인 기 합기도財團法人 氣 合氣道 혹은 도헤이 合氣道이다. 도헤이 고이치 기술은 氣를 도입하여 독특한 아이기도 기술을 구사하는 것으로 유명하다. 마음에 氣를 중요시하며 전합기회全合氣會에서 사범들을 양성하였다. 도헤이 고이치는 아이기회合氣會의 중심 인물이었으며, 1974년 독립하여 나갔다. 이 단체는 심신통일합기

도헤이 고이치
(藤平光一, 1920~2011)

도心身統一合氣道라고 불리기도 한다.

도헤이 고이치는 영어, 일어로 된 아이기도 서적을 다수 저술하였으며 미국에서 채택된 교수방법에 큰 영향을 끼쳤다. 유창한 영어로 지도할 수 있는 몇 안되는 지도자 중의 하나였기 때문일 것이다. 그리하여 자신만의 독자적인 국제적 네트워크를 구축하였다.

* 제3장의 내용은 황종대·주동진·김동규(2012)의 논문「한국 합기도의 태동과 발전사」(대한무도학회지. 14권 1호)의 일부분을 수정 보완한 것임.

제4장 한국합기도의 철학적 구성원리

무도전반에서 무도성의 훼손문제가 방심할 수 없는 추세이며 한국합기도 역시 비슷한 상황에 놓여있다. 이 장에서는 합기도에서의 무도성 훼손문제에 대한 대응논리와 이를 최소화하기 위한 방편으로 합기도의 이론적인 토대가 될 수 있는 기본정신을 체계화하려 하였다. 따라서 이 장에서는 한국합기도의 개념정의, 3대 예 정신, 3대 원리 등을 살펴보았다. 세부적으로는 한국합기도의 3대 예 정신으로서 국기에 대한 예, 사범에 대한 예, 상호간에 대한 예와 한국합기도의 원리로서 전환의 원리, 역류의 원리, 심화의 원리 등을 제시하였다.

1. 한국합기도 개념의 철학적 함의

합기도는 천지[天地]의 氣에 합하는 길이며 본질은 天地와 일체라는 것을 깨닫는 길이다(명재남, 1982). 합기도에는 여러 가지 기술이나 동작이 있으며, 경기무도가 아닌 정신수행의 道로서 우주 편재의 원칙과 氣와 인간의 호흡과의 일치를 목표로 하고 있다. 그래서 우주의 氣와 자기의 호흡을 하나로 한 심신일치를 목적으로

합기도 술기 1

하며, 그것을 자기 스스로 체득하지 않으면 안 되는 것에 합기도의 뜻이 있다. 즉 우주의 氣라는 자연에 대해 정적靜的으로 조화를 이루고, 한편으로는 동적動的으로 적응하는 것이다(유병돈, 1990). 이승호(2004: 24)는 박희생(1980: 6)의 논의를 기반으로 한국합기도에 대해 다음과 같이 설명하고 있다.

> 한국합기도에는 氣의 수련을 대상으로 하는 힘과 기술의 철학이 내재되어 있다. 원천이며 근본인 대자연은 氣로 형성되어 있고, 자연의 한 부분인 인간도 氣로 형성되어 있다. 氣는 바로 자연의 근본원리로서의 氣를 의미하는 것이며, 동양의 우주관은 바로 이 氣를 근본으로 연구되어 왔다. 대자연을 하늘과 땅으로 대분(大分)한다면, 대자연의 氣는 天氣와 地氣, 心氣로 나누어 고찰할 수 있으며, 천기는 양기(陽氣), 지기는 음기(陰氣)로서 인간은 음양(陰陽)이라는 氣의 원리에 의해 존재한다. 지구는 음양의 원리에 의해 생성, 유지, 발전되어 왔으며, 대자연 속의 인간도 이 음양의 원리에 의해 生과 死가 비롯된다고 할 수 있다. 따라서 氣를 기본원리로 하는 합기도란 자연의 氣와 인간의 정기(精氣)가 일치되었을 때 무궁무진한 힘을 발휘할 수 있다는 전제 아래 심기를 닦고 힘을 연마하는 완전 무도로서의 철학과 그 수련과정을 의미한다.

합기도 술기 2

한국합기도는 힘이 아니라 氣로써 기술을 쓴다는 개념으로서 氣의 힘으로 무한한 힘을 발휘하여 육체적인 힘을 이길 수 있다는 사상을 가지고 있으며, 호흡법을 통한 자연과의 일체가 이루어졌을 때 참다운 기능을 발휘하는 무도라고 할 수 있다(최점현, 2008). 즉 氣를 기본원리로 하면서 음양陰陽의 조화를 추구하고, 과정을 중시하면서 기술을 수련·연마하는 것이 한국합기도 본래의 취지인 것이다.

> 합기도는 경기에 의해 승패나 등위를 선별하는 운동경기가 아닌 生과 死를 결정짓는 절대생존을 의식한 수련의 고행(苦行)이다. 그러므로 육체적 단련과 함께 정신적 연마가 필요 불가결하다는 것을 깊이 인식할 때 정신문화적인 기조위에서만 신체의 강건함이 이루어질 수 있다. 또한 인간은 사회적 구성체로서 존재하는 한 건강한 육체는 필연적으로 정신의 강건함을 전제로 하며, 합기도는 정신적 육체적 수행(修行)을 통하여 대자연의 법칙을 체득하고 그 진리의 원천에 잠김으로써 대자연의 섭리와 조화에 접근하여 스스로의 인격완성을 이루고자 하는 수련이다(강신석, 1991: 6).

'합기도'가 여러 무술을 합친 것이라는 인식은 합기도의 정체성을 흐려놓은 결정적인 오류이다. 호신술이라는 개념도 합기도나 무도의 한 부분적인 요소는 될 수 있으나, 합기도 전체라고 볼 수는 없다(김의영, 1997). 그리하여 황종대, 김동규(2008a: 258)는 "한국합기도는 스포츠의 요소가 포함되어 있지만 무도에 가깝고, 호신술이라고 인식되지만 그것이 전부가 아니며, 정신과 육체의 조화를 지향한 수련의 과정으로 해석"되어야 함을 강조하였다.

合氣道라는 용어가 '合'과 '氣'의 합성어에 道가 접목되어 성립되었는데, '合'은 입구(口)의 3획으로 합할 合, 같을 合, 모일 合, 대답할 合 등의 의미이며, 氣는 구름 운 氣(气) 部의 6획으로 기운 氣, 숨 氣, 정기 氣, 생기 氣, 힘 氣 등의 의미를 가지고 있다. 그리하여 흔히 합기도의 合과 氣를 합할 合(unite)에 기운 氣(energy)라고 한다. 그러나 합기도에서의 合과 氣의 의미는 다르게 해석될 수 있다. 왜냐하면 合자의 경우 合同에서와 같이 '합하다'의 의미와 合理에서와 같이 '맞다', '적합하다', '조화롭다'로 구분되고, 氣의 경우에서도 기력(氣力)에서와 같이 '기운, 힘(energy, strength)'의 의미와 기관(氣管)에서와 같이 '숨', '호흡', '공기' 또는 '마음, 정신(mind, spirit, soul)', '기분', '성질'의 뜻을 가지고 있기 때문이다(윤대중, 2002; 김문헌, 2002: 9-10, 재인용).

'道[way]'字는 원래 갑골문으로서 행[行]이란 글자 안에 道와 지[止]가 합쳐진 모습으로 표현되고 있다. 道의 의미는 '생각하며 행동함'

으로 분석하여 나아가 '사람의 행할 바' 또는 '높은 경지에 도달함'으로 해석할 수 있다(김상철, 허건식, 1999). 김부찬(2006b: 112)은 "道란 우주의 운행법칙을 말하기도 하지만, 인간에게 있어서는 인간적인 삶의 궁극적인 목표를 말하는 것"이라고 하였다.

한국의 합기도와 일본의 아이기도는 한자로 같은 이름을 가지고 있으면서 국제적으로는 'Hapkido'와 'Aikido'로 사용되고 있다. 이러한 구분은 명칭에서 뿐만 아니라 기술에서도 분명하게 나타나고 있으며, 외국의 수련자들은 합기도와 아이기도를 다른 무도로 규정하고 있다(오세용 등, 2006). 한글표기로 합기도·아이기도, 영어표기로 Hapkido·Aikido로 서로 상이하나 한자표기에 있어서 동일하게 사용하고 있는 것이다. 일본 아이기도를 추구하고 있는 단체인 국제합기도연맹과 대한합기도회는 한국합기도 무도자체의 본질이 아닌 '합기도' 명칭에 국한된 문제에 대해 다음과 같이 설명하고 있다.

합기도 술기 3

2010년 2월 5일 국제합기도연맹(IAF: International Aikido Federation) 피터 골즈버리 회장은 "하나의 명칭에 전혀 다른 두 개의 무도가 존재할 수 없으며, 기술과 철학이 전혀 다른 합기도가 명칭에 대한 혼돈으로 우려가 크다"고 하였다. 또한 대한합기도회(Korea

Aikido Federation)의 윤익암은 "합기도라는 하나의 명칭에 전혀 다른 두 개의 합기도가 존재한다는 것도 문제이지만, 전혀 다른 두 개의 합기도가 하나로 합쳐지는 것도 불가능하다"고 하였다. 이는 영어권에서는 일본발음과 한국발음이 다르게 표현되고 있지만, 그것은 가라데와 공수도의 한문표기가 같은 것처럼, 아이기도(Aikido)와 합기도(Hapkido)를 다르게 보기는 어렵다는 것이다. 결국 한국의 합기도와 일본의 아이기도에 대한 명칭문제를 근본적으로 해결해야 한다는 것이다(유기효, 2010년 2월 19일).

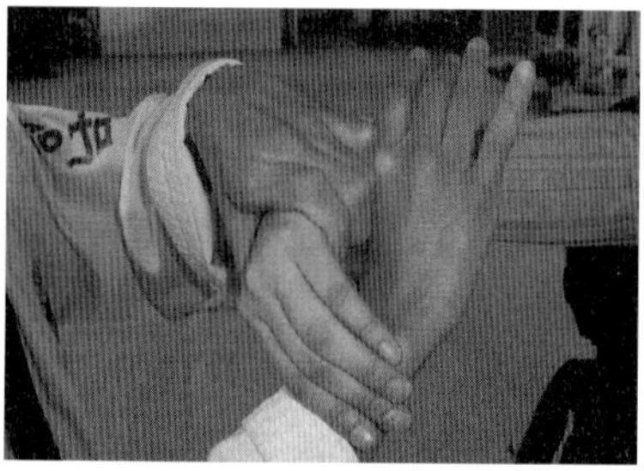

합기도 술기 4

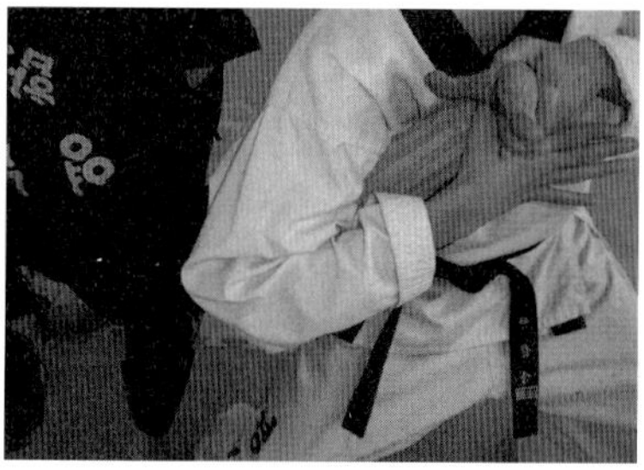

합기도 술기 5

합기도合氣道는 같은 한자를 사용하고 있지만, 모국母國이라고 주장하는 국가의 발음에 따른 영문명칭을 가지고 있다(김주연, 2009). 허건식(2006: 115)은 김의영(1997: 102)의 주장을 토대로 "일본어 '아이기도우あいきどう'의 한자표기 '合氣道'를 한국에 전파하면서 자연스럽게 우리말 '합기도'로 쓰게 된 것"이라고 하였다. 일반적으로 氣를 합하는 道라 할 수 있는 한국합기도의 개념을 살펴보면 다음과 같다.

첫째, 광의의 개념은 하늘에 있는 천기와 땅에 있는 지기를 몸에 받아들여 무궁무진한 힘을 발휘할 수 있는 것이고, 둘째, 협의의 개념은 힘이 아니라 기술로서 상대방을 제압하는 것으로 적은 힘으로도 큰 힘을 쉽게 압도할 수 있으며, 구르거나 낙법을 이용해 인체의 상해를 방지하는 것이다. 상대방의 집중된 물리적인 힘을 효율적으로 분산시켜 저항을 무력화 시키는 세 번째의 실용적 개념의 한국합기도는 신체적으로 상대방의 위협으로부터 건드리지 않는 것(言語나 인격 등)에서 완전히 저항하지 못하도록 하는데 까지 탁월한 호신기술로서 넓은 선택의 범위를 제공함으로써 실전적 기술에 따른 실용성과 정신적인 가치가 높은 무도이다. 넷째, 전통적 개념의 한국합기도는 역사적으로 평화를 사랑하고 남을 이유 없이 공격하는 무도가 아닌 한국의 민족성을 기반으로 한 무도이다. 다섯째, 철학적 개념의 한국합기도는 수행을 통해서 자기 자신을 안전하게 방어함은 물론 위해를 끼치려는 상대방의 안전까지도 고려하는 인격과 수양을 바탕으로 자아완성을 이루는 무도라고 할 수 있다(황종대, 김동규, 2008a: 259).

2. 한국합기도의 예 정신에 내재된 철학적 함의

예禮는 천지天地의 질서이다. 질서가 있으므로 만물에 모두 구별이 있게 된다. 예는 형식적인 예법에 앞서 자연의 질서를 이루고 있는 원리 또는 원칙을 뜻한다. 우주에는 천지의 질서를 이루는 원칙이 있고, 인간사회에는 인간사회의 질서를 유지해 나아가는 원칙이 있다(이경명, 1997; 안용규, 2000). 예란 이와 같이 일상생활·개인

감정·사회질서·자연질서 등 인간생활 전체의 규범으로 작용하는 것이다(안용규, 임관인, 2006). 김의영, 최종균(1997: 32)은 "예는 인간관계를 개선하고 질서를 유지하며 인간이 취하는 행동에 대한 사회적 규범이라고 하면서, 한자로는 '禮'라 쓰며, 허신許愼의 「설문해자說文解字」에 예는 이履의 의미가 있고 사람으로서 마땅히 행하여야만 하는 길道이자 관습"이라고 하였다.

> 禮를 해석하면 보일시(示)변에 풍년 풍(豊)이란 한자의 합성어로 풍성하게 보인다는 뜻이다. 즉 예란 나의 행동과 언어를 통하여 남에게 풍성함을 보이는 것을 말한다. 예의는 하나의 질서이며 사회의 대도(大道)이고, 윤리, 도덕의 근본이다. 한 인간은 예의를 배워 인간으로 성장하고, 가정을 화목하게 하고 사회에 필요한 구성원이 되는 것이다. 예의가 지켜지는 사회는 밝고 아름다운 사회이며, 인간이 살기 좋은 사회로 정착되는 것이다(김세환, 2002: 43-44).

예란 사람의 본 마음이 솟아나게 하는 것이라는 강영숙(1995: 22)은 "예는 우리가 더불어 살아가면서 어떤 사람의 됨됨이를 평가하는 기준이자 척도"라고 하였다. 현대사회에 있어 남과 교류하면서 지내야 한다면 서로 지켜야 할 예의가 필요하다(탁석산, 2000b). 그래서 예의나 인사라는 것은 항상 공손해야 한다. 인사를 잘못하게 되면 오히려 상대에게 불쾌감을 줄 수가 있다(오세용 등, 2006). 즉 예는 사람이 마땅히 지켜야 할 도리로서 예식禮式, 예법禮法, 경례, 인사 등을 외부로 공손하게 표현하는 행동양식이라고 할 수 있는 것이다.

합기도의 좌례

예의 정신은 충효사상과 효행, 그리고 지행합일知行合一로서의 수양으로 이어지는데 이는 무도정신에 세상을 이롭게 하고 도리로서 교화한다는 교육적 의미가 부여 되어있음을 의미하는 것이다(김동규, 김기홍, 2008). 또한 집단생활을 원활히 하기 위해 여러 성인군자들이 정한 불문율이라 하겠다(김기홍 등, 2007). 예법의 요소는 세 가지이다. 첫째, 상대방이 원하는 것을 헤아리는 것, 둘째, 자신이 하고자 하는 바를 삼가는 것, 셋째, 존경(혹은 마음)을 표현하는 방법에 숙달되는 것이 그것이다(이창후, 2003a).

합기도 대회시 국민의례

예는 유교사상儒教思想의 발현發現으로 예의 본래 의미는 신神·숭崇·고高한 자에 대한 경외敬畏의 마음을 표현하는 것, 화평和平한 감정을 표현하는 것, 그리고 상하관계의 위계를 보존하기 위한 것 등이다(김상철, 전형상, 1997). 예는 본래 하늘이나 대자연의 도리와 법, 즉 천도天道를 인간사회에 적용한 것이며, 예의 실천이 바로 천도의 실천이다. 이에 우리민족은 반만년의 유구한 역사 속에 동방예의지국東方禮義之國이라고 불려왔으며, 이러한 맥락에서 한국합기도는 예 정신을 근본으로 내면의 수행을 통해 사회와 국가에 적응하여 더불어 사는 삶의 철학을 체득하는 무도인 것이다.

> 예는 항상 대비하는 마음가짐이어야 한다. 그것은 무도를 익히는데 道의 경지를 넘어서 항상 준비가 되어야 한다는 것이다. 따라서 예를 올바르게 갖춘 모습은 은은한 향기를 발하는 것이다. 스스로의 감정을 얼굴에 나타내지 않고 사심을 버림으로써 '예'를 갖추어야 하는데, '예'는 형식이 매우 중요하다. 마음속으로는 '예'를 갖추었다 해도 행동과 일치되지 않으면 참된 '예'를 갖추었다고 볼 수 없다. 그러므로 형식을 갖추고자 노력하는 가운데 마음의 자세가 더욱 바르게 되는 것이다. 예란 공손하고 삼가는 태도로 사람들을 대하고, 師를 존경하는 것같이 자신을 절제하고 다른 사람들을 공경하는 규범이다(이홍진, 2007: 44).

합기도의 입례

국기, 사범, 선배 등에 대한 목례와 인사말의 형태인 예의는 수련 전이나 도중, 그리고 후에 실시한다. 이것은 영적 겸손에 대한 신념과 수직적인 사회적 지위체계에 대한 존경에 의해서 동기가 부여된 신체적 행동을 말한다. 특히 사범과 제자와의 관계는 본질적으로 온정주의적이며 개인적 충성심과 상호 보살핌의 복잡한 체계에 기반을 두고 있다(허건식, 2002). 예는 좌좌우기左座右起, 즉 앉고 일어설 때 왼발부터 굽혀 앉고 오른발부터 일어서며(유병돈, 1993), 예의 표현방법으로는 입례立禮와 좌례座禮가 있다. 한국합기도의 3대 예 정신은 국기國旗, 사범師範, 상호간相互間을 대상으로 하여 이루어진다. 주된 의미는 〈표 4〉와 같다.

표 4. 한국합기도의 예 정신

3대 예의	의 미
국기에 대한 예	국가나 나라에 대한 올바른 마음가짐을 지니도록 하는 것으로 오른손을 왼쪽가슴에 대는 일반적 형태로서 표현형식을 취함
사범에 대한 예	사제 간의 상호존중과 신뢰를 바탕으로 윗사람의 모범을 강조함
상호간에 대한 예	상호간에 겸손·감사·최선 등의 마음가짐을 기반으로 하며, 수련 시 잠재적인 위험의 존재로 인해 자의식적인 의례는 중요한 의미를 부여함

1) 국기에 대한 예의

국기는 애국가(국가), 무궁화(국화), 국새(나라도장), 나라문장 등과 함께 국가의 상징 중 하나이다. 국가상징이란 국제사회에 국가존재의 공식적인 징표로서 국민적 자긍심을 대변한다. 이는 인위적으로 조작된 것이라기보다 국가형성과정에서 그 나라의 역사·문화·사상에 대한 국민적 합의가 이루어진 것이라고 볼 수 있다. 그리하여 국기는 국민통합을 유도하는 내면적 기능을 갖고 있는 것이다(대한민국전자정부, 2007). 국기는 일정한 형식을 통하여 한 나라의 역사, 국민성, 이상 따위를 상징하도록 정한 기旗를 의미한다.

대한민국 정부가 태극기를 국기로 사용해 오고 있는 것은 태극기가 지닌 민족사적 정통성을 이어받기 위함이다. 태극기는 흰색 바탕에 가운데 태극 문양과 네 모서리의 건곤감리(乾坤坎離, 하늘·땅·물·불) 4괘四卦로 구성되어 있다. 흰색바탕은 밝음과 순수, 그리고 전통적으로 평화를 사랑하는 우리의 민족성을 나타낸다. 또한 태극 문양은 陰(파랑)과 陽(빨강)의 조화를 상징하는 것으로 우주 만물이 陰陽의 조화로 인해 생명을 얻고 발전한다는 대자연의 진리를 표현해 낸 것이다(행정안전부, 2010). 이러한 국기에 대한 사상은 외형적인 단순함을 넘어 대우주의 원리를 기반으로 한민족의 역사·철학·문화 등을 내포하는 민족정신을 함축함을 의미한다.

대한민국 태극기

예시예종禮始禮終을 중시하는 한국합기도는 예절의 표본으로서 수련 시 국기에 대한 예의의식을 필수요소로 하고 있다. 이는 국가나 나라에 대한 올바른 마음가짐을 지니도록 하는 것으로서 '나'만이 아닌 '우리·더불어'라는 광의의 의미를 지니며, 경건하게 오른손을 왼쪽 가슴에 대는 일반적인 형태로서 표현형식을 취한다.

2) 사범에 대한 예의

동양의 무도에서는 지도자를 사범師範, 사부師父, 선생先生 등으로

부르고 있다. 이는 동양무도에서 지도자를 호명할 때 존경의 의미를 내포하는 것이며, 무도가 단순히 경기에서의 승부를 가르기 위한 기술전수에만 국한되지 않고 지도자와 수련생간에 일상생활에 영향을 주고받는 관계라는 것을 알 수 있다(최종균 등, 2009). 사범의 사전적 의미는 '스승이 될 만한 모범 또는 스승'의 뜻으로 쓰인다. 이러한 이유에서 교사를 양성하는 대학기관을 사범대학이라 하는 이유도 사범이 갖는 사전적 의미 때문이며, 사범이란 호칭은 무도를 지도하는 지도자를 칭하는 대명사로서 사용되고 있다(김이수, 2009). 권중기(2008: 43)는 사범의 기능을 "자기가 터득한 독특한 무도의 기술과 철학적인 면을 수련생에게 지도 전달하는 해설자이자 전달자"라고 하였다. 사범은 무도능력이 우선 시 되어야 할 뿐만 아니라, 다른 사람을 잘 가르칠 수 있는 지도력도 필수적인 자질인 것이다.

합기도 원로 김윤상의 좌술
출처: 용술관(2012)

스승으로부터 받은 가르침을 틀림없이 후대에 가르침을 주는 것이 기본적인 마음가짐이다. 제자의 어리석음과 총명함을 구별하지 않고 꾸밈없이 제자에게 가르침을 주어 제자가 자신보다 뛰어남을 스승인 자신의 명예로 생각해야 하며(박순진, 김의영, 1999), 무도를 행하는 사람은 안정된 마음과 호흡의 수련을 위해서 스승의 역할을 대단히 중요시 여긴다. '동양무도는 道에서 시작하여 道로 끝난다.'는 말은 스승이 신체적인 기술만을 전수하는 것이 아니라, 정신수양까지 세심하게 지도한다는 의미이다(김동규, 2002).

수련생은 타인의 인격을 존중하고 겸손·양보하는 정신으로 정의감을 장려시켜야 하며, 남을 비방하거나 모욕하는 것을 삼가 해야 한다(김경지, 곽정현, 1998). 무도에 있어 예의는 무도 유파의 상징물, 창시자의 사진, 관장, 사범, 상급수련자에게 행해진다(김의영, 최종균, 1997). 김정행 등(2002: 32)은 "예의는 무도자체와 수련자, 선배, 스승, 도장의 전통과 규칙에 대해 존경을 표하는 것"이라고 하였다.

올바른 예절의 확립은 윗사람이 아랫사람에게 예의를 먼저 강요하거나 내세우지 말고 겸손을 토대로 후배나 제자에 대한 예의를 먼저 생각할 때 이루어진다(황종대, 2006). 이에 황종대, 김동규(2008a: 259-260)는 "한국합기도의 사범에 대한 예의는 사제 간의 상호존중과 신뢰를 바탕으로 하되 윗사람의 모범을 강조"하고 있다. 사범에 대한 예의는 스승에 대한 예의와 일맥상통하는 것으로서 배우는 사람이 가르치는 사람에게 하는 예라고 할 수 있지만, 받는 사람 또한 정중함을 소홀히 해서는 안 된다고 할 수 있다.

3) 상호간에 대한 예의

예절이란 사람과 사람사이에 신뢰를 형성하고 서로 믿고, 존중하며 살 수 있도록 사회질서를 확립시켜주는 사회생활의 기본이다(이용국 등, 2003). 상호라는 것은 상대가 되는 이쪽과 저쪽 모두, 함께라는 의미를 내포하고 있다. 특히 한국합기도 수행의 술기나 겨루기를 할 때는 잠재적인 위험이 존재하기 때문에 자의식적 의례는 한국합기도 수련자에게 중요한 의미를 부여하고 있다. 수련

전의 예의표현은 무례한 마음을 배제하고 상대를 존중하는 마음과 최선을 다하자는 마음, 마쳐서는 감사하고 고마운 마음으로 많은 것을 배웠다는 겸손한 마음을 가져야 한다. 한국합기도에서 이는 수련자의 행동에 대한 사회적인 약속을 확인하는 예로서 수련자 상호간의 경례이다.

상호간에 대한 예의

상호간의 예의는 동료나 경쟁을 하는 상대에 대한 존중의 표시이고 서로를 격려하는 마음이 있어야 한다. 그렇다고 상대에 대한 배려가 지나쳐 너무 허리를 숙여서 인사를 하는 것은 좋지 않은 자세이다. 상대에 대한 존중과 자신의 당당함이 보여 져야 한다(오세용 등, 2006). 예절이란 것은 결국 타인과의 적절한 관계를 확보하는 데서 빛을 발하는 것이다(백민정, 2007). 한국합기도는 강인한 신체도 중요하지만 수련을 통해 어른을 공경하고 사회도덕을 표준으로 하여 그대로 행하며 남을 배려 할 줄 아는 마음가짐 등이 중요하다. 이는 무도적 측면에서 한국합기도가 인간을 보편적으로 이롭게 하는 다양한 동양정신을 내포하고 있기 때문이다.

예의는 자신을 낮추고 남을 높이는 겸손함을 의미하는데 겸손한 자세를 통하여 자신을 순수하고 참된 마음의 상태를 유지하게 한다. 무도의 수련은 이러한 절도 있는 자세와 타인을 존중하는 예의로부터 출발하여 마침내 정도正道에 이르게 하는 것이다(김부찬, 2006a).

도장 내에서는 예의와 함께 여러 가지 알아두지 않으면 안 되는 것이 있다. 우선 도장은 수양을 위한 장소이기 때문에 마음을 안정시켜 성실하게 사물을 이루어 잡담이나 소란스러운 거동을 조심해야 한다. 또한 연습 때이든 시합 때이든 항상 모든 精力을 다하고, 휴식을 취할 때라 하더라도 예를 갖추어 타인의 연습이나 태도 등에 주의하고, 자신의 심신을 닦는데 거울로 삼아야 한다. 그리고 도장은 자신을 포함한 공동의 공간 내지는 집이라는 생각을 갖고, 도장 내의 정돈은 물론 질서를 유지하는데 협력해야 한다. 이러한 예의행동은 영적 겸손에 대한 내적 신념과 수직적인 사회적 지휘체계에 대한 존경에 의해서 동기가 부여된 신체적 행동으로 나타난다(김상철, 2000; 조재기, 유성연, 2009: 23).

심사식 예의

한국합기도에서는 예절인사를 수련 중 가장 중요한 요소 중의 하나로 손꼽는다. 스승과 제자와의 인사, 선배와 후배와의 인사, 동료와의 인사, 도장에 들어올 때와 나갈 때의 인사, 국기에 대한 경례, 수련 시작과 끝남의 인사 등 무수히 많은 인사를 한다(명광식, 1999a). 보통 인사는 비좁은 장소나 화장실 같은 곳에서 눈으로 하는 목례와 일반적이지 않은 상황에서 15도 정도 허리를 굽히는 약례, 약 30도 정도의 보통례, 45도 정도 허리를 숙이는 정중례 등이 있다. 몸동작의 크기에는 차이가 있지만 전해지는 마음의 크기는 동일하다. 이에 무도의 실천적 의의를 허건식(2002: 60)은 "정신수양·신체단련·기술성 추구·예법으로서의 무도로 볼 수 있는데 정신수양, 신체단련, 기술성의 추구를 뒷받침하는 가장 기본적인 실천적 의의가 예법을 가지는데 있다."고 하였다.

3. 한국합기도의 3대 원리에 내재된 철학적 함의

원과 같이 둥글게 하라, 흐르는 물과 같이 하라, 상대방과 합하라는 의미인 합기도의 3대 원리는 원圓, 류流, 화和 또는 전환법轉換法, 역류법逆流法, 심화법深和法이라고 하며, 전환의 원리, 역류의 원리, 심화의 원리라고도 표현한다. 주된 의미는 〈표 5〉와 같다.

표 5. 한국합기도의 3대 원리

3대 원리	의 미
전환법(圓)	직선적인 기술과 더불어 부드러운 곡선적인 기술을 추구하는 것으로서 우주의 원리, 즉 원의 원리를 기반으로 '원과 같이 둥글게 하라'는 의미가 내포되어 있음.
역류법(流)	상대의 집중된 힘을 흐르는 물과 같이 부드럽게 제압한다는 의미를 내포하며, 유하다고 생각되는 약한 힘이 강한 힘을 압도한다는 내재적 의미가 내포되어 있음.
심화법(和)	'상대와 합하라'는 뜻으로 상대의 집중된 힘을 거슬리지 않고 화합하여 역이용한다는 의미가 내포되어 있음.

1) 轉換의 原理 : 圓

원圓은 달과 해 등 우주를 상징하기도 하고 정신세계를 상징하기도 하며, 가장 단순한 출발점인 동시에 종착점이 되는 영원성을 상징하기도 한다(정병호, 2004). 원은 한국의 전통사상인 '흔'사상에서 그 의미를 찾을 수 있다. '흔'과 '원'은 표현하는 소리는 다르지만 내용상으로 같은 의미를 가지고 있다. '원'은 '흔'의 어원에서 파생된 말로서 크다는 의미와 함께 전체적인 하나라고 하는 뜻에서 같은 말이다. '원'이란 동양사상에서 허虛, 무無, 무극, 태극, 흔, 자연, 도道의 의미까지도 포함하고 있는데, 이것은 합기도에서 의미하는 바와 같다(강유원, 김이수, 2004).

> 각종 수련법에 담긴 동/정, 내/외, 강/유, 원/직 등의 차이는 절대적인 것이 아니라, '정도의 차이' 또는 '강조점의 차이'라고 볼 수 있을 것이다. 외공에 주안점을 두는 수련법이라고 하여 '호흡'이나 '정신집중'과 같은 내공을 전혀 도외시하는 것은 아니며, 강건하고 직선적인 동작을 주로 사용한다고 해서 신체의 유연성과 탄력성을 도외시하는 것은 아니며, 강건하고 직선적인 동작을 주로 사용한다고 해서 신체의 유연성과 탄력성을 도외시하는 것은 아니기 때문이다. 각종 무도수련에는 정도의 차이는 있지만 동(動) 속에 정(靜)이 있고, 강건함(剛)속에 부드러움(柔)이 있으며, 외면(外)의 단련 속에 이미 내면(內) 의식의 변화가 동시에 전개되고 있다고 보는 '합일론적 관점'이 더욱 적절하다고 할 수 있다. 따라서 동/정, 강/유, 내/외, 원/직 등의 구분은 어디까지나 각종 수련법을 구별하기 위한 방편적 구분으로 이해하는 것이 좋을 것이다(이승환, 2006: 4).

합기도는 그 움직임이 타 무도와는 차별화 되어 있고, 작은 움직임으로 큰 힘을 이겨낼 수 있는 원 운동을 통하여 효과적인 합기도 기법을 개발하고 있다(이기세, 정형진, 신원, 2004). 힘에는 작용과 반작용이 항상 존재하며 지렛대를 이용하듯 이치에 따라야 한다는 김의영 등(2002: 91)은 강유원, 김이수(2004: 72)와 원에 대해 다음과 같이 설명하고 있다.

'원과 같이 둥글게 하라'는 뜻으로서 합기도의 움직임은 직선적인 흐름보다 곡선적인 흐름을 추구한다. 나를 행동의 주체로 하여 태풍의 눈에서 뿜어져 나오는 격렬한 소용돌이와 같은 흐름을 만들 때 합기도의 움직임은 극치를 이룬다. 신체적인 무리를 조금도 느끼지 않게 되며 말로 표현할 수 없는 부드러움을 느낀다. 합기도의 움직임은 중심이 낮아질수록 안정감이 생기고 움직이면 움직일수록 커다란 위력을 지니게 되는데, 이는 자연의 흐름과 일치하는 합기도의 독특한 움직임인 것이다.

합기도는 원의 움직임으로 상대의 힘을 분산하거나 한 점에 집중시키는 것을 특징으로 한다. 원 운동을 하게 되면 원심력이 발생되고 동시에 구심력도 발생하게 된다(윤대중, 2002). 그래서 윤창내(1998: 26)는 "합기도의 특징이란 한마디로 독특한 움직임인 전환법"이라고 하였다.

> 전환법은 圓으로 회전하여 움직임에 변화를 준다는 의미로서 상대방의 중심을 잃게 하여 제압할 수도 있고, 전환 자체만으로도 상대를 퇴치할 수 있다. 전환법은 우리 몸의 각 기관인 근육, 뼈, 관절, 요추부위(허리) 등 氣와 合하여 전신을 단련시키는 기법으로서 전, 후, 좌, 우로의 원활한 활동을 통해 혈액순환 등의 신진대사 및 몸의 각 기관 발달을 촉진시키고, 전환법의 반복수련(몸의 중심기능과 회전기능)을 통해 유연성, 근육의 탄력성, 뼈와 관절의 발달, 등뼈의 변위를 조정하고 균형을 되찾게 하여 신경기능 등을 정상으로 회복시키는 역할을 한다(염장호, 1994: 30).

원은 정체하는 것이 아니라 자유자재로 회전하여 나가는 기氣와 신체의 흐름을 기초로 하는 것으로서 합기도의 근본을 형성한다(황기동, 2006). 일반적으로 합기도는 부드럽고 원의 움직임을 강조하는 수련으로 보편화 되어 있다. 원은 유柔의 부드러움을 통한 자연에 동화되는 상태이다. 즉 무위자연 상태인 것이다(권중기, 2005). 그러므로 우주만물의 상호작용과 대자연의 원리를 근본으로 하는 한국 합기도의 전환원리는 직선적 기술과 더불어 부드러운 곡선적인 기술도 추구하며, 움직임의 변화와 전환자체만으로도 상대를 제압한다는 의미를 가지고 있다.

2) 逆流의 原理 : 流

역류逆流의 원리는 '흐르는 물처럼 순리에 맞게 하라'는 뜻으로서 流란 흐름을 의미하며, 흐르는 물로 표현한다. 사람의 힘과 기는 어떤 곳을 향하여 항상 흐르고자 한다. 상대의 힘과 기를 거스르지 않으면서 원하는 방향으로 바꾸기란 쉽지 않다. 상대의 힘과 기의 흐름을 거스르거나 절단하지 않으면서 내가 움직이고자 하는 방향으로 바꿔주는 동작을 의미하는 것이다.

> 물은 만물에 혜택을 주면서도 자신은 상대방에게 거역하는 일이 없으며, 사람들이 싫어하는 낮은 곳으로 흘러가는 성질이 있다. 그리하여 물의 특성은 첫째, 둥근 그릇에 담으면 모양이 둥글게 되고, 네모난 그릇에 담으면 네모의 모양이 된다. 이는 상대를 거스르는 일 없이 타자에게 순응함을 의미한다. 둘째, 지구상의 생물에게 혜택을 부여해서 자신은 낮은 곳을 향해 흘러간다. 그 태도는 실로 겸허하다. 셋째, 보통 때는 마냥 유연하고 부드럽지만, 急流로 변하게 되면 딱딱한 바윗돌도 부숴버리는 힘을 가지고 있다. 물에는 일정한 모양이 없는 것처럼, 합기를 하는데 있어서도 불변의 태세란 있을 수 없다. 타자가 공격하는 상태에 따라서 변화하며 순리를 따르는 것, 이것이 절묘한 합기이다. 물은 지극히 유약(柔弱)하지만 앞길을 가로막는 것이 비록 강하더라도 물리치고 만다(강유원, 김이수, 2004: 74).

流는 상대의 힘을 정면에서 받지 않고 흘려보내는 것이다. 이는 공격과 방어가 자유롭게 이루어지는 가운데 상대의 허점을 발견하여 부드러움으로 상대의 힘을 최소화시키고 역으로 자신의 힘을 최대화 시키는 원리이다(김태민 등, 2009). 그러므로 역류의 원리는 상대의 집중된 힘을 흐르는 물과 같이 부드럽게 제압한다는 의미를 내포하며, 유柔하다고 생각되는

약한 힘이 강한 힘을 처리할 수 있는 내재적 의미를 가지고 있다.

3) 深和의 原理 : 和

심화[深和]의 원리는 힘과 힘의 대적이 아니라 화합을 통하여 상대의 힘을 역이용하는 것이다(송일훈, 2002). 상대방의 힘을 정면에서 받게 되면 상대방의 힘을 그대로 받게 되는 결과가 된다. 합기도에서는 상대방의 힘을 정면에서 받는 것을 피하고 상대방의 힘을 이용하는 방법과 횡[橫]쪽으로 유인하는 기법이 사용된다. 상대의 기와 자신의 기를 화합하는 것을 의미한다(박순진, 김의영, 1999). 즉 '상대와 합하라'는 뜻으로서 상대가 밀면 당기고, 당기면 밀어내는 식으로 자연의 순리를 이용해 무리가 가지 않도록 한다. 우주는 하나의 중심점을 기준하여 끊임없이 원운동을 계속하고 있으며, 이 원운동은 우주 움직임의 대원칙이다. 소우주로서의 인간도 부지불식간에 원운동이라는 자연의 흐름 속에 살고 있다.

> 和란 여러 어울림이다. 하나의 원에서 다른 원으로 옮겨 가거나 옮겨 올 때 아무런 무리나 마찰이 없이 가장 자연스럽게 어울리는 것이다. 어울림이란 陰과 陽의 조화, 剛과 柔의 조화이다. 성급히 구는 상대에게는 느긋함으로, 느긋하게 구는 상대에게는 분주하도록, 힘을 위주로 하는 상대에게는 부드러움과 탄력으로 和를 이루고, 발이 긴 상대에게는 짧은 동작으로 상대의 공격기지를 무너뜨린 다음 깊숙이 파고드는 방법 등이 和

이다. 이 和를 제대로 이룰 때 불의에 맞서고 상생과 이로움(有益)을 얻게 되는 것이다(장봉우, 이현희, 2009: 161).

합기도의 술기 시연

출처: 무카스(2012년 9월 7일)

和는 상대와의 대적이 아닌 화합을 통하여 무도수련에 임한다는 것이다. 또한 원 · 유 · 화圓·流·和의 원리들을 소통하여 무도수행의 진리를 얻는 것이다(김태민 등, 2009). 심화의 원리란 상대와 나의 서로 다른 원운동을 나의 원 운동 속으로 끌어들여 상대를 제압하는 것이다. 그래서 상대움직임의 흐름을 파악하여 나의 움직임은 흐름을 상대와 같게 하되, 내가 하고자 하는 기법방향의 소용돌이 속으로 상대를 합쳐 넣을 수 있어야 하는 것이다. 최상헌(2002: 4)은 "상대와 자신이 하나가 됨으로써 상대방의 심중을 읽고 움직임을 판단하여 상대의 공격에 따라 자신이 움직이며, 물이 흐르듯, 공이 구르듯 자유자재로 술기를 구사함으로써 합기도의 위력을 발휘하게 된다."고 하였다.

일본의 아이기도는 圓 · 流의 원리를 주로 하여 여러

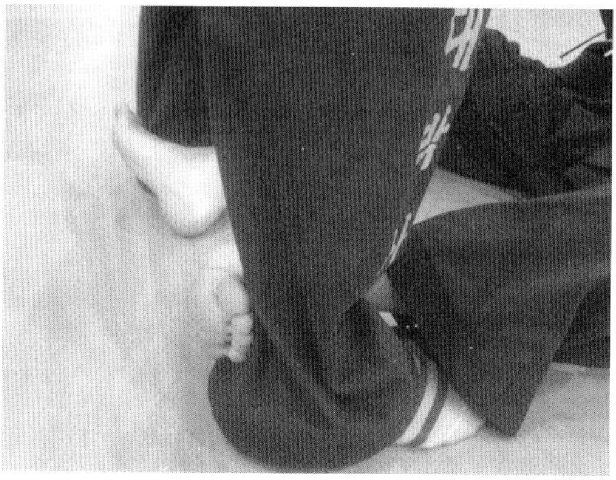

전환법을 활용하여 기술을 전개하는 반면, 한국합기도는 圓·流·和의 원리를 이용하여 상대 및 상황에 따라 적용을 달리하기 때문에 아이기도와 한국합기도가 원리적용과 그에 따른 기법에 있어서는 다소 차이가 나타남을 알 수 있다. 상대의 공격에 대한 방어와 제압을 圓으로 처리하고, 힘의 흐름(流)에 따라 동작하여 거슬리지 않게 하며, 상대의 동작과 화합和하여 무리한 술기가 되지 않도록 하는 것이 한국합기도의 원리이다(김정수, 2006: 3).

---

* 제4장의 내용은 황종대·김동규(2008)의 논문「한국합기도의 구성원리와 술기에 내재된 철학적 의미」(한국체육철학회지. 16권 2호)의 일부분을 수정 보완한 것임.

제5장 한국합기도의 사상적 맥락

이 장은 한국합기도의 본질적 의미와 철학사상을 탐색함으로써 한국합기도의 정체성을 확립하는 근본을 구축하는데 있다. 이는 한국합기도계가 안고 있는 가장 기본적이면서도 완성되지 못한 현실적인 과제이다. 이 장에서 제시하는 것은 첫째, 전통무도는 지속성·고유성·대중성·현재성 등이 동시에 존재해야 하며, 한국합기도는 이에 부합되는 무도라는 것이다. 둘째, '한ᄒᆞᆫ' 사상에 내재된 평화정신과 인간중심사상 등은 한국합기도에 내재된 한국의 민족성과 일맥상통하고 있다는 것이다. 셋째, '氣' 사상에는 심신일원론적 합일사상이 내재되어 있다. 이를 근간으로 하고 있는 한국합기도는 승리를 위한 성취지향적인 외향의 추구보다, 수신修身, 효제孝弟, 충서忠恕로 이어지는 과정중심지향의 무도라는 것이다. 넷째, '道' 사상은 인간이 지켜야 할 규범 및 인간윤리로서 인간 삶의 지표를 의미한다. 이는 동양철학사상에 내재된 보편적 가치의 추구로서 한국합기도가 지향하는 자아완성의 사상과 일치하고 있다는 것이다.

1. 전통무도로서 한국합기도의 본질

전통무도를 합리적으로 개선하는 작업은 현실적으로 시급하다(이승수, 2007a). 이와 더불어 본질의 개념은 '사물의 궁극이 무엇인가'를 규정하는 것이다. 문제는 그 '무엇'이 무엇으로 이루어져 있으며 어디에 있고 사유에 의해서 있는 것인가 실재reality로 있는 것인가, 그리고 현존하는 사물과 어떤 관계에 있는 것인가라는 점이다(김동규, 김영갑, 2006).

무도의 본질을 파악한다는 것은 무도의 보편적이고 궁극적인 요소들을 개념들로 형식화하는 것을 말한다. 본질이란 원래 변하지 않는 것, 그러면서 가장 중요한 것이기 때문이다. 변하지 않기 때문에 항구 불변적이고 모든 것에 편재하는 것이고 따라서 보편적인 것이 된다. 한편 가장 중요한 것이기 때문에 그것이 빠지면 안 되는 것, 그래서 마지막까지 남아야 하는 것, 즉 궁극적인 것이 된다(김방출, 이창후, 2007). 그러므로 전통무도로서 한국합기도의 본질은 한국합기도가 전통무도로서 정당화되는 내용을 필요로 함을 의미하며, 한국합기도의 철학적 요소가 될 수 있는 것이다.

근대화를 맞아 엄습해 오는 외래문화를 어떻게 수용하고 걸러내어야 전통의 훼손이 최소화될 수 있을까 하는 문제는 인류

> 의 현실적인 과제이다. 일본과 중국의 경우, 서구의 신문명을 적극적으로 받아들이면서 생명력을 잃은 것처럼 보이는 전통문화를 폐기하려는 움직임이 드세다가 20세기 초에 들어오면서 전통을 축으로 하여 서구문화를 선별적으로 수용하려는 자세로 전환하였다. 중국의 '중체서용(中體西用)'이나 한국의 '동도서기(東道西器)'는 이러한 사정을 반영하는 구호라고 할 수 있다. 그러나 서양과 동양의 구분은 현대사회에서 동양의 서구화, 서양의 동구화로 인한 문화복합 현상에 의해 그 의미가 사라져 버렸다(김병태, 2005: 71).

전통이란 어떤 집단이나 공동체에서 역사적으로 형성·축적되어 계통을 이루며 전하여 내려오는 사상·관습·행동 따위의 양식 또는 그 핵심을 이루는 정신을 뜻한다. 따라서 하나의 전통이 확립되거나 쇠퇴하는 과정은 긴 시간의 흐름으로 채워진다(하남길, 김세기, 2009). 또한 전통은 과거로부터 물려받은 모든 유산을 의미하기도 한다. 많은 전통유산이 단순히 박물관의 유물로서가 아니라 살아있는 문화로서 현재에도 상당 부분 기능하고 있다. 여기에는 물질적인 것도 있고 동양철학처럼 정신적인 것도 있는 것이다(김교빈 등, 2006). 국립민속박물관(2003: 15)은 "전통은 습관과 풍속이 시간적인 순서를 따라서 전대에서 후대로 전승되는 체제를 의미하며, 그것은 공간적인 선을 따라서 습관과 풍속이 전파되는 것과 아울러 습관과 풍속이 시간적, 공간적으로 전달되는 구조를 보여주는 것"이라고 하였다.

김영선(2007: 76)은 "전통은 과거의 특정한 시간에 머물러 있는 것이 아니라 연속적으로 이어져 내려오는 현재의 우리 일상 안에서 숨 쉬고 있는 활동이어야 할 것이며, 발견되어지고 재창조되어야 하는 것"이라고 하면서, 홉스보옴 랑거(1995: 37)의 창안된 전통에 대해서 다음과 같이 설명하고 있다.

> 전통이 어떻게 현실에 반영되어가고 있는가의 문제에 있어서 홉스보옴은 '창안된 전통(invented tradition)'이라는 개념이 넓은 의미에서 사용되었다. 그에 의하면 전통은 실제로 창조되는 것이며, 만들어져 형식적으로 제도화된 '전통들'을 일컬음과 동시에 단기간 안에 쉽게 눈에 띠지 않게 나타나 매우 빠른 속도로 자체적으로 체제를 잡아가는 전통들이 포함되어 있다. 즉 창안된 전통이란 것들은 과거의 맥락과 형태적으로 관련성을 가지면서 새로운 상황에 대해 인위적인 특이성을 가지고 반응한 것들이라 할 수 있다.

나영일(1994: 67)은 전통이란 "과거와 오늘이라는 시간과 관계되는 개념"이라고 하였으며, 나영일 등(2001: 307)은 전통의 기준을 변화, 지속성, 고유성, 현재성 등으로 보고, "전통무도의 경우에는 이론의 체계화, 대중적 기반이 더 갖추어져야 된다."고 하였다. 이와 같이 전통은 지난 시대에 이루어져 전해 내려오는 사상·철학·유산 등을 일컫는 것으로서 전통무도 또한 이러한 범주로부터 벗어날 수 없는 것이다.

전통무도의 분류는 외국이나 외부로부터 도입되거나 전해진 '외래무도', 원래대로 회복된 무도인 '복원무도', 다시 나타남을 의미하는 '재현무도', 처음시작 되거나 제창된 무도인 '창시무도', 90년간 3대 이상 전승되어온 무도로서 타인 및 타 무도에서 인정하는 무도인 '전승무도' 등으로 구분될 수 있다. 전승무도에 부합되는 무도인 씨름, 태껸, 국궁의 경우를 제외하고는 그 분류가 애매

모호할 뿐만 아니라, 그 기준조차 신뢰성이 떨어짐은 주지의 사실이다. 특히 창시무도에 분류되는 무도 중에는 태권도·합기도·유도·검도 등의 기술을 변화 없이 그대로 또는 혼용하여 사용하면서도 상업성 등에 의해 포장(명칭)만 새롭게 한 무도가 현존하기 때문이다. 무도에 대한 분류를 경기·생활·전통무도 등으로 구분하여 살펴보면 다음과 같다.

> 경기무도란 개념은 '대한체육회'에 가맹되어 있으면서 국내는 물론 국제적인 대회가 활성화 되어 있는 종목으로서 선수 위주의 수련을 하고 있는 종목을 말하며, 유도, 검도, 태권도 등이 대표적인 종목이라고 할 수 있다. 생활무도는 대한체육회에 가맹되어 있지 않거나, 가맹되어 있어도 수련생들이 여가적인 개념으로 수련에 참가하는 무도를 말하고, 태껸, 궁도, 합기도, 우슈, 공수도 등과 같은 종목들이 이에 해당된다. 전통무도는 광의적인 생활무도 가운데 신생무도와 국외로부터 유입사실이 확연히 들어난 유도, 검도, 우슈, 공수도 등과 같은 종목들을 제외한 태껸, 합기도, 궁도 등과 같은 한국의 전통적인 무도를 말한다(진성우 등, 2009: 84).

전통무도는 우리민족 고유의 무도이며, 국내에는 수많은 전통무도단체들이 활동하고 있으나 안타깝게도 대부분의 전통무도들은 전승맥락과 수련체계에 있어 그 정체성이 불명확한 것이 현실이다. 정재성(2007: 90)은 "일반적으로 많이 알려져 있는 태권도, 합기도를 비롯한 십팔기, 정도술, 수벽치기 등의 수많은 전통무도들은 전승맥락과 수련체계, 철학적 기반 등이 전통성의 논란에서 자유롭지 못한 게 사실이며, 이러한 현상은 전통무도에 대한 기준과 척도가 명확치 않기 때문"이라고 하였다.

허건식(2006: 46)은 "전통무도의 정통성은 지금 이 사회에서 인정받느냐 안 받느냐가 중요하고, 전통무도로 포장된 신흥무도를 포함한 많은 무도들은 '한국의 무도'로 정의하여야 할 것이며, 그 역사성과 현재성, 그리고 미래성이 있는 무도들을 평가해 '전통무도'로 정의해야 된다."고 하였다. 따라서 '전통'이라 함은 '지속성'과 '특이성' 뿐만 아니라 '가변성'과 '현재성'을 동시에 함축해야 하며, 전통무도를 해석함에 있어서는 편협한 국수주의적, 민족주의적 해석을 경계할 필요가 있다(허건식, 2008년 4월 3일). 이러한 의미에서 한국합기도는 서양의 스포츠·무도와의 결합이 없는 동양무도로서 전통성을 지니고 있다고 볼 수 있다. 다음은 한국합기도에 내재되어 있는 전통적인 요소로서 지속성, 고유성, 대중성, 현재성 등을 선정하여 그에 대한 논의를 전개한 내용이다.

1) 지속성

'지속성'은 역사적 흐름의 연속성을 의미한다. 전통은 단절되거나 돌발적인 상황이 아니라, 한 세대에서 다음 세대로 전승되는 지속성을 전제로 하는 것이다(김병태, 2005). 한국에서 전승되고 있는 많은 무도들 중에는 상대적으로 오랜 역사성을 지닌 무도들이 있다. 이러한 무도들은 시간이 지남에 따라 여러 가지 사회, 문화적 요인들에 의해 변화하면서 발전해 왔다(이승수, 2007b).

어느 정도의 역사성을 가지고 있고, 현재 한국 사람들이 사용을 하고 있으며, 앞으로도 한국 사회에서 통용될 수 있다면 한국의 것으로 인정되어야 한다(김기홍, 2006). 이러한 의미에서 나영일(2004: 67)은 에드워드 쉴즈(1992: 24-29)의 논의를 토대로 전통에 대해 다음과 같이 설명하고 있다.

> 전통은 많은 것을 의미한다. 가장 사실에 가깝고 기본적인 뜻은 단순히 물려받은 것 또는 유산이라고 표현하며 과거로부터 현재로 전래되거나 물려받은 모든 것을 뜻한다. 얼마나 오랜 세월을 두고 전수되었으며, 구전인지, 서면으로 전래되었는지를 말해주지 않는다. 전통의 결정적인 기준은 인간행동에 의해 창조되었다는 사실, 사상과 상상력을 통해 이루어졌고, 한 세대에서 다른 세대로 전래되어 왔다는 것뿐이다. 그것은 현재에 존재하는 과거이며, 그 어떤 새 발명품과 마찬가지로 현재의 큰 부분이 되는 것이다. 전통은 단 3세대 동안에 전달된 짧은 연쇄과정에서도 전통은 어떤 면에서는 변화를 가져오기 쉽다.

전통무도는 오랫동안 우리 민족의 삶에 있어서 중요한 역할을

최용술의 술기 5

해 왔다(김부찬, 2006a). 이에 한국합기도는 무도적 요소와 계보의 전통성이 남아있는 한국을 대표하는 전통무도 종목이다(진성우 등, 2009). 한국합기도는 대동류합기유술의 시조가 신라삼랑원의광이라는 사실적 근거와 해방 전 한국 무도의 전통적 인식을 기반으로 해방 이후 최용술과 그의 제자들에 의해 생성·유지·발전되어 세대전승을 이루어 오고 있는 것이다. 이러한 의미에서 한국합기도는 세대 간 이음으로 전승되는 지속성에 부합하는 무도라고 할 수 있다.

2) 고유성

고유라는 말은 문자 그대로 본디부터 있었다는 뜻은 아니며, 다른 것과 같으면서 다른 것과 구별되는, 다른 곳에는 다시 있을 수 없는 것이다(조지훈, 1996). 그러므로 '고유성'이란 특이성과 일맥상통하는 특성으로서 다른 것과 구별되는 독자적인 성향을 의미한다고 할 수 있다. 탁석산(2000a: 86)은 "고유성이 시원의 문제가 아니라 개성의 문제이고, 독특함이 바로 개성이고 고유성이라면, 한국적인 것을 판단하는데 시원의 문제를 따질 필요는 없을 것이며, 어디에서 비롯되었든 간에 개성과 독특함을 불어넣고 또한 갖게 했다면 우리의 것이 될 수 있다"고 하였다. 이러한 맥락에서 동양무도의 특이성에 대해 고동영(1993: 13)은 다음과 같이 설명하고 있다.

> 동양무도는 다른 지역의 무도와 다르다는 점에 대해서는 이의를 다는 사람이 없다. 그렇다면 무엇이 어떻게 다른가를 명쾌히 구분 지어야 한다. 동양무도의 뿌리를 밝히는데 있어서도 먼저 동양무도의 뚜렷한 특징이 어떤 것인가를 규명 짓지 않는다면 이에 관한 깊이 있는 접근은 불가능하다. 오늘날 동양무도의 범주에 속한다고 하는 무도의 종류는 수없이 많다. 이 여러 종류의 무도들이 공통적으로 갖고 있는 다른 지역의 무도와의 차이점에서 동양무도의 특징을 밝혀내야 한다. 우선 동양무도와 서양 등 다른 지역의 무도와의 뚜렷한 차이점을 밝힌다면, 그것은 두말 할 것도 없이 손과 발과 몸이 움직이는 동작이 다르다는 점이다. 말하자면, 동작이 진행되는 선이 서양의 그것과는 판이하여 전문가가 아니더라도 쉽게 구별할 수 있다. 동양무도의 특이한 모양이라면 바로 그것이다. 그렇다고 그것만이 동양무도의 특징이라고 할 수는 없다. 그것은 외부에 나타나는 모양일 뿐, 보다 근본적인 특징을 찾을 수 있다.

한국합기도는 태권도의 겨루기와 같은 경기겨루기를 하고 있다. 뿐만 아니라 술기를 맨손술기와 무기술로 구분하고 연무·낙법·발차기 등의 경기도 실행하고 있다. 이는 한국합기도가 아이기도는 물론 타 무도와 차별화되는 고유성과 독자성 등을 나타내는 중요한 요소라고 할 수 있다. 최종균 등(2009: 50-51)은 김의영(1997: 105)과 이상철 등(2004: 104)의 논의를 기반으로 합기도가 다른 운동종목과 구별되는 본질적인 차이점을 다음과 같이 설명하고 있다.

> 첫째, 합기도는 先手가 없다. 이러한 수련의 의미는 내적으로 상대를 배려하는 마음과 다툼을 멀리하는 평화무도로서 의

> 미가 있다. 둘째, 합기도의 동선(動線)은 원형과 구형의 움직임으로 이루어져 있고, 움직임 자체에 부드러움과 조화미가 돋보이는 무도이다. 셋째, 합기도 기법의 가장 큰 특징은 호신성에서 찾을 수 있다. 그러므로 격렬한 신체활동을 자제함으로써 남녀노소 누구나 쉽게 수련할 수 있다. 넷째, 합기도 수련프로그램에는 명상계의 수련내용이 포함되어 있으므로 호흡력의 배양을 통한 정신적 안정을 추구하여 수련연령이 길다. 다섯째, 합기도의 정신은 상대와의 상정된 수련형태가 대부분으로 이루어져 있어 상대의 존재와 인격을 존중하는 예의를 중시한다. 결론적으로 합기도의 궁극적인 정신은 무도라는 신체문화의 한 영역인 합기도 수행과 체득과정을 통해 상대를 배려하고, 이러한 무도성을 종적·횡적 인간관계에 확장적용 시켜 '더불어 함께'하는 그리고 '우리'라는 기본정신으로 '인화(人和)'와 '이무상생(以武相生)'의 길을 닦는 인간완성 및 수행의 길이라고 하였다.

아이기도는 주로 손으로만 상대의 관절을 꺾고, 비틀고, 던지는 데 비해, 한국합기도는 손과 발을 모두 쓰는 게 큰 차이라고 하는 유정래(2008: 14)는 "손 기술만 본다면 비슷한 점이 있지만, 무기술은 양국 모두 쓰고 있으나 차이가 많다. 예를 들면 한국합기도는 무기술 동작이 화려한데 비해 아이기도 무기술은 보기에 단순하고 소박한 느낌"이라고 하였다.

> 한국합기도는 아이기도와 매우 유사한 기술을 가지고 있음에도 불구하고 수련과정은 매우 다르다. 즉 합기도에서는 어떤 기술을 적용하여 행할 때 연습 상대방의 저항을 요구한다. 합

기도 수련자는 이 같은 방식으로 자기방어의 기술을 배운다. 그리고 아이기도에서는 공격기술을 가르치지 않는 반면 합기도에서는 가르치기 때문에 합기도의 기술이 더욱 실전 지향적인 경향을 보인다. 다만 한국합기도의 유파 중 몇몇 단체에서는 높은 수준이 아닌 경우에서도 무기술이나 권법 등을 수련하는데 이것은 여러 수련인구를 지도하기 위해 나름의 수련 체계를 갖춘 것이며, 한 유파의 특징이라고 보아야 할 것이다(박세림, 2008: 38).

일본의 아이기도가 방어기술에 집중되어 있는 반면, 한국의 합기도 기술은 공격기술을 포함하고 있다(김의영 등, 2002). 또한 창시자가 서로 다르고, 초기 보급과정에서 최초 수련생의 차이가 있으며, 한국합기도는 기술적 통합을 이루지 못한 반면, 아이기도는 시작부터 통합이 되어 발진을 이루었다(오세용 등, 2006). 그래서 한국합기도는 일본에서의 대동류유술이나 아이기도와는 다른 신체기법의 형태로 발전되어지고 있으며, 세계적으로도 한국합기도는 대동류합기유술이나 아이기도와 다른 독창적인 한국전통무도로 인식되고 있는 것이 현실이다(바철히, 2005).

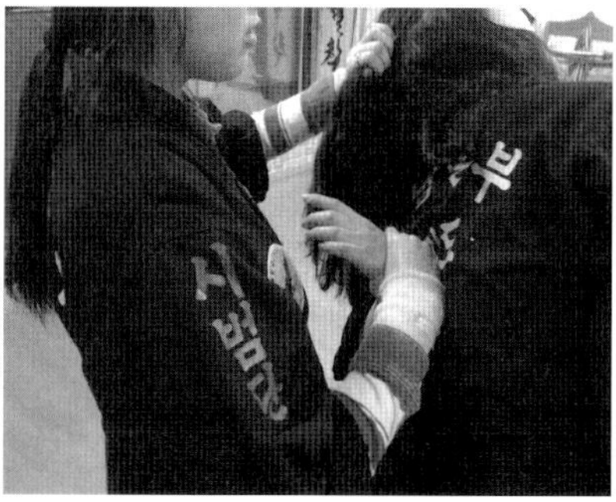

합기도의 체포술

한국합기도는 다양한 술기가 결합되어 종합무도의 성격을 띠게 되는데, 이러한 점이 한국합기도의 성격을 규정하는 중요한 특징이 된다(최복규, 2007). 술기는 한국합기도가 존재하는 본질 그 자체

합기도의 낙법
출처: 신준철(2008년 4월 26일)

로서 타 무도와 다른 독자적인 무도로 존재하는 근간이다. 특히 독특한 관절꺾기와 미적 아름다움이 내재한 현란한 동작의 낙법, 상대 제압에 유용하게 활용되어 적극적인 방어이면서 공격기술을 포함하는 치기·지르기의 수기, 발차기 등은 한국합기도의 주체성과 정체성을 확립할 수 있는 근거이며, 일본 아이기도와 차별화되는 독자적인 기술적 특성이다. 한 예로 위의 그림은 한국합기도만의 독특한 낙법으로서 타 무도나 아이기도 등에서는 볼 수 없는 형태라고 할 수 있다. 그러므로 한국합기도는 고유성을 근간으로 하는 무도임이 증명되는 것이다.

3) 대중성

'대중성'이란 외적인 물적 토대, 즉 대중적 기반을 의미한다. 이는 현재성과도 상통하는 것으로서 현재의 의미를 갖기 위해서는 결국 대다수 사람들이 그 무도의 수련에 참여해야 하고 의식적 무의식적으로 전통무도라는 것이 인정되어야 한다(나영일 등, 2001; 김부찬, 2005). 이러한 의미에서 김이수(2008: 28)는 "현재 국내에서 대중적인 무도는 태권도를 중심으로 유도, 검도, 합기도를 예로 들 수 있으며, 이 중에서 합기도는 태권도 다음으로 수련인구가 가장 많을 뿐만 아니라, 수련장(도장)도 태권도장에 버금가는 사설도장이

있다"고 하였다. 이는 한국 합기도 단체와 더불어 합기도 유사단체까지 포함해서 그렇다는 의미일 것이다.

그렇지만 현대사회에서의 무도수련은 수행을 전제로 한 '道 닦음' 못지않게 건강추구나 호신護身, 그리고 경기에서의 승리를 향한 '위하여' 사상이 중요한 요인이 되고 있다. 이는 무도의 대중화라고 하는 순기능적 측면에서 보면 반가운 일이지만, 기다리는데 익숙하지 못한 조급증과 결과에 대한 강한 의존성이 무도수련에 반영되었다는 점에서 보면 후퇴라고 보지 않을 수 없다(김동규, 2006a). 이정학(2007: 28)은 "현대사회는 지나치게 객관성, 합리성만을 강조하다 보니 모든 일에 있어 과정보다는 좋은 결과가 곧 선善이며 미덕美德이 되는 등 우리사회는 경쟁과 승리에 대한 강박관념에 사로 잡혀있다."고 하였다.

동양무도는 그 시원(始原)의 고고함을 떠나 서양적 가치관이 난무하는 현대사회에서도 그 가치를 인정받아 많은 이들에 의해 수련되고 있다. 이러한 사실은 동양무도만이 가지는 특유의 가치관에는 서양적 가치관으로는 설명될 수 없는 여지가 있기 때문일 것이다. 동양무도는 그 발생과정에서 서양이 격투스포츠와 같이 대인격투 상황에서 우위를 점하기 위한 방법을 연마하는 것이었다는 주장에 상당부분 설득력이 있지만, 그 목적에 부합하는 실용성이라는 측면에서 맥을 달리하고 있다. 즉 서양의 격투스포츠는 발전과정에서부터 격투기능이라는 측면에서의 우월함을 바탕으로 상대방을 제압해야만 그 가치가 발현되는 외재적 가치가 우선시 되어 온 반면, 동양무도는 숙달된 기능을 이용하여 상대를 제압하거나 무력을 과시하지 않아도 수련 그 자체의 과정만으로도 가치가 인정되는, 이른바 내재적 가치를 추구한다는 특징이 있다(김병태 등, 2008: 112).

이상의 의미는 무도의 수련이나 수양이 연마하는 과정에서 공격이 아니라 방어를 목적으로 하며, 살생을 하기 위해서가 아니라 상생을 위해서 무도를 연마한다는 것이다. 무도수련이 경쟁의 배경에서 승리하려는 차원이 아니라 자아를 발견하고 도움을 줄 수 있는 실천적 능력을 배양함으로써 인간에 대한 공존의 덕목을 향상시켜 준다(김부찬, 2006a)는 맥락일 것이다. 한국합기도의 수련은 승리를 위한 기술동작 못지않게 평상심, 예절, 겸손, 노력, 최선, 인내 등의 정신적 요소가 보다 중요시되고 있다. 즉 원천적으로 기술수련 못지않게 정신수양과 내재적 가치를 강조해 온 한국합기도는 이러한 점이 인식되어 현재 다양한 수련층을 확보하고 있다. 이는 대중성 또한 한국합기도의 본질적 요소로서 기반이 구축된 것이라 할 수 있다.

4) 현재성

덕암 최용술

'현재성'이란 현실적인 힘의 영향력을 의미한다. 오늘날에도 여전히 살아서 우리의 생활세계에 영향을 발휘해야 하며, 만일 현재와 유리된 과거만의 것이라면 이는 역사적 유산이지 전통이라고 말할 수 없다(나영일 등, 2001). 합기도는 전통이 있는 한국무도에서 출발했기 때문에 거기에 흐르는 줄기 맥락은 한국인의 인간교육적인 면에서 큰 역할을 한다. 사회교육적 입장에서도 결실을 보는 체육으로서도 실시되며, 넓은 의미에서의 스포츠로서도 합기도는 연습이 이루어지고 있고, 모르는 사이에 도道 속에 흐르는 맥락을 몸에 익히는 것이 중요하며, 그것이 일반인으로부터 높은 평가를 받고 있다(현대레저연구회, 2000). 이러한 면에서 한국합기도는 인지도와 수련자의 분포를 통하여 평가할 때 현재성에 충족된 무도라고 볼 수 있다.

한국합기도는 일반인뿐만 아니라 군인, 경찰, 경호요원 등에게 폭넓게 보급되어 온 무도이다(대한기도회, 2010). 한국합기도가 위해를 끼치려는 상대방을 다양한 상황 하에서도 적절하게 대처할 수 있는 실전적 무도인 것이다. 이와 관련하여 황종대 등(2009: 299)은 "현재 경찰공무원 가산점 종목에 한국합기도는 포함되어 있으며 경호무도나 실전무도 등으로 활용되고 있는 기관은 거의 대부분이며, 호신술·체포술·연행술·연행체포술 등의 명칭 및 종목으로도 활용되고 있다. 그래서 경찰무도로서 필수적이라 할 수 있는 체포연행에도 적합한 무도임은 주지의 사실"이라고 하였다. 이러한 맥락에서 경찰공무원의 가산점 인정은 한국합기도 무도 그 자체가 현재성, 실용성, 인지도 등에서 국민들에게 수용되는 무도임을 실증한다고 할 수 있다.

합기도 연행술

경찰 교육훈련 프로그램에는 경찰무도인 태권도, 유도, 검도, 합기도 등이 있는데, 각 무도마다 특성이 있어 경찰관은 자신에 맞는 무도를 선택하여 공식적으로나 개인적으로 많은 수련을 하고 있다(오영진, 2006). 2008년 1월 1일 이후부터 시행되는 경찰공무원 채용시험에서 자격증 가산점으로 인정되는 한국합기도 단체는 법인으로서 중앙본부를 포함한 8개 이상의 광역지방자치단체 지부(지부당 소속 체육도장 10개 이상)에 등록하고, 3년 이상 활동중인 단체가 그 대상이다. 무도실기 테스트를 한 후, 2단 및 3단일 때 2점(경위 이상 1점), 4단 이상일 때 4점(경위 이상 2점)의 가산점이 부여된다. 경찰공무원 가산점 인정단체의 자세한 내용은 〈표 6〉과 같다. 이는 조건충족의 여부에 따라 가변적일 수 있다.

표 6. 합기도 경찰공무원 가산점 인정단체

번호	단체명	설립일	대표	허가기관
1	대한기도회	1963. 9. 2	박계홍	문화관광부
2	대한합기도협회	1990. 1. 15	오세림	문화관광부
3	재남무술원	1999. 8. 4	이홍기	문화관광부
4	대한국술합기도협회	2001. 2. 5	박윤박	부산광역시
5	한국합기도연맹	2001. 3. 16	박금실	서울특별시
6	세계합기도협회	2001. 6. 20	엄상섭	충청북도
7	대한신무합기도협회	2002. 1. 14	황덕규	경기도
8	한국정통합기도협회	2002. 12. 27	유병돈	경상북도
9	한민족합기도협회	2003. 3. 27	서인선	서울특별시
10	Korea 합기도중앙협회	2006. 6. 15	송순기	서울특별시
11	대한국예원합기도협회	2001. 12. 24	조진래	부산광역시
12	대한합기도연맹	2003. 6. 18	박기성	서울특별시
13	대한합기도연합회	2006. 4. 17	조명진	경기도
14	대한합기도총연맹	2009. 3. 10	박금실	서울특별시
15	국제연맹합기도중앙협회	2003. 9. 16	엄태일	부산광역시
16	세계합기도무도연맹	2003. 10. 20	최돈오	서울특별시
17	대한합기도유술협회	2003. 3. 24	김부기	울산광역시
18	신대한기도회합기도협회	2008. 2. 5	박인배	충청북도

※ 경찰공무원 가산점 인정단체 외의 합기도 단체도 현존하고 있으며, 조건 충족 시 그 범위는 가변적일 수 있음. 또한 단체명이나 대표자는 명칭변경이나 임기 및 상황 등에 따라 달라질 수 있음.

출처: 경찰청(2012).

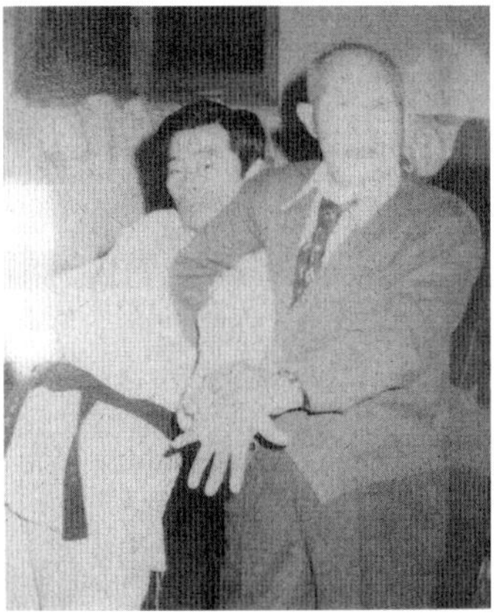

최용술의 술기 6

이와 같이 한국합기도는 합기도라는 무도를 정착하기 위한 다양한 노력을 전개하였다는 사실적인 측면이 있고, 한국화라는 제도적인 변형 또는 수련체계를 분석함으로써 전통무도의 기준에 준용했다는 의미가 있다(김의환 등, 2010). 즉 한국합기도는 최용술이 실용적 무도성을 조화시킨 전통무도로서 술기와 공법 등이 한국에서 독창적으로 정형화되고 체계화된 무도이다. 이러한 한국합기도는 전통무도의 본질적 요소인 지속성·고유성·대중성·현재성 등에 부합되고 있는 것이다.

2. 한국합기도에 내재된 동양철학사상

동양적 가치는 보편적 가치이다. 사람 사는 곳이면 그 어디 그 누구에게나 다 통용되고 적용되는 가치인 것이다(송복, 2003). 그리하여 동양철학은 사실 과거형이 아니라 현재형이다. 오늘날에도 여전히 우리 삶의 많은 부분에 그 사유체계에 기반을 둔 생활양식이 남아 있기 때문이다(김교빈 등, 2006). 그러므로 특정무도에 대한 자기만의 고유철학사상임을 내세우기 보다는 누구에게나 적용될 수 있는 보편적 시각으로 접근함이 객관적이고 합리적일 수 있다.

동양사상은 단순한 사상으로서만이 아니라 동양인들이 항상 지니고 있어야 하며, 또 장구한 역사 속에서 역사 속의 인물들과 함께 정신철학과 행동에 있어 근간이 되어 왔다(김경지, 곽정현, 1998). 이에 김부찬(2006b: 24)은 "전통무도에는 한국철학, 나아가 동양철학의 보편적인 가치가 함유되어 있으며, 풍류도·유교·불교·도교의 철학적 가치들이 무도의 정신 속에 그대로 드러나 있다. 따라서 현대의 우리는 전통무도의 수련을 통하여 그에 내재된 한국적 사유, 동양적 철학을 자연스럽게 습득할 수 있다."고 하였다.

> 동양철학에서는 철학의 궁극적인 목적을 천인합일(天人合一)에 두고 있다. 天이란 우주 자연의 道인 天道를 말한다. 人이란 인간의 心性 속에 내재한 人道를 말한다. 우주자연의 도와 인간의 심성이 하나로 합일되는 경지가 바로 天人合一의 경지이다. 이러한 경지에 이르기는 쉽지 않다. 그것은 인간의 욕망에 의하여 본성이 가리어져 있기 때문이다. 따라서 보통의 인간이 天人合一의 이상적인 인간에 도달하기 위해서는 반드시 수양이 필요하다. 이러한 수양은 마음과 육체적 수양을 동시에 요구하기 마련이다(김부찬, 2007: 60).

특히 유儒·불佛·선仙의 3대 신앙은 한국의 정신문화를 이룬 기본적인 사상이자, 신체문화를 설명할 수 있는 기본적인 틀이라고 할 수 있다(김이수 등, 2008). 또한 우리민족은 예로부터 상대의 인격을 존중하는 것을 미덕으로 삼아 왔으며, 바로 홍익인간弘益人間과 재세이화在世理化의 사상이 나타나고 있다. 이 말들은 널리 인간세상을 이롭게 하고 세상을 도리로써 교화시킨다는 뜻으로 우리 민족정신의 근간을 이루어 겨레사상의 구심점이 되고 있다(지칠규, 2001). 이러한 의미에서 보면 전통무도의 근간인 지속성, 고유성, 대중성, 현재성 등에 부합되고 있는 한국합기도는 동양철학사상의 자연스러운 습득과 계승을 이루고 있다고 볼 수 있다.

1) '한(ᄒᆞᆫ)' 사상

예로부터 한국인들은 한국인의 삶과 경험에 기초한 사상을 발전시켜 왔으며, 삼국시대 이전부터 구전되어 오던 단군신화는 그 내용이 비록 신비적이기는 하지만, 고대인의 삶과 사고방식을 알 수 있게 하는 중요한 단서를 제공한다. 이러한 정신은 뚜렷한 형태적 철학성을 나타낸 것은 아니지만, 인본중심의 한국철학에 면면히 잠재되어 전승되어 왔다고 볼 수 있다(박은영, 2007). 즉 단군신화의 삼재(三才, 하늘·땅·인간) 원리 등은 현실성이 결여된 것 같으면서도 실재가 존재하는 사상 및 철학의 한 축으로 자리매김하고 있는 것이다.

> '한(ᄒᆞᆫ)'은 우리 한민족의 주체사상이다. 한민족의 뿌리로서 그 뜻은 크다. 높다, 밝다, 환하다, 음양이 하나이듯 전체적으로 하나다 등 의미가 다양하다. 일체성의 뿌리는 전체적으로 하나라는 '한(ᄒᆞᆫ)'이 되는 것이다. 여기에 '한(ᄒᆞᆫ)'철학의 중심 내용이 있다. 하나이면서 둘이고 둘이면서 하나라고 하는 것은 사람에게 있어 心身과 天人이 서로 나누어지지 않는 일체성과 조화성을 말하는 것으로서 곧 '한(ᄒᆞᆫ)'의 철학사상인 것이다(안용규, 2006: 111).

단군신화와 혁거세 신화를 비롯한 국조신화들에는 동일한 논리가 전개되어 있다. 하늘과 땅의 조화, 곧 우주적 질서에 의해 만난 서로 다른 두 집단의 결합으로 사람 사는 세상과 인간을 다스리는 신성한 왕이 태어났으며, 신성인神聖人으로서의 왕은 곧 제사장祭司長이었고 그의 사명은 천지인天地人이 화합하여 조화를 이루는 홍익인간弘益人間, 광명이세光明理世의 실현이었다고 믿었던 고대인들의 신앙이 국조신화의 기본구조이고 내용이었다(전상인 등, 2008). 김부찬(2006b: 121)은 "인간 단군의 탄생은 우리 민족의 생물학적 시조라는 차원이나 한낱 고대 부족국가의 시조始祖 왕의 건국설화라는 차원을 넘어, 민족의 정신문화 또는 민족철학사상의 시원始原이라는 의미를 가지기 때문에 중요하다"고 하였다.

한국사상은 원초적으로 한국의 신화를 비롯한 자생적 요소에서 출발하였고, 고래古來의 자생적 요소가 한국사상의 기저를 이루고 있다. 그 사상들은 역사 속에서 면면히 이어져 오면서 근·현대까지 일정한 양상으로 사상적 영향을 발휘하게 되었다(윤사순, 1996). 단군신화는 우리 민족의 시조로서 한국인의 근본적인 철학사상을 이어 왔으며, 우리 민족의 중심사상인 홍익인간의 이념에서 '인간'이라는 중요한 단서를 제공해 주었다(박미영, 2008). 이는 단군신화 등이 대자연의 원리를 기반으로 민족의 조화·화합·상생·평화·인간중심사상 등의 정신적인 틀을 형성하는 근본요소로 작용했음을 의미하는 것이다.

모든 만물이 하나에서 비롯되어 세 갈래 천, 지, 인天, 地, 人으로 나누어진다는 삼원철학은 천부경天符經에 바탕을 둔 한국고유의 조화철학이다(예만기, 2006). 이러한 철학에 기반 한 '한ᄒᆞᆫ'사상은 자체 내에 조화성을 가지고 있으며, 진리에 대한 기준을 양쪽으로 나누어지는 직선에 두는 것이 아니라 둥근 원(圓)에 두고 있다. 여기서 원은 화합和合, 전일全一, 합일合一 등을 의미하며, 다른 말로 하늘, 땅, 사람의 삼재합일로 보는 것이다. 원은 분열이나 대립을 초월한 화합된 상태를 의미하는 말이므로 불화나 싸움이 있을 수 없다. 그리하여 '한[ᄒᆞᆫ]' 사상에 뿌리를 두고 있는 한민족은 옛날부터 오늘에 이르기까지 평화를 애호하고 있다(김기태, 2000). 한국합기도가 구성원리로서 원을 중시하는 것은 바로 이러한 이유에 기인하며, 전통적 의미에서의 한국합기도가 역사적으로 평화를 사랑하고 한국의 민족성을 기반으로 한 무도인 것은 이와 일맥상통하는 것이다.

김정행 등(2007: 172)은 "동양무도가 평화주의자들에게 적합한 것은 공격적이고 격렬한 무도수련을 통해 인간내면에 내재한 공격성을 순화시킬 수 있으며, 수련자는 원하면 어떠한 상황에서도 독립된 정신 상태를 유지할 수 있기 때문"이라고 하였다. 이는 동양무도가 평화를 추구하며 수행을 통해서 인간의 근원적 경향성을 순화시키고 예로써 인간을 존중한다는 의미이다.

따라서 동양무도의 한 맥인 한국합기도 또한 심신수련을 통해서 자신을 안전하게 방어함은 물론 위해[危害]를 끼치려는 상대방의 안전까지도 고려하는 평화지향적 무도라고 할 수 있다. 이는 인간중심사상 및 상생정신, 타인존중정신으로서 천기[天氣]와 지기[地氣]를 통해 동양적 우주관과 천·지·인 사상을 추구하는 바탕이 되고 있다. 따라서 한국합기도의 구성원리에 원을 중시하는 '조화·화합·평화사상'과 상대방의 안전까지도 고려하는 '타인존중·상생·인간중심사상' 등은 한국합기도에 내재된 동양철학사상에 있어 '한[ᄒᆞᆫ]' 사상의 근거가 되는 것이다.

2) '氣' 사상

기氣는 합리적이고 과학적이기보다는 신화적 형이상학적 사유의 산물이다(한형조, 2000). 氣란 우주의 공간에서 존재하는 모든 사물과 자연현상을 형성하고 있는 우주의 본질, 생명의 근본, 생성사멸의 근원이라고 말하기도 한다(이형일, 김학덕, 2008). 氣를 무엇으로 번역할 것인가 하는 것이 하나의 철학적 문제가 될 수 있을 정도로 氣는 그 의미와 깊이에서 다양함을 형성(정병석, 2006)하고 있는 것이다.

김교빈 외 역(2004)의 주장을 토대로 氣 개념이 네 방면으로 발전해 나간다고 보고 있는 심재권(2008: 31)은 "우주에 존재하는 만물[존재하는 모든 존재자들]을 형성하는 원질, 생명체의 생명을 가능하게 해주는 기운, 혈과 함께 인체의 기본적인 구성단위, 인간 심성心性을 나타내는 개념으로서 유가철학에서는 자신들의 도덕철학의 주요개념으로 차용하였고, 이러한 네 가지 의미는 서로 통합해가는 과정을 거친다."고 하였다.

고대동양의 전통적인 관점이 정신과 물질의 중간적 생명현상에 관심을 가지며, 또한 심心과 물物 사이에 우리의 생명과 결부된 신체의 영역이 있다고 보아 그 곳에 관심을 쏟는다. 그래서 동양적 사고에는 소우주와 대우주 사이에 잠재하는 조화를 염두에 두는데, 여기에 '氣' 문제의 중심이 위치한다(이승건, 안용규, 2004). 천지에는 氣가 충만해 있으며, 이를 원기元氣라고 한다. 삼라만상은 이 원기를 받아서 태어나고, 성장·번영·소멸·재생한다(吉丸慶雪, 1997). 氣개념이 건강을 설명하는데 중요한 변수가 된다고 보는 박정숙 등(1995: 3)은 "氣가 원활히 잘 통하는 것을 건강, 평형을 상실하고 氣가 적절히 순환하지 못하는 것을 병"이라고 하였다. 이와 같이 동양에서는 氣의 흐름, 즉 혈액순환의 중요성을 강조해 왔다.

> 氣는 분명한 현상으로 나타나기도 하지만 몸으로 체험될 뿐 그 실체를 확인할 수 있는 방법이 아직은 없다. 어쩌면 실체를 확인하는 작업 자체가 불가능한지도 모른다. 그것은 물질도 정신도 아닌 하나의 총체적인 상태이기 때문이다. 따라서 이와 같은 객관적 증거의 부족을 토대로 氣가 '있다' '없다'고 말하는 것은 氣의 본질을 왜곡하는 일이다. 氣는 언어를 통해 분명히 정의하거나 대상화할 수 없는 '있음'이다(강신익, 2007: 285).

그러기에 동양무도의 가장 큰 특징은 '氣'의 흐름을 강조하는 것이다. 동양인에게 있어서 氣는 마치 서양철학의 '로고스'처럼 하나의 실재로 이해되고 있기 때문에 무도인이 氣를 도외시하고 절정의 무도를 이룰 수는 없다고 한다(김병천, 2000). 눈에 보이는 것보다 보이지 않는 것은 더 중요하다(이학준, 2008). 이는 눈에 보이는 세계만 인정하는 외재적 가치 못지않게 내재적 가치추구의 중요함을 의미하는 것이다. 그래서 이진수(2001: 201)는 "인간의 신체는 氣며, 정신도 氣"라고 하였다.

동양사상에서는 완전한 인간을 성취하기 위해서는 정신과 신체, 몸과 마음 모두를 동시에 수행해야 함을 강조한다. 왜냐하면 그들은 공통적으로 신체와 정신의 관계를 이분법으로 가르지 않고 상호 밀접하게 관련되어 있는 것으로 보고 있기 때문이다. 이러한 관점을 가능하게 하는 이론적 바탕이 바로 氣이다. 정신과 신체의 이 두 가지 관계를 매개시켜 주는 것이 바로 氣이다. 즉 신체와

정신이 氣를 매개로 서로 통합적으로 연결되어 있기 때문이다(정병석, 2006). 氣는 자연에서 모든 것의 부분이라 할 수 있는 생명의 에너지로 정의된다는 크랙 루터(2005: 4)는 "氣는 집중될 수 있고, 힘과 같이 치료와 건강을 위해 사용될 수 있다. 氣는 기본적으로 동양철학에서 분리될 수 없다. 왜냐하면 氣는 존재로서 받아들여지고 모든 것의 한 부분이기 때문"이라고 하였다.

동양무도의 동작은 무武와 氣가 접합, 일치되는 과정에서 자연스럽게 형성된 것이며, 동양무도는 氣를 떼어놓고 생각 할 수 없다. 氣가 빠진 무도는 동양무도가 아니며, 氣는 동양무도의 바탕이며 요체이다. 그러므로 동양무도의 피상적인 특징은 그 자세와 동작에 있다고 하겠으나, 보다 근본적인 특징은 氣가 그 바탕이라는데 있다. 엄밀한 의미에서 氣의 운용이 수반되지 않는 무도를 동양무도라고 할 수 없다(고동영, 1993). 합기도는 우주의 변화를 '氣'의 흐름으로 파악하여 그 원리를 깨달음으로써 인간과 우주가 하나가 되고자 하는 사상이다(최상헌, 2005). 그러므로 氣의 흐름을 수행의 기초로 보고 있는 한국합기도는 동양무도의 근본정신을 근간으로 형성된 무도이다.

한국합기도의 '氣'는 다양한 형태의 의미를 내포하고 있다. 한국합기도는 성취지향적인 외향의 추구보다, 수신, 효제, 충서 등으로 이어지는 통합적이고 심신일원론적 합일을 통한 과정중심의 내적 추구에 기반을 둔 무도이다. 그리하여 한국합기도에서 말하는 '氣'란 인간이 가지고 있는 내면적인 근본의 힘을 기반으로, 호흡수련을 통해 힘을 강화시키고, 그에 따라 움직임을 일치시키는 것이다. 따라서 氣의 본질은 언어를 통해 분명히 정의하거나 대상화 할 수 없는 '있음'으로서 결과나 외재적 가치보다 평상심·최선·예절·인내 등의 내재적 가치를 중요시하고, 기운, 호흡, 정신 등을 기반으로 움직임을 일치시키는 심신일원론적 합일사상으로서 한국합기도에 내재된 동양철학사상의 근거가 되고 있다.

3) '道' 사상

'도道'는 동양사상에서 독특한 개념이다(김수청, 2007). '道'자는 본래 '길路'을 뜻하는데『說文』에는 '道, 소행도야所行道也, 일달지도一達之道'라고 되어 있다. 일정한 방향을 갖추고 있는 것을 '道'라고 한다는 것이다. 이러한 의미에서 사람人과 사물物이 반드시 따라야 할 궤도라는 뜻으로 확장하고 통칭해서 '道'라고 한다(장대년, 1989). 심상규(1998: 43)도 道를 '길'로서 소개하고 정의하였다. 원칙이자 우주의 질서이며 자연인 것이다. 老子는 '道'는 정의될 수 없다고 언명하였다. "道라 이름 할 수 있는 것은 道가 아니다(道可道 非常道)"라고 한 것이다. 道는 모호하고 잡으려 해도 잡히지 않는다. 깊고 오묘하되 거기엔 양식과 본질이 있다고 한다.

道의 개념은 동양철학 일반에서 가장 중요한 개념 중의 하나인데, 대체로 '길'way이라는 의미도 가지고 있으며, 인간의 길, 혹은 도덕적·윤리적인 의미를 나타내는 비유적인 중요성도 가지고 있다. 이러한 입장에서 무도란 武를 습득하는 방법(길)이라는 의미뿐만 아니라 武를 통한 철학적인 경지(인간의 길)에 도달한다는 형이상학적인 의미도 함께 포함하고 있다(박준석, 2004). 무도의 道와 관련하여, 예의 등 규범적 개념의 좁은 틀이나 기술적 가치가 무도의 본질이 아니다. 진정한 무도적 본질은 武의 수련을 통해서 소아적 자기를 극복하고 대아적 자기를 확립해 나감으로써 자기완성의 삶을 이루려는 철학이다(김명수, 1992). 신체수련 또한 道의 개념으로 시작하여 이의 실현이 인간 제일의 명제로 논의되고 있다(김동규, 2002a). 따라서 한국합기도 또한 道의 修行을 통해 바람직한 인격체를 형성하고 올바른 삶을 추구하는 '길'이자 '참된 이치'를 근본으로 하고 있다.

> 거리의 길이 장소를 옮겨가기 위한 것이라면, 마음의 길은 사람다운 사람이 되기 위한 길이다.『도덕경』에는 하늘(天)이라는 글자가 자주 나오는데, 주어로 사용된 경우는 아주 드물다. 단지 우리가 볼 수 있는 우주, 다시 말해 천지 또는 세계나 국가라는 뜻의 天下로 자주 사용되고 있다. 이것이 서양철학에서 볼 수 없는 특이한 점이라고 할 수 있다. 또『周易』에서는 道의 개념을 위에서부터 아래로 통하는 길, 즉 형이상(形而上)에서 형이하(形而下)로 통하는 길로 설명하고 있다. 복잡한 만유현상이 서로 보완하면서 변하는 것도 두 개의 간단한 요소인 陰과 陽의 작용원리라는 것이다. 그리고 이 두 요소란 다른 어떤 것도 아닌, 바로 道에서 생성된다(양재혁, 1998: 80).

'道'는 만물의 생성, 변화, 발전을 설명하는 기본원리이다. 따라서 武道 또한 동양에서 일컫는 道의 의미, 즉 우주만물의 생성변화를 설명하는 기본원리가 용해되어 있으며, 인간과 우주의 조화이자 융합을 전제로 한다. 이러한 맥락에서 한국합기도의 광의의 개념이 天氣와 地氣를 내 몸에 받아들여 무궁무진한 힘을 발휘토록 한다는 의미는 음양의 작용원리와 우주만물의 생성변화원리를 기반으로 하고 있음을 뜻한다.

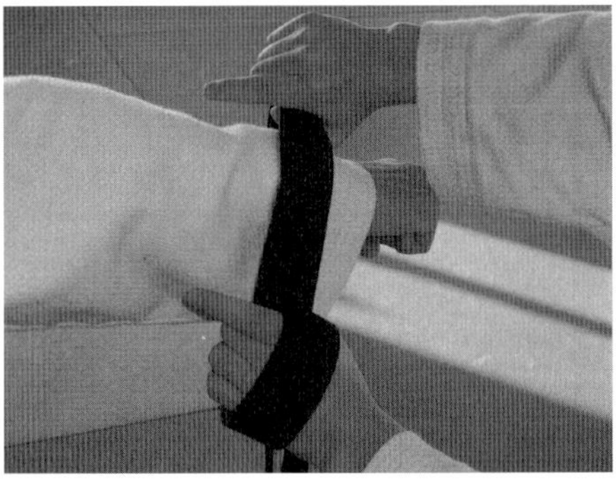

모든 道의 기본은 몸의 기술로부터 시작되고 출발한다는 사상은 莊子의 사상에서 비롯되었다. 道만을 입으로 부르짖어서는 몸 없는 관념이나 신체 없는 정신만의 것이 되고 만다. 몸의 기술을 극한에까지 끌어올리지 못하면 道에 들어갈 수가 없다. 최상의 道는 몸의 기술이 마음과 일치되어 무위의 경지에 이르러서야 완성된다(이진수, 2003). 안용규(2006: 81)는 道에 대해 "부단히 수련하는 과정에서 자기를 수양하고 극복하고 실현하며 끝내는 자기를 완성하는 길"이라고 하였다.

그러한 의미에서 무도란 배우는 사람이 수련을 통해 그의 도덕성을 높이고 삶의 질을 향상시키는 것이다. 무도에서의 道는 불교·유교·도교 등에서 강조하는 道와 다르지 않지만, 그 범위를 신체운동인 무도를 통해 획득한다는 점에 특색이 있다. 그리하여 무도는 신체수련에 앞서 올바른 마음가짐이 전제되어야 한다. 항상 자신의 삶을 반성하고 신체수련을 게을리 하지 않는 사람만이 무도를 체득할 수 있다(이진수, 2004; 체육사상연구회, 2008).

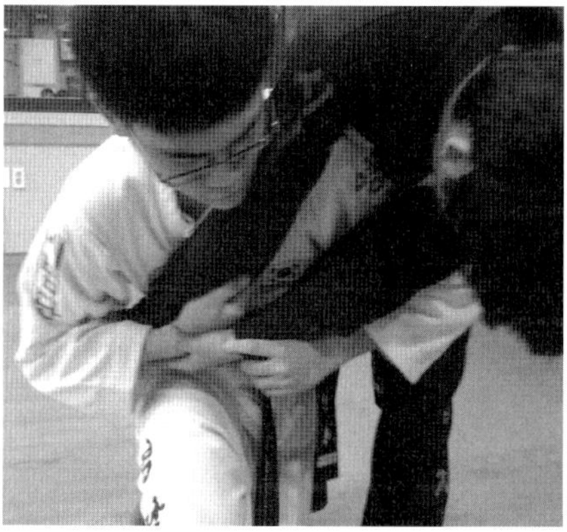

합기도의 한손에 두 손목술

武와 道의 결합은 武를 습득하는 방법道뿐만 아니라 '武를 통한 철학적인 경지(인간이 가야할 길)에 도달한다'는 형이상학적인 의미도 포함하고 있다. 즉 무도는 武를 통한 인간의 참된 도리에 그 의의를 두는데, 그것은 학문적 바탕과 함께 정립된 인간 정신을 보다 높은 차원으로 고양시키려는 실천의지의 반영이라 할 수 있다. 결국 무도는 자애로운 인간의 도덕적 실천이나 정의구현을 나타내는 인도주의 정신의 고양을 그 최상의 목표로 삼고 있다(김상규 등, 1996: 216).

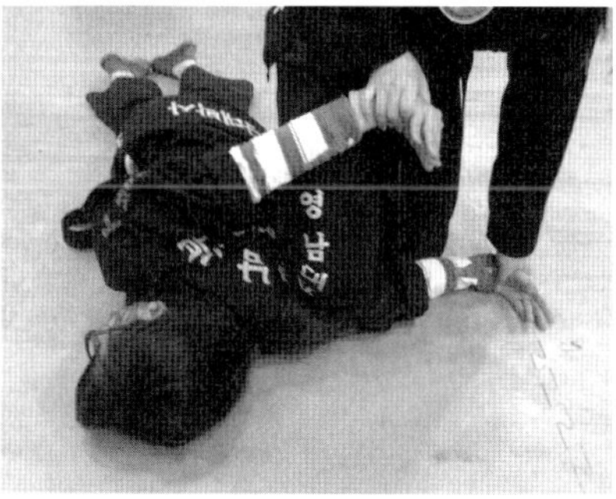

합기도의 술기수행

따라서 수행은 인간의 생명활동 유지에 절대적인 것이며 나아가 천지만물을 낳은 道와 하나가 되는 것을 의미한다. 몸을 닦아 알고(앎), 몸으로 행하여 실천하는 것이 진정한 '道'를 아는 것이며, 道를 깨닫는 것이라고 여겼다(김이수 등, 2008). 한국합기도에서 '道'의 주된 키워드는 길, 진리眞理, 정심正心, 수행修行, 자아완성自我完成 등이라 할 수 있으며, 이의 수행은 내부로 부터의 반성적 자각을 우선으로 하여

평상심, 최선, 예절, 초심, 끈기, 겸손 등의 마음가짐을 전제로 한다. 따라서 한국합기도의 '道'는 길이자 삶의 이치이며, 바른 마음가짐을 기반으로 끊임없는 인격수양과 수행으로 자신을 극복함으로써 자아완성을 이루는 무도이다. 이에 동양철학사상의 보편적 가치가 기반이 되고 있음은 물론이다.

* 제5장의 내용은 황종대·김동규(2009)의 논문「한국합기도철학 단상」(한국체육철학회지. 17권 2호)의 일부분을 수정 보완한 것임.

제6장 한국합기도의 준비운동과 정리운동

이 장에서는 한국합기도의 수련에 있어서 운동 중 상해를 최소화시킴은 물론 운동 후, 운동 전의 상태로 신속히 회복시키는 데에 준비·정리운동은 선택이 아닌 필수적인 수련임을 강조하고자 하는데 의의가 있다. 따라서 한국합기도의 준비·정리운동의 형태에 관한 이론의 정립과 수련시의 안전과 효율성을 증진시키고자 준비·정리운동의 의미에 대해 살펴보았다. 합기도 수련에 있어서 준비운동과 정리운동은 다음과 같은 의의가 있음을 전제로 한다. 첫째, 준비·정리운동의 형태는 특수형의 준비·정리운동과 일반형의 준비·정리운동으로 구분되며, 일반형의 준비·정리운동에는 체온상승운동, 맨손체조, 유연운동, 전문보전보강 운동 등이 있다. 둘째, 준비운동은 체온상승, 혈류공급 원할, 관절유연, 호흡 순환기능개선 등으로 인해 본 운동의 효율성을 높이고, 부상발생을 억제한다는데 의의가 있다. 셋째, 정리운동은 체온의 정상유지와 근육에 축적된 젖산의 제거 등으로 혈액순환과 여러 인체기능을 운동 진의 수준으로 회복시키는 데에 도움을 준다는데 의의가 있다.

1. 한국합기도의 준비운동과 정리운동의 형태

1) 한국합기도 준비운동의 형태

준비운동의 형태에 대해 Karpovich(1959)가 특수형(formal) 준비운동과 일반형(general) 준비운동으로 구분한 이래 준비운동의 효과에 관한 연구가 활발해 졌으며, 그 필요성 또한 강조되고 있다. 준비운동은 일반적으로 2개의 범주로 나뉜다. 운동기술과 관계없는 전반적인 준비운동으로 구성되는 일반형과 경기에 사용되는 운동기술과 같거나 유사한 또는 특수한 준비운동으로 나눈다(윤우용, 1999). 따라서 준비운동의 형태에는 운동종목에 따른 고유의 특수형 준비운동과 어느 운동에도 공통되는 일반형 준비운동으로 나누며, 일반형 준비운동에는 체온상승운동, 맨손체조, 유연운동, 전문보전보강운동 등으로 요약된다.

(1) 특수형 준비운동

특수형 준비운동은 종목에 해당하는 운동을 선수나 수련생들이 실제 시합이나 수련하는 운동의 형태에 따라 이루어지며, 본 운동에 보다 익숙해지도록 만드는데 목적이 있다. 무도성이 함유된 좌선이나 명상, 합기合氣를 행하기 위해 氣를 합친다는 의미를 내포하고 있는 한국합기도의 단전호흡丹田呼吸의 경우도 정신수련뿐만 아니라, 술기術氣들을 행하기 위한 준비운동의 일종으로서 전향, 측향, 상향, 하향 단전호흡 등으로 시행된다. 그 외에도 기본적인 술기와 점프를 동반하지 않는 구르기나 기본·연결 낙법 등이 특수형 준비운동에 포함된다.

(2) 일반형 준비운동

① 체온상승 운동

준비운동의 실시는 주 운동 시에 생리적, 심미적으로 보다 안정된 상태에서 시작할 수 있게 하여, 이상적인 운동수행의 결과를 이끌어 낼 수 있게 한다. 이때, 생리적 변화는 주로 체온상승을 의미하며, 혈액과 근육의 온도가 적정수준까지 상승되는 것이라 할 수 있다. 스포츠나 무도를 시작하기 전에 몸을 데워야 할 중요한 이유는 근 온도가 상승하면 근의 점성저항이 저하하고, 근의 수축속도나 수축력이 높아지기 때문이다. 즉 체온이 높아지면 근의 대사가 한층 활발해 진다. 더욱이 체온이 올라가면 폐의 공기저항이 감소하기 때문에 산소를 흡입하는 능력이 향상된다. 체온상승 운동의 대표적인 운동으로는 걷기, 달리기, 사이클, 스테퍼 등과 일명 제기차기라고도 부르는 한국합기도의 도진법(跳進法, Techniques of Jumping) 등이 있다.

② 맨손체조

박신도(2003)는 "맨손체조는 유연성, 균형 잡힌 몸, 피로회복, 교정, 준비·보조운동으로서 효과가 있다."고 하였다. 맨손체조를 꾸준히 지속함으로써 근육과 관절을 부드럽게 하고 내장의 움직임을 높이며 강한 의지력을 기르게 되는 것이다(이달원, 2002). 목, 어깨, 허리, 옆구리, 등배, 팔다리, 손목·발목 돌리기, 무릎 돌리기, 다리 펴기 운동 등 기구를 가지고 하지 않는 일체의 동적인 체조동작을 준비운동의 맨손체조라 할 수 있다.

③ 유연운동(스트레칭)

본격적인 운동에 앞서 유연운동, 즉 스트레칭stretching을 하는 것은 워밍업warming-up의 효과와 근육의 유연성을 키워 운동으로 인한 부상의 위험을 줄여 준다(박용우, 2006). 관절의 가동범위를 넓히는 것에 가장 적합한 운동은 스트레칭이다. 스트레칭이라는 것은 다양한 신체적 포즈를 취해 관절가동영역의 제한요소인 근이나 건을 펴주어 가동영역을 확장하는 방법이다. 소위 말하는 유연체조라고 생각하면 된다. 박금실(1990c)은 "스트레칭의 적용대상은 연령, 성별, 유연성에 관계없이 적용되며, 스트레칭의 효과는 근육긴장 완화, 관절가동범위 증가, 손상방지, 자세·체형의 교정, 혈액순환의 촉진"이라고 하였다.

스트레칭의 종류와 방법에 김원현(1999)은 동적, 정적, 수동적, 능동적 스트레칭과 신경 근 촉진 방식(PNF: proprioceptive neuromuscular facilitation)이 있는데 동적 스트레칭은 주기적인 신체분절의 갑작스런 반동과 진동에 의해 근육을 늘리는 방법이고, 정적 스트레칭은 에너지 소비가 적고, 조직손상에 의한 통증이 거의 없으며 근육통을 경감시킬 수 있기 때문에 동적 스트레칭보다 좋은 방법이라는 데에 의견이 일치 되고 있다. 수동적 스트레칭은 행위자의 의도와는 무관하게 타인이나 혹은 기구에 의해 동작이 이루어지는 것을 말하고, 능동적 스트레칭은 외부로부터의 보조 없이 자기 혼자 힘으로 근육을 신전시키는 스트레칭이다. 신경근 촉진방식은 본인이 할 수 있는 가동역까지 움직이게 한 뒤 이 범위보다 더 많은 굴곡이나 신전운동을 시행토록 요구하면서 보조자는 반대방향으로 힘을 가하는 방법이다.

스트레칭에 있어 주의할 점은 단계적으로 시간이나 강도를 높이고 반동을 주지 않으며 무도나 스포츠 종목에 부합되게 실시하는 것이다. 또한 자기의 컨디션에 맞춰 긴장을 푼 상태에서 실시하고, 오버 스트레칭(over stretching, 過伸展)을 피한다. 스트레칭을 하는 부위는 종목마다 다를 수 있겠지만 대체적으로 목 주변근, 어깨, 팔, 전완 등과 허리, 햄스트링, 엉덩이, 대퇴사두근, 비복근 등에 실시되며, 이곳 외에도 한국합기도를 수련할 때는 관절부위를 많이 사용하므로 깎지 껴 펴주기(Fingers stretch), 손목 접기(bend wrist), 손목 틀어 돌리기(twist wrist) 등을 준비운동으로 시행할 수 있다.

④ 전문보전 보강운동

준비운동의 효율성과 평상시의 기술훈련, 그리고 보다 나은 실력 향상을 위해서는 체력보강운동을 해 줌으로써 그 효과를 증진시킬 수 있다. push-up(손가락, 정권, 보권 등), sit-up(V, Reverse 등), P.T 체조(높이뛰기, 굽혀 닫기, 팔 벌려 높이뛰기, 앉아 뛰며 돌기 등), 피치 올리기 등의 체력단련적인 요소를 가미한 준비운동이 여기에 속한다고 볼 수 있다. 또한 한국합기도의 여러 연구 결과에서 체력증강은 수련의 빼 놓을 수 없는 요소이므로 준비운동뿐만 아니라 주 운동에서도 전문보전 보강운동은 한국합기도 수련분야와 효율적으로 연계되어야 할 것이다.

2) 한국합기도 정리운동의 형태

격렬한 운동에 따른 강도를 점진적으로 감소시키고 혈액순환과 여러 인체기능을 운동 전 수준으로 회복시키는 정리운동은 5~10분간의 조깅과 10~15분간의 보행으로 인체상태에 필요한 효과를 주는데, 환경적 여건이나 종목과 연령 등에 따라 시간이 다를 수 있다. 또한 일반적인 정리운동과 자기종목과 유사하거나 특별한 모형 등 2가지 형태의 정리운동이 필요하다(윤우용, 1999). 정리운동은 원래 준비운동이 되풀이되는 것이다. 정리운동의 형태도 준비운동과 마찬가지로 특수형과 일반형으로 나누며, 일반형 정리운동에는 체온상승운동, 맨손체조, 유연운동, 전문보전보강운동 등으로 가볍게 실시해야 한다.

2. 한국합기도의 준비운동과 정리운동의 의의

1) 한국합기도 준비운동의 의의

규칙적인 운동은 신체적 잠재력을 극대화시키고 완전한 건강생활을 영위하도록 하는 필수조건이다. 따라서 건강하고 오래 살기 위해서는 운동을 실천하는 것이 무엇보다 중요하다(김동규, 2006). 준비운동은 운동을 하기 위해서 몸을 최적의 상태로 서서히 유도해 가는 준비과정이다. 즉 준비운동은 건강을 위한 일상적인 운동이나, 경기 전에 행하는 예비적인 운동으로서 본 운동에 적합한 신체상태를 유지시킴으로써 자기가 가지고 있는 운동능력을 효율적으로 발휘할 수 있도록 관련 조건들을 형성시켜준다. 정진우 등(1996)은 "준비운동은 예전부터 모든 스포츠에서 오랫동안 실현되어 왔으며, 아직까지도 대부분의 선수와 지도자들은 준비운동이 '운동수행능력'을 증진시키는데 뿐만 아니라 상해의 가능성을 감소시킨다는 믿음으로서 신체적 운동수행 능력을 위하여 인체를 생리학적으로 준비시키는 수단의 훌륭한 방법"이라고 말한다.

명광식(1999a)은 "굳어진 근육과 관절을 부드럽게 해주고 경직된 힘줄을 풀어주는 준비운동은 실제 무도를 행할 때, 보다 용이하게 하기 때문에 필수적"이라고 하였다. 준비운동은 일반적으로 심장에서 먼 부분에서부터 심장 가까이로 이동하면서 실시하도록 한다. 이러한 준비운동은 운동선수뿐만 아니라, 일반인에게도 매우 중요한 요건이다. 여러 학자들의 선행연구에서 준비운동이란 신체의 관절가동 범위를 높이는 데에 반드시 필요한 것이라고 하였으며, 1960년 이후부터는 유산소적 운동수행에 있어서 준비운동의 효과가 보고되고 있다(안용규, 안근아, 2005).

김원현(1999: 재인용)은 "인체의 각 기관들은 쉬고 있는 동안 관성을 가지고 있기 때문에 휴식 후 즉시 운동에 들어가면 본래의 제 기능을 충분히 발휘할 수가 없으므로 준비운동이 필요한 것"이라고 주장하고 있다. 이는 생리적으로 높은 효율성을 보일 수 있는 상태에 이르기까지는 다소의 시간이 걸린다는 것을 의미한다. 그리고 양점홍, 이정화(1997)는 준비운동의 실행은 우리 몸의 체온과 근육의 온도를 높이고 효소의 활성을 촉진시켜 골격근의 대사를 증대시킨다고 하였다. 체온의 상승은 골격근에 혈류와 산소 공급량을 증가시키고, 골격근의 수축시간과 반사시간을 크게 향상시킨다. 일반적으로 스포츠에서 준비운동 없이 갑작스런 격렬한 운동수행은 심장장애(혈류공급장애)를 일으키기 쉬우나 준비운동은 이러한 위험성을 크게 감소시키며, 준비운동을 먼저 실행함으로써 근육과 관절에 운동 중 생체 역학적 장해를 감소시킨다고 한다. 또 김의수(1982)는 "운동전 준비운동은 갑작스런 스포츠 활동을 함으로써 발생하는 신체의 부상을 방지함은 물론 스포츠 경기기록을 향상시킬 수 있다"고 하였다. 준비운동을 효율적으로 수행하면 주의가 산만해지는 것을 막고, 하려고 하는 운동에 집중할 수 있다(커트 브룬가르트, 2002).

따라서 준비운동은 첫째, 체온을 상승시켜 근육과 관절에 효소를 활성 시킨다. 둘째, 심박출량을 증가시켜 운동 시 급격하게 증가하는 혈류공급을 원활하게 한다. 셋째, 근육의 모세혈관을 확장시켜 혈류의 순환을 원활하게 한다. 넷째, 신경의 전달 속도를 향상시켜 운동 기술을 조정하고 운동에 대한 심리적인 준비를 하게 한다(최상헌, 2002)는데 의의가 있다. 그러므로 준비운동은 크게 스포츠 및 무도수련의 부상발생을 억제하고 효율성을 높이기 위한 목적으로 실시한다. 스포츠와 무도수련을 효율적으로 또 안전하게 실시하기 위해서는 정신적, 신체적 조건이 충족되어질 필요가 있다. 몸이 데워져야 하고, 심박수 증가 및 관절의 가동범위가 넓어져야 한다. 또한, 정신이나 심리적인 면의 조정 및 신경과 근 활동의 조화가 이루어져야 한다. 운동 중 휴식을 취했다면 5분 정도 다시 준비운동을 해야 하며, 선수나 수련자에게 자신의 종목에서 필요로 하는 동작과 유사한 동작으로 준비운동을 할 수 있도록 하는 것이 바람직하다. 하지만 스포츠 및 무도종목의 선택에 따라 준비운동의 방식이 다양함은 인정되어야 한다.

2) 한국합기도 정리운동의 의의

정리운동은 운동을 마친 뒤에 온몸을 풀기 위하여 하는 가벼운 운동으로서 운동강도를 서서히 줄이면서 온 몸에 모여 있는 혈액을 심장으로 되돌려 보내는 역할을 통해서 안정상태로 돌아가는 단계이다. 박기용(2003)은 "활발한 신체 활동이 끝난 다음의 정리 운동은 준비운동만큼이나 중요하다. 가벼운 신체활동(동적인 정리운동)은 운동 중에 생성되었던 노폐물을 제거하고 신체를 정상상태로 회복시키는데 도움을 준다. 정리운동은 운동강도를 감소시켜 실시하며 가벼운 유연성 운동으로 마무리 짓는 것이 바람직하다."고 하였다.

정적 회복rest recovery과 동적 회복exercise recovery의 비교에 있어서, 운동 후 젖산의 회복속도는 완전휴식을 통한 정적 회복보다 조깅 등과 같은 가벼운 운동을 통한 동적 회복이 산소공급을 많이 받고 혈액순환을 원활히 하므로 빨리 피로가 회복된다(McMaster, 1989). 이것은 비교적 짧은 시간 내에 피로회복과 근력회복이 요구되는 운동선수들에게는 특히 중요하다(김문정 등, 1994).

정리운동의 필요성에 관한 실험연구로 Gisolfi(1966)는 "과격한 운동 후 혈액내 젖산의 제거에 유효하다."는 보고를 하였으며, Angelo(1975)는 "정리운동의 강도로 본 운동의 VO_2Max가 30~40%일 때 혈액 내 젖산의 제거율이 빠르다."고 보고하였다. 정리운동의 내용은 경기종목과 지도자에 따라 다르게 행해지고 있으나, 원칙적으로 정리운동은 운동 후 체온의 정상유지와 근육에 축적된 젖산의 제거라는 목적과 가벼운 운동으로 국소 혈액순환을 촉진하여 노폐물을 완전히 제거하는데 의의가 있다.

따라서 정리운동은 운동으로 인하여 변화된 생리적 반응을 안정 시로 회복하도록 촉진하는 역할과 피로회복을 촉진하는 역할을 한다. 정리운동으로 인하여 혈액변인들 '젖산, 호르몬, 효소 에너지원'의 안정이 회복과 신체 각 부분들의 회복을 촉진하는 데에 정리운동의 목적이 있다. 또한 정리운동은 근육과 관절의 부상을 줄이는 것을 도와주고 팔이나 다리안의 鬱血울혈을 막아주며 휴식 상태의 신체로 되돌려 주는데 중요한 의미를 갖는다. 그러나 실제로 정리운동은 제대로 실시되지 못하고 있는 경우가 많다. 그러나 운동수행자들은 정리운동의 효능을 인지하여 실시하는 것이 실시하지 않을 때보다 인체의 회복률을 양호하게 하는 경우가 많음을 상기하여 운동 후에는 정리운동이 필수임을 늘 염두에 두어야 한다(이홍진, 2007). 정리운동을 하게 되는 시간은 근육이 따뜻하기 때문에 스트레칭을 하기에 특히 좋은 때이다. 또 걷기나 뛰기 등의 유산소운동 후에 유연성이 더 증가하기 때문에 이 시간이 스트레칭을 하기에 적절한 때이다.

* 제6장의 내용은 황종대·김동규(2008)의 논문「한국합기도의 준비·정리운동에 대한 의미탐색」(체육연구. 4권 1호)의 일부분을 수정 보완한 것임.

제7장 한국합기도 수행의 실제

무도가 오늘날 사회에서 존재한다는 것은 일차적으로 그것이 실용적 가치를 지니고 있다는 것을 의미한다. 무도의 실용적 가치는 실전에 사용될 때 그 가치가 직접적으로 드러난다. 그래서 무도의 근원은 실전성에 있다고 한다(이성진, 2005). 무도에서의 실전성은 호신으로서의 실용성이라고 할 수 있다. 이와 더불어 무도수련의 목적에 대해 전병관, 김홍석(1999: 288)은 "무도수련은 신체적·정신적 건강, 호신을 위한 공방기술, 생활을 위한 바른 태도의 형성에 있으며, 자신의 인격수양을 위하여 정신과 신체를 조화시키려는 노력과 신체 및 정신이 조화롭게 발전하고 생각과 행동이 일치되는 모습으로 인격이 변화되는 과정"이라고 하였다.

> 한국합기도의 수련은 상대방을 꼭 해치려는데 있는 것이 아니라, 높은 인간의 이상과 고매한 인격완성에 그 목적을 두고 있다. 그러므로 실제 수련에 있어서 마음을 다스리고 정신을 올바르게 기르는 수련방법들이 많이 있다. 또한 인체의 급소를 다루기 때문에 상대방을 아끼고 존중하지 않는다면 사고를 불러일으킬 수 있는 기술들이 있으므로 수련 전에 몸가짐과 마음가짐을 바로 하여 한 동작 한 동작에 심혈을 기울여 수련에 임하여야 한다(김종현, 2006: 18).

한국합기도는 수련의 주체자에 따라 다르겠지만, 신체활동을 수단으로 신체적·정신적·사회적으로 미완성된 인간을 이상적인 인간으로 가르치는데 목적이 있다(김남기, 2005). 정의권(1996: 80)은 "합기도 수련에 있어 신체의 움직임은 공격과 방어, 그리고 수련을 통한 심신수양, 부드러움의 예술적 가치 등에 의한 철학의 길"이라고 하였다.

한국합기도의 술기

한국합기도를 수련하는데 있어서 기본적인 마음가짐은 비록 남보다 뒤떨어진 운동실력을 가지고 있더라도 최선을 다하겠다는 마음과 운동기능이 뛰어나더라도 기본적인 예절을 갖추겠다는 무도인으로서의 초심을 기반으로 끈기, 겸손 등이 근간이 되어야 한다. 무도에 있어서 실천을 보통 '수행'이라고 하여 신체수련의 과정에서 그 의의를 찾을 수 있다. 수행의 개념을 언급할 때 연습이나 트레이닝 등으로 표현되기도 하나, 이는 동일한 의미가 아니다. 연습과 트레이닝은 목표에 도달할 수 있는 동작을 숙달하는 것으로서 그 숙달된 동작의 진보를 포함하고 있다. 그러나 수행은 인격향상을 목표로 한 실천적 훈련을 의미한다(김상철 등, 1996). 그리고 수행은 인격, 기술, 행실, 학문, 기예 등을 닦아서 단련한다는 측면에서는 수련과 일맥상통하나, 수련보다는 형이상학적이고 종교적인 의미가 내재되어 있다고 할 수 있다.

> 수행은 신체훈련을 의미함과 동시에 그것을 통해 인간으로서의 정신, 즉 자기의 마음 자체를 단련한다는 의미를 가지고 있다. 불가의 심신일여(心身一如)라는 말은 훈련에 의해서 마음과 신체의 활동이 서로 고양되어 양자의 상관성이 높아지고, 마음으로 직관한 것이 그대로 신체의 움직임이 되어 환경에 적절하게 적응할 수 있는 상태를 말한다. 불가의 수행법은 예도(藝道)나 무도의 발전에 커다란 영향을 주었다. 인도에서 수행의 의미에 해당하는 타파스(tapas)라는 말은 '고행(苦行)'으로 번역되는데, 타파스는 신체의 제 능력을 훈련함으로써 자기의 혼(魂) 속에 새로운 자기 또는 새로운 정신의 활동을 자각시키고 탄생시키는 에너지라는 개념이다(湯淺泰雄, 1992; 류병관, 1999; 강유원 등, 2006: 91).

따라서 수행에는 인간의 정신을 연마하거나 인격을 향상시킨다는 뉘앙스가 포함되어 있다(유아사 야스오, 1990). 이러한 점에서 수행을 田中 守 등(2006: 129-130)은 "인간의 정신을 도야한다든지 인격을 함양시킨다는 의미가 함축되어 있기 때문에 신체와 정신은 결코 분리되어서는 다루어 질 수 없다"고 하였다.

무도의 본질은 내면적인 수행의 '빈개념'으로부터 완성된 인간의 탄생을 추구하고 있다. 서양에서 개발된 스포츠가 경쟁성을 기반으로 하고 있다면, 동양의 무도는 고행의 과정에서 양생養生 또는 수신修身함이 수행의 목적이라고 볼 수 있다(김기홍, 2009). 정병석(2006: 25-26)은 "아무리 좋은 종자라 하더

라도 나쁜 토양이나 사후의 관리가 허술하면 결코 결실을 맺지 못한다. 그러므로 신체에 대한 수련이 필요한 것은 아무리 강조해도 지나치지 않다. 여기에서 이른바 몸과 마음을 함께 닦아 나가는 심신통합적인 수양방법이 요청되는 것"이라고 하였다.

현대인들은 계산적이고 물질만능주의에 밀려 순수한 감성인 인간적인 인식능력을 잃어가고 있다(황경순, 2007). 인간은 신체활동을 통하여 그 생명을 유지하고 내적 자아를 실현시킨다. 이 내적 자아실현은 근원적 경향성을 가지고 있기 때문에 반사회적인 행동을 변화시킨다(김상철 등, 1996). 그렇기 때문에 무도는 무수한 단련과 반복 속에서實踐 道를 구하고(求道), 道를 깨닫고(得道), 道를 실천(傳道)하는 행동철학이다. 동양의 무도는 독자적인 것이 아니라, 이러한 동양의 관습인 동양철학과 동양학과 동양의학의 영향을 받지 않을 수가 없었다. 결국 동양무도의 본질 또한 단순한 신체단련이 아닌 자신의 마음을 다스리는 수행학이 그 중심에 뿌리내리지 않으면 안 되는 이유가 여기에 있다(지칠규, 2001).

전통적인 수행은 일차적으로 정신을 집중하고 정신과 몸을 일치시키는 방법을 수련의 시작으로 보았다(류병관, 지치환, 1998). 무도에서 기술의 수행은 단지 일정한 기술을 학습하는 것뿐만 아니라, 이 학습을 통하여 자신의 인격을 향상시키려고 하는 의미를 갖는 것이다(이진수, 1999). 이러한 맥락에서 한국합기도를 지탱하게 하는 근본적인 동력이라 할 수 있는 기술적 본질에 해당하는 수행분야는 단전호흡, 술기,

낙법, 수기, 발차기, 겨루기, 격파, 활법 등이 있으며 자세한 사항은 〈표 7〉과 같다.

표 7. 한국합기도의 수행분야와 의미

수행분야	의 미
단전호흡	내적 안정감과 정신적 수행의 대표적인 표현양식이자 수련형태로서 한국합기도를 행하기 위해 氣를 합친다는 의미를 내포하고 있음.
술기	한국합기도의 핵심으로서 상대를 제압하는 모든 기술을 총칭 맨손술기와 무기술로 구분됨.
낙법	외부의 충격으로부터 몸을 보호, 신체단련, 술기수련을 용이하게 하고, 시범을 돋보이게 하는데 중요한 역할을 함.
수기	인체의 혈이나 급소를 손의 여러 모양으로 적재적소를 공략하는 손의 쓰임.
발차기	수기보다는 스피드가 떨어지지만 공격범위가 넓고 다양하며 파괴력이 크다. 먼 거리의 상대 공격에 유리한 면이 있음.
겨루기	상대와 자신이 평소에 익히고 단련한 모든 기술을 발휘하여 상대의 공격으로부터 방어함과 동시에 공격을 가하는 수련형태임.
격파	기술연마의 정도를 스스로 측정하기 위한 기술이며, 손발의 기술체계를 숙달하고 실제의 위력으로 단단한 물체인 송판, 기와, 벽돌 등을 깨뜨려 보이는 기술임.
활법	소생술과 건신술로서 단순한 이론과 해부학, 생리학만으로 해답을 줄 수 없는 오랜 연구와 노력에서 기인된 실존철학이며 경험과학임.

※ 같은 수행분야이더라도 명칭을 달리 할 수 있으며, 다른 수행분야도 존재할 수 있음.

출처: 황종대, 김동규(2006: 249-253)

합기도의 수련형태는 동일한 수행분야지만 다른 명칭으로 표현될 수 있으며, 수기·발차기·낙법 등으로 구성된 형[型]도 각기 다른 수행분야로 존재할 수 있다. 형은 무도종목에 따라 다르게 표현된다. 강유원, 김이수(2005: 34)는 "일본의 검도에서는 '本', 유도와 아이기도는 '教', 태권도는 '품새', 합기도에서는 '手', 중국의 경우에는 '型'과 '式' 등으로 표현된다. 이는 수련을 용이하게 하기 위한 단독성, 공격과 방어의 원활한 연습을 위한 공방성, 그리고 조합성을 통해 각 무도의 기술과 이론, 그리고 정신을 함축한 철학

이 담겨있다"고 하였다. 하지만 한국합기도에는 일부단체에서만 수련할 뿐 아직 통합적이고 공인된 형 등이 존재하지 않음은 주지의 사실이며, 술기에서 1수, 2수 등의 개념으로만 이루어지고 있다. 또한 동양의학의 이론체계에서 탄생한 사상이자 실천적인 훈련법이라 할 수 있는 단전호흡과 많은 이의 체험과 연구에 의해서 축적된 활법에 대한 수행은 한국합기도의 고유성과 독자성을 나타내주는 주요한 요인이자 특성이라고 할 수 있다.

1. 한국합기도 단전호흡 수행의 무도철학적 의의

1) 단전호흡의 기본원리

단전丹田은 氣가 주로 집중하는 부위로 상·중·하 단전으로 분류할 수 있으며(이성진, 2005: 허건식, 2006), 상단은 양 눈썹 사이에 있는 인당, 중단은 양 가슴 사이의 단중, 하단은 배꼽아래 기해부위를 지칭하고 있다. 상단전은 인간의 지각작용, 중난전은 정서작용, 하

단전은 기운의 중심으로 작용한다(이현주, 1989). 최상헌은 단전에 대해 다음과 같이 설명하고 있다.

> 丹田이란 단(생명의 상징, 생체 에너지)이 모이는, 생겨나는 밭이란 뜻으로서 한의학에서는 氣海, 즉 氣(생명체의 에너지원)가 바다처럼 모이는, 흐른다는 뜻으로서 배꼽 아래 1치(寸)되는 부위를 말한다. 단전은 인체 내의 모든 힘의 근원이 되기 때문에 호흡을 통하여 이를 튼튼히 함으로써 초인적인 힘을 발생케 하고, 체내에 분산되어 있는 힘(氣)을 집중시킴은 물론 우주에 흐르고 있는 정기(생체 에너지)를 단전에 모아 적재적소에 활용할 수 있게 하며, 이의 수련을 통하여 정신통일을 이루고 신진대사를 원활하게 함으로써 체내의 각 기관을 보다 강하게 해주는 호흡법을 말한다(최상헌, 2002: 5).

전향 단전호흡

호흡呼吸이란 공기 중의 산소를 흡입하여 각 조직 세포에 보내고 각 조직 세포에서 대사과정에 의하여 생성된 이산화탄소를 외기 중으로 배출하는 것을 말한다(체육교재편찬회, 1997). 호흡과 직접적인 관련이 있는 동양적 전통수련의 개념은 양적인 개념보다는 호흡의 질적인 개념에 맞춰져 있다는데 특징이 있다. 얼마나 많은 양의 산소를 들이켜 호흡할 수 있느냐의 개념보다는 그 동작에 어떻게 호흡을 일치시키느냐에 달려 있다는 것이다. 이런 수련의 개념은 기본적으로 호흡조절이 궁극적으로는 의식과 신체의 조절에 연결되어 있다고 보는 관점 때문에 가능한 것이다(류병관, 1999).

단전호흡이란 음양오행의 氣를 단전에 충만시켜 자연 속의 氣와 교감을 꾀하는 호흡법이다(권영균, 이지항, 2009). 단전호흡은 흡기吸氣와 호기呼氣를 이용하여 氣를 축적하는 방법을 말하는 것이다. 호기는 호흡의 氣를 길고 무겁게 뱉어내는 것이고, 흡기는 가늘고 길고 가볍고 깊게 들이쉬는 것이다. 이를 반복함으로써 횡격막이 상하로 움직이고 생물전류가 발생하여 대뇌피질에도 어떠한 종류의 전위차가 일어나는 것이다. 그리하여 안정된 기분과 진정작용鎮靜作用을 일으키는 엔돌핀의 분비가 활발해지게 된다(김이수, 2000). 즉 단전호흡은 氣의 집중부위인 단전으로 숨을 쉬는 정신수련법으로서 낮은 강도와 부드러운 기법 등으로 긍정적인 생리적 현상을 누구나가 접할 수 있는 보편적인 인식체계로서 받아들여지고 있다.

측향 단전호흡

단전호흡의 기법은 실제로 존재하며, 지금도 많은 사람들이 수행하고 있다(이진수, 1999). 단전호흡은 수련법에 따라 신체행위가 다양하지만 기본요소는 유파와 관계없이 호흡을 조절하는 숨가짐調息, 마음을 가다듬는 마음가짐調心, 자세와 동작을 바르게 하는 몸가짐調身 등을 기본요소로 하고 있다. 조식調息, 조심調心, 조신調身은 서로 밀접한 관계를 갖고 있어서 자세가 흐트러짐이 없어야 정확한 호흡을 할 수 있고, 호흡이 제대로 되어야 마음을 가다듬을 수 있다(신용철, 1998; 임경택, 1998). 서정섭(2006: 7) 또한 단전호흡의 기본원칙에 대해 위와 동일한 구분, 즉 "調息(호흡의 통제), 調心(마음의 통제), 調身(신체의 통제)" 등으로 하고 있다.

단전호흡 수행모습

따라서 단전호흡은 혈血과 氣의 적절한 순환을 달성하여 정서적 균형과 안정을 도모하고, 나아가 마음의 끊임없는 조절을 통해 정신을 강화시킴으로써 심신心身의 조화를 이루어 가는 것을 근간으로 하고 있다(조춘호 등, 1998). 이에 한국합기도의 단전호흡 수행은 인간 삶과의 직접적인 연계성 하에 심신일여라고 하는 무도의 본질을 지향함으로써 그에 부응케 할 수 있다는 전제가 가능한 것이다. 이를 기반으로 한국합기도 단전호흡 수행의 무도철학적 의의를 심층적으로 접근해 보면 다음과 같다.

2) 한국합기도의 단전호흡 수행

(1) 무도수행 근원으로서의 숨가짐: 調息

동양무도는 다른 문화권의 무도에 비해 유난히 호흡이나 명상 등을 강조하는 경향이 강하다. 또한 이를 통해 싸움기술의 향상을 꾀하는 목적을 넘어서 심신의 건강을 추구하는 의료적 측면이 강하게 나타난다(허건식, 2002). 이에 한국합기도의 단전호흡 수행은 심신수양과 건강추구라고 하는 측면에 있어서 맥을 같이 하고 있다.

인간은 누구에게 가르침을 받는 일 없이 공기를 마시고 토해내면서 살아간다. 이는 호흡이 본능적으로 행해짐(박금실, 1990b)을 의미하는 것이다. 숨, 그것은 바로 생명이다. 숨을 쉬고 있다는 것은 살아 있다는 것을 뜻하며, 숨이 끊어졌다는 것은 죽음을 의미한다(육태안, 1990). 인간이 세상에 태어나면서 제일 처음 필요로 하는 것이 호흡이며, 삶에 있어서나 생명이 다하는 날까지 지속적으로 행해지는 것이 호흡인 것이다.

선조들은 보이는 것은 몸이요 보이지 않는 것은 숨 - 생명을 유지케 하는 호흡에서 형이상학적인 의미를 갖는 마음 - 으로 파악하였다. 역사학에서 과학적으로 입증된 것은 아니지만 신라의 화랑도들이 단전호흡으로 그들의 몸을 단련하였다고 하는 구전口傳이 있는 것도 이 같은 맥락에서 보면 수긍이 간다(이진수, 2001). 이는 호흡이 인간에 있어 생득적·본능적·자연적·필연적인 형태로 자리매김하고 있는 것을 의미하는 것이다.

> 동양의 사유구조에서는 인간은 땅의 陰氣와 하늘의 陽氣로 생명이 유지된다고 생각했다. 이때 땅의 陰氣는 주로 음식을 통하여 흡수하지만, 하늘의 陽氣는 호흡을 통해서 몸에 축적된다고 생각했던 것이다. 이렇게 축적된 氣가 인간의 생명에너지 및 활동에너지로 작용한다고 믿었다. 그래서 무도 수련자들은 이런 氣를 축적시키기 위해 기본적으로 단전호흡을 했으며, 이 전통은 오늘날에도 여전히 유용한 방법으로 사용되고 있다(장수영, 2006: 35).

동양에서는 정신도 몸의 구성요소로 보고 있다(허건식 등, 2003). 전통적인 수련들은 일차적으로 정신을 집중하고 정신과 몸을 일치시키는 방법을 수련의 시작으로 보았다. 정신의 집중을 위한 수련의 방법은 호흡의 조절이었다. 호흡을 조절한다는 것은 궁극적으로는 의식과 신체의 조절이기 때문이다(한기욱, 1995). 이승건, 안용규(2004: 263-264)는 "동양의 수행법에서 말하는 '심신이 하나가 된다는 것'으로서 심신일치는 心이 氣의 흐름을 감득하는 것을 뜻하며, 호흡법이나 명상법에 의한 심신훈련을 통해 점진적으로 체득할 수 있는 것을 의미한다."고 하였다. 그리하여 한국합기도 또한 기술수련 뿐만 아니라 정신수양을 강조해 왔던 것이다.

삶에 영유하는 자신의 집착이 있건 없건 관계없이 호흡을 한다는 것은 몸을 단련한다는 사실에 다름이 없다(이광호, 김창우, 2008). 김이수(2005: 103)는 호흡에 대해 "인간뿐만 아니라 지구상에 존재하는 생명체에게는 불변의 진리이며, 인간에게 있어 호흡은 에너지원의 공급과 더불어 산소공급 및 탄산가스의 배출을 만들어 줌으로써 생명유지에 필수 불가결한 과정"이라고 하였다. 이는 호흡의 유지는 삶이며, 숨의 멈춤은 죽음과 직결되므로 당연한 이치인 것이다. 이와 같이 호흡은 동·서양을 막론하고 무도수행뿐만 아니라 인간의 삶에 있어서 본질적이고 근원적인 것이다.

한국합기도 단전호흡 수행은 정신력과 외력外力의 향상에 필수적이면서 중요시되는 기법이다(권중기, 2010). 단전호흡은 심신을 건강하게 유지하는 동양의 전통적인 공법이므로 동양무도는 호흡의 조절을 기본으로 하고 있으며, 한국합기도 수련 또한 단전호흡의 수행이 근본요소이다. 이는 생명의 유지수단일 뿐만 아니라 인간 정신의 내면적인 힘을 호흡 수행을 통해 강화하고 신체의 움직임을 일치시키는 것이 한국합기도의 주된 정신이자 지탱하는 근원이기 때문이다. 이는 한국합기도 단전호흡 수행의 조식調息을 의미하는 것이다.

(2) 평상심 유지로서의 마음가짐: 調心

한국합기도에 있어서 술기術氣의 숙련정도와 함께 위험상황에서 평상심平常心을 유지하는 인격이 수련자로서는 중요한 덕목이다. 또한 상대에게 해를 끼치는 것은 한국합기도의 수련에서 지양해야 할 중심 심성心性이다(최종균 등, 2009). 이는 무도수련이 심미적·종교적·철학적 경지에 도달할 수 있도록 자기개발과 수행이 끊임없이 요구됨(김정행 등, 2007)을 의미하는 것이다. 이러한 측면에서 좌선이나 명상을 동반하는 한국합기도의 단전호흡은 내적 안정감과 정신적 수행의 기반으로 작용하게 된다.

이승건, 안용규(2004: 260-261)는 동양의 명상훈련에 대해 "의식의 힘을 집중시켜 의식과는 독립적으로 활동하고 있는 무의식의 에너지를 그 곳에 통합시켜 가는 것"이라고 하였다. 이러한 의미에서 명상은 눈부신 건강과 지칠 줄 모르는 에너지, 다함이 없는 사랑과 영속적인 지혜가 깃들인 삶의 토대로서 깊은 내적 평화의 기초(박웅희 역, 2004)임을 알 수 있다. 이에 권영균, 이지항(2009: 331)은 "명상의 보편적 효용성은 종교적 깨달음과는 별도로 심신의 안정 등에 긍정적인 영향으로 인해 많은 사람들이 관심을 갖게 되었다."고 하였다.

호흡력의 배양을 통한 정신적 안정을 추구하는 한국합기도는 호흡조절을 통해 무심無心의 상태에 도달함으로써 마음을 평온하게 하는 것(김정행 등, 2002)이 평상심 유지로서의 마음가짐이라고 할 수 있다. 이는 무도의 정신수행이라는 것은 기술을 떠난 마음만의 수행으로는 존재할 수 없다는 것을 의미하고, 마음이라는 것은 승부와 상관없이 동요하지 않는 마음, 단 한 번의 승부가 생사生死를 결정짓는 절박한 상황이기 때문에 죽음의 공포를 눈앞에 두고도 동요하지 않는다는 마음을 말하는 것이다(허건식, 2002). 이러한 평상심의 유지는 안정된 호흡을 통한 흔들림 없는 초심初心이 기반이 됨은 주지의 사실이다.

호흡이 고요해지려면 숨을 고르게 쉬어야 하고, 숨을 고르게 쉬려면 단전을 의식하며 숨이 깊어져야 한다(고동영, 1993). 무도에서 말하는 氣는 氣가 모여 있는 정하단전正下丹田, 제하단전臍下丹田을 氣라고 하며, 이 단전을 단련하는 것을 무도의 기본으로 삼고 있다. 이는 도교의 전통에서 전해오는 수행법(호흡법과 명상법)으로서 이와 깊은 관련이 있는 동양의학의 이론체계에서 탄생한 사상이면서 동시에 실천적인 훈련법이라고 하겠다(안용규, 안근아, 2005). 이러한 의미에서 한국합기도의 단전호흡 수련은 "수도승이 수도를 하듯 반복적인 신체수련을 통한 인격수양의 과정을 중요하게 여기며, 위급한 상황에서도 평상심의 유지가 강조(김동규, 2002)"되는 맥락과 일치함을 알 수 있다.

이러한 氣의 흐름을 수행의 기초로 보고 있는 한국합기도는 동양무도의 근본정신을 근간으로 형성된 무도이다. 따라서 한국합기도의 단전호흡은 어떠한 위험상황에서도 평상심을 유지하여 극복할 수 있는 정신적인 토대를 근본적인 가치로 하고 있다(황종대 등, 2009). 이는 욕망을 배제한 무념無念의 상태, 즉 공空 상태의 지향을 의미하는 것으로서 한국합기도 단전호흡의 수행에 의해 그 가능성이 비춰진다. 즉 좌선이나 명상을 동반하는 한국합기도의 단전호흡은 내적 안정감과 정신적 수행의 기반이 되고 있으며, 이는 한국합기도 단전호흡 수행의 조심調心을 의미하는 것이다.

(3) 모범적 행동으로서의 몸가짐: 調身

동양의 전통적 수련법은 결국 호흡방법과 몸 움직임의 일치를 주된 테마로 한다고 볼 수 있다. 서양의 운동이 주로 인체 근육위주의 움직임을 통하여 내부적인 활성을 도모하는 반면에 동양의 운동은 '내부적인 호흡의 조절'과 '호흡 움직임의 일치'를 통해 밖으로의 발현을 강화하는 것으로 볼 수 있다(류병관, 1999). 그리하

한국합기도의 술기

여 무의식無意識의 수련세계에서 자신의 신체를 움직일 수 있는 심신일여心身一如의 상태가 수행의 진정한 의미가 된다(김동규, 2006). 한국합기도의 단전호흡은 정신수련과 더불어 술기들을 행하기 위한 기법技法의 일종으로서 합기合氣를 행하기 위해 氣를 합친다는 의미와 관련되어 있다. 그리하여 좌선이나 명상의 형태뿐만 아니라 외형적으로는 전향, 측향, 하향, 상향 단전호흡 등을 토대로 응용된 동작을 표현하며 수행되어지고 있다.

무도가 지니고 있는 기술을 구현하기 위하여 정신적 단련과 병행해야 한다는 허건식 등(2003: 275)은 "집중된 의식이 몸을 무의식 중에 좌우할 수 있고, 그러기 위해서는 단전호흡부터 해야 한다. 무도에서 가장 중요한 용어로 사용하는 것 중의 하나가 바로 '단전'이며, 단전은 내공법의 호흡으로 다양한 전통적 기법들을 빌리지 않더라도 무도의 힘을 모으고 정신을 집중하는 몸의 중심으로 인식되어 있다"고 하였다. 氣를 합한다는 뜻의 합기도는 힘의 집중을 중요시 여겨 모든 힘과 氣는 단전에서 나온다고 할 만큼 단전의 수련이 강조되고 있으며, 부드러운 호흡을 중요시하는 무도이다(김종현, 2006). 최희선(2005: 11)은 "합기도 수련 시 내·외공의 수련은 매우 중요하며, 단전호흡은 내공의 氣를 증가시켜 수련 시 이를 사용할 수가 있다"고 하였다.

합기도를 머지않은 미래에 현대스포츠가 지닌 병폐의 대안적

소재로 봤을 때, 도道가 내재된 신체활동으로서 그 가치를 부여 할 수 있음은 단전호흡과 같은 정신수련법이 그 기법체계에 포함되어 있기 때문일 것이다(박철희, 2005). 한국합기도에서 단전호흡은 호흡수련을 통해 내면적인 힘을 강화시키는 것이다. 호흡은 생각念에 의해 움직인다. 峰山(1994: 49)은 단전호흡의 핵심에 대해 "몸에 의식을 전혀 개입시키지 않는 상태, 즉 육체를 관념이나 생각의 영향에서 벗어나게 한 상태에서 오로지 고요히 앉아 자연스럽게 호흡하는 것"이라고 하였다.

울창하게 솟아 있는 대목을 보는 사람은 있어도 그 뿌리의 존재를 의식하는 사람은 적다. 뿌리를 튼튼히 내리고 있으므로 울창한 대목도 존재하는 것이다. 호흡법은 일종의 흙 속에 있는 보이지 않는 뿌리의 수련이다(한정두, 1994). 한국합기도의 수행에 있어서 수련자의 모범적인 행동은 근본적 가치이다. 그리하여 한국합기도의 단전호흡 수행은 현대사회에 만연되어 있는 병폐, 즉 승리지상주의나 결과중심주의 등에 무심無心의 상태로 대응케 하는 대안적 소재가 될 수 있다. 이는 일반인에게는 예방의학적 차원에서, 노인에게는 건강유지의 수단으로서, 사회적으로 소외되고 약한 장애인에게는 그에 맞는 명상이나 단전호흡 등의 수행 프로그램으로서 그 가치가 부여될 수 있다.

따라서 약자에 대한 배려는 가진 자의 자비를 넘어 사회적 의 무이며, 사회안전망과 공동선의 개념은 사회가 반드시 갖추어야 할 필수요소인 것이다(안광복, 2005). 흙 속에 감춰져 있는 뿌리의 수련으로 비유되는 한국합기도의 단전호흡은 인간의 근원적 경향성을 내부로부터 조절하면서 행동을 순화시키는 무도의 본질을 내재하고 있으며, 이는 한국합기도 단전호흡 수행의 조신調身을 의미하는 것이다.

이러한 調息, 調心, 調身의 개념은 기본적으로는 호흡의 조절, 마음의 조절, 그리고 신체의 조절을 의미하는 것이지만, 이는 동시에 호흡·의식·동작 등을 일치시켜 나가는 수련의 방법 그 자체를 의미이기도 한다(류병관, 지치환, 2002). 따라서 무도수행의 근원인 숨가짐을 의미하는 調息, 평상심 유지로서 정신을 가다듬는 마음가짐을 의미하는 調心, 모범적 행동으로서 자세와 동작을 바르게 하는 몸가짐을 의미하는 調身은 각각의 개념이 상이하다고 볼 수 있으나, 수행함에 있어서는 일치의 도모가 되어야 한다. 이는 調息, 調心, 調身은 한국합기도 단전호흡 수행에 있어 서로 분리될 수 없는 불가분의 관계라는 것을 의미한다. 이에 한국합기도 단전호흡 수행은 심신일여라고 하는 무도의 본질과 접목되어 있는 것이다.

---

* 제7장 1의 내용은 황종대·김동규(2010)의 논문「한국합기도 단전호흡 수행의 무도 철학적 의의」(한국체육철학회지. 18권 2호)의 일부분을 수정 보완한 것임.

2. 한국합기도 술기의 유형과 형태

생명을 지니고 있는 모든 생물은 자신의 몸을 보호하고 생명을 보존하고자 하는 본능을 가지고 있으며, 그 본능에 의하여 각가지 호신책이 마련되어 있다. 식물은 독毒이나 가시, 동물은 맹수의 뿔, 이빨, 발톱 등을 비롯하여 토끼의 귀, 뱀과 어류의 독, 벌의 침, 보호색 등이 그 예이다(이교윤, 2003). 인간에 있어서는 호신술이 그러한 역할을 한다고 볼 수 있다. 김의환, 김종달(1999: 164)은 호신술을 소극적 호신술negative self-defence과 적극적 호신술positive self-defence로 구분하고 있다. 소극적 호신술은 상대의 공격 시 순간적으로 이를 피하는 것이나, 적극적 호신술은 공격에 대한 방어와 동시에 역공격하여 상대를 제압하는 것이다. 이러한 의미에서 본다면, 한국합기도의 술기는 적극적 호신술이라고 할 수 있다.

한국합기도의 술기는 일반적인 호신술과 차이가 있다. 호신술은 전문성보다는 일반성에 의존하여 자신을 보호하는 수단적 가치추구라고 할 수 있지만, 한국합기도의 고유명사인 술기는 전문적인 기술로서 술기 그 자체로 상대를 제압하는 내재적 가치를 포함하고 있다. 한국합기도의 술기는 최소의 힘으로 상대에게 최대의 피해를 입히는 기술로서 공격하는 순간 氣로써 공격의 목표부위를 타격하여 엄청난 힘을 만들어 내고, 시간과 거리의 결합은 완전한 타격으로 이어져 치명적일 수가 있다. 특히 관절을 이용한 기술이나 속도가 가미된 술기가 그러하다.

술기의 익힘은 상대제압의 원리에서 비롯되는 것이 아니라, 술기를 익혀 나가는 과정에서 심신을 단련하고 인간의 소중함을 자신도 모르는 사이에 배워나가는 것이다. 술기는 정확성을 요구하

며, 적당히 익힐 경우 오히려 스스로 상해를 입거나 상대에게 고통만 줄 우려가 있다(유병돈, 1990). 무도로서의 합기도는 수많은 술기로 구성되어 있다. 숙련과정이 용이하지 않으나, 기본술기의 숙련 후에는 변형된 술기의 수련이 동기부여로 작용할 수 있다. 술기는 맨손술기와 무기술武器術로 구분된다. 맨손술기는 무기 없이 상대를 제압하는 술기를 의미하며, 무기술은 무기를 소지한 것을 제압하거나 소지한 상태에서의 술기를 의미한다. 한국합기도 술기와 제압기술의 유형은 〈표 8〉과 같다.

표 8. 한국합기도 술기와 제압기술의 유형

맨손술기	손목술(기본술, 바른손목술, 반대 손목술, 한손에 두 손목술, 양손목술, 옆손목술, 뒤손목술), 방권술, 방족술, 의복술, 악수술, 연행술, 체포술, 전환술, 좌술, 와술, 多人 처리술, 선술, 응용술 등
무기술	봉술(단봉, 중봉, 장봉, 쌍절봉 등), 지팡이술, 부채술, 포박술, 권총술, 검술(단검술, 장검술, 검법) 등
제압기술	치기·찌르기, 발차기, 꺾기, 던지기, 혈 누르기, 마무리 기술 등

※ 동일한 술기이더라도 명칭을 달리 할 수 있으며, 상이한 술기와 제압유형이 존재할 수 있다.

출처: 황종대(2006: 50-51)

기본술 1

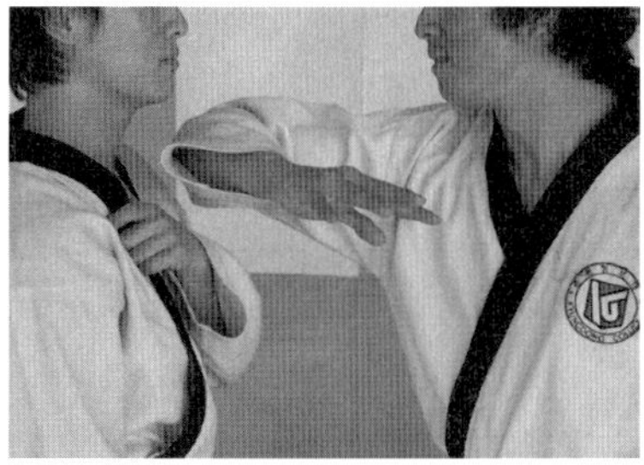

기본술 2

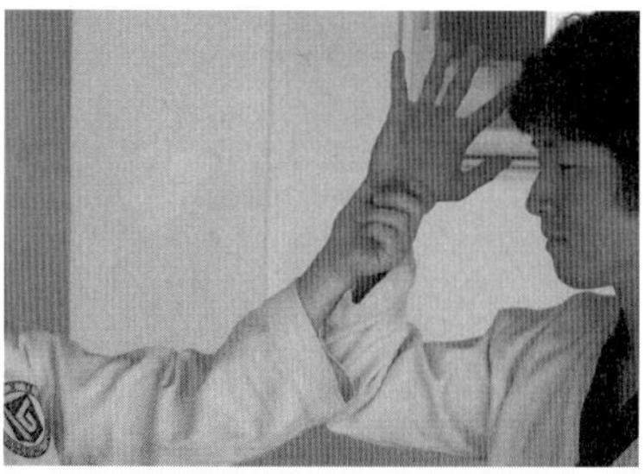

기본술 3

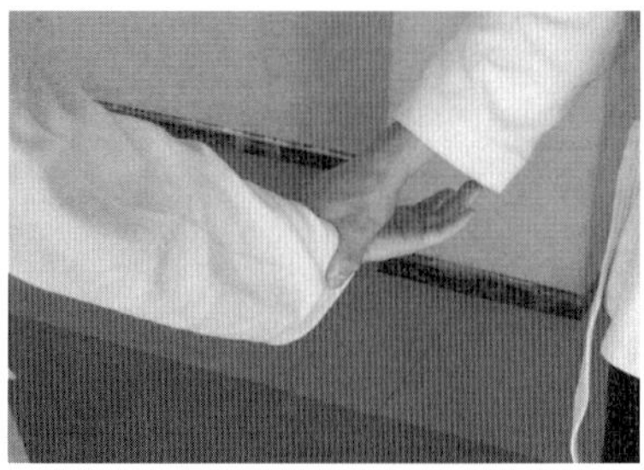

기본술 4

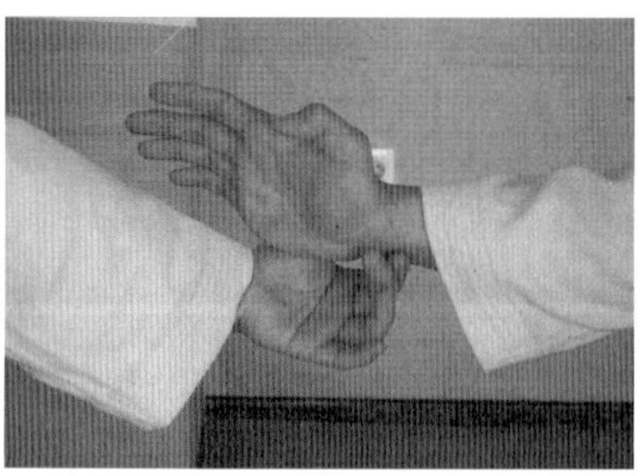

기본술 5

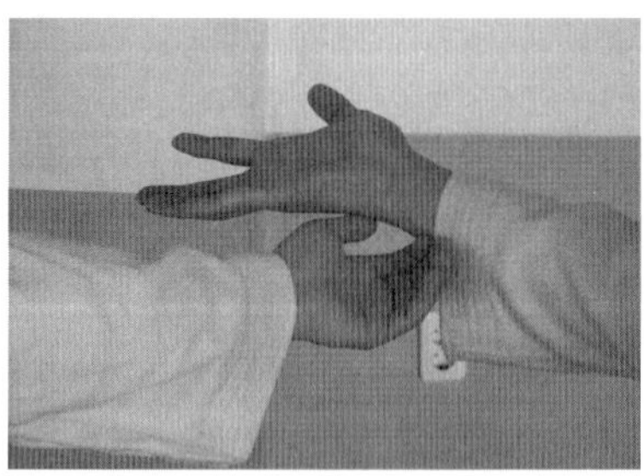

기본술 6

기본술 7

기본술 8

기본술 9

기본술 10

1) 한국합기도의 맨손술기

한국합기도의 근간이자 본질 그 자체라고 할 수 있는 술기는 초창기부터 특별한 경우를 제외하고는 명칭이 존재하지 않았으나, 발전해 가는 과정과 지도체계 등에 의해 구분되었다. 술기수련의 기본은 손목술기라고 할 수 있다. 이는 상대가 손목을 잡았을 때 제압하는 기술이다. 손목술에 대한 하위분야는 기본술, 바깥 손목술, 반대 손목술(엇손), 한손에 두 손목술, 양손목술, 옆 손목술, 뒤 손목술 등이 있다. 또한 손목술 외에 방권술, 방족술, 의복술, 악수술, 연행술, 체포술, 전환술, 좌술座術, 와술瓦術, 다인 처리술, 선술先術, 응용술 등이 있다. 동일한 술기이더라도 명칭을 달리 할 수 있으며, 상이한 유형의 술기도 존재할 수 있다.

방권술 1

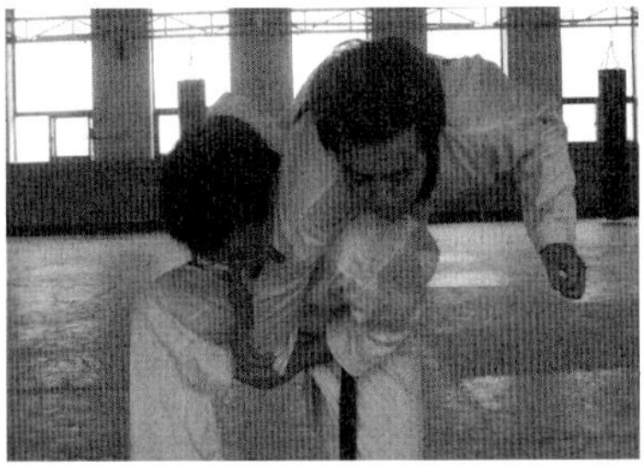

방권술 2

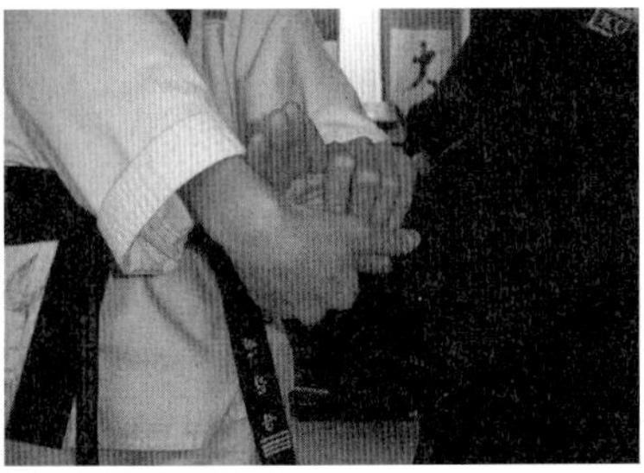

손목술 1

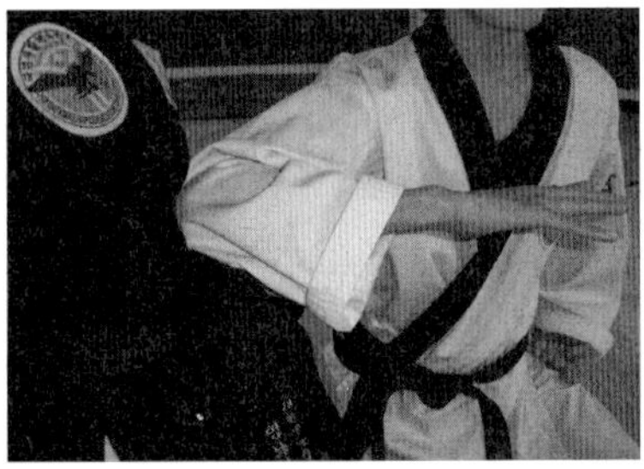

손목술 2

손목술 3

손목술 4

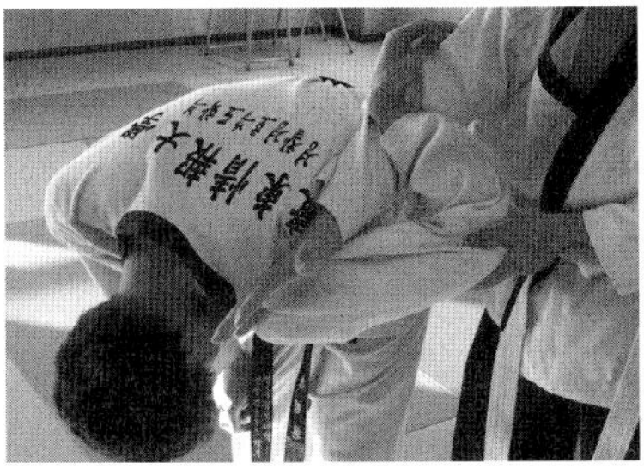

손목술 5

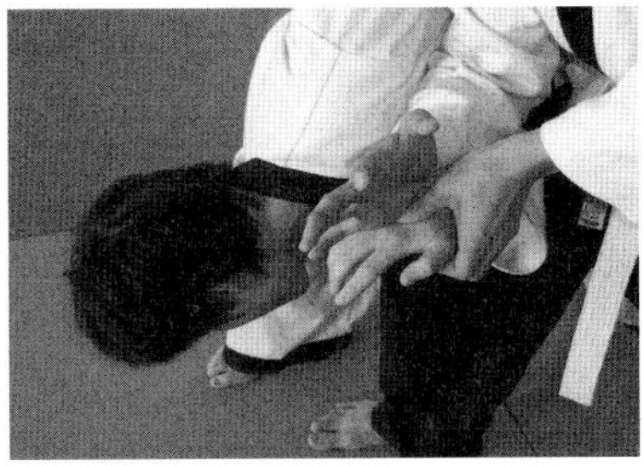

손목술 6

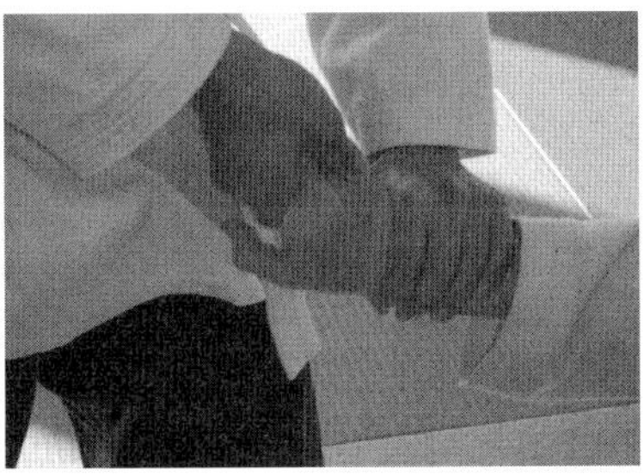

악수술 1

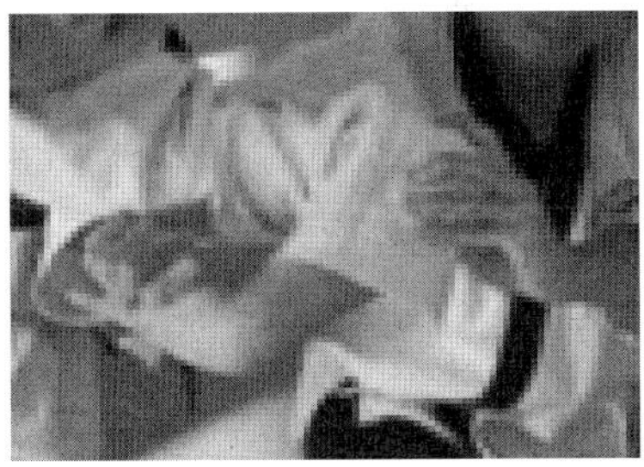

악수술 2

악수술 3

악수술 4

맨손기술로서 합기도는 맨손은 무기라는 공격수단의 의미와 상반하여 행위자의 방어적이고 평화적인 심성을 내포하고 있다(김의영 등, 2002). 한국합기도의 술기는 힘으로 누르거나 체격이 주가 되는 기술이 아닌 원리를 기반으로 하는 간소화된 기술임에 주목할 필요가 있다. 그래서 동양적 신비감이나 동양무도에 대한 무협지적 환상 및 와이어 액션에 의한 재주부림은 한국합기도의 술기가 지향하는 바가 아니다. 하지만 道를 향한 수련 및 禮 정신 등은 한국합기도의 정신적 가치로서 필수요소라고 할 수 있다.

한국합기도에 있어서 유단자는 술기의 숙련정도, 근원적 경향성의 긍정적 순화, 바람직한 인격체 형성, 지도력 등과 함께 위험상황에서 평상심을 유지하는 인격이 중요하다. 이는 천인합일天人合一 사상을 기초로 욕망을 버리고 무념無念의 상태, 즉 공空의 상태를 지향하는 수행을 의미한다고 볼 수 있다. 그리하여 무도의 수행은 심신일여, 평상심, 무심無心, 空 등과 같은 이념이 기반이 된다. 이에 대해 스포츠사회철학연구회(2000: 161)는 "동양무도는 동양철학에 보편적으로 내재되어 있는 세계관과 인생관의 해석을 통해 가능하다"고 하였다.

외국인의 술기모습

한국합기도는 겨루기, 낙법, 시범 등과 더불어 술기대회도 개최된다. 그러나 무도의 경기화는 무도의 정체성에 혼란을 가져 올 수 있으며, 이는 무도인 혹은 무도학을 전공하고 있는 체육인의 최대 난제가 아닐 수 없다(김동규, 2006a). 무도를 단련하는 것에 대해 김부찬(2006b: 45)은 "자신의 인격을 수양하는 하나의 도구로서 무도를 간주할 때 서양의 스포츠에서 추구하는 경쟁과 승리와는 다른 차원의 육체적인 행위를 경험하게 되는 것"이라고 하였다.

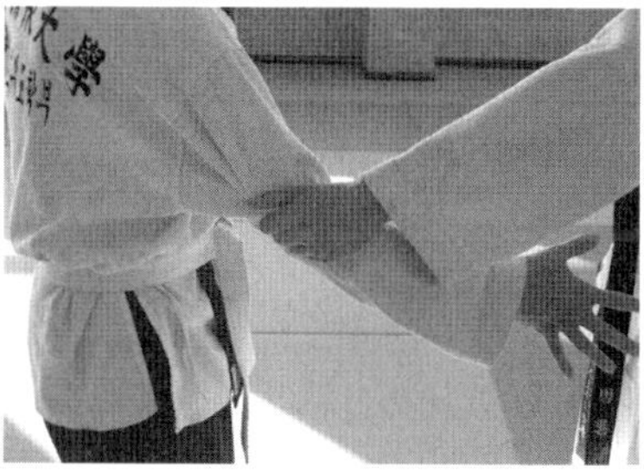

의복술 1

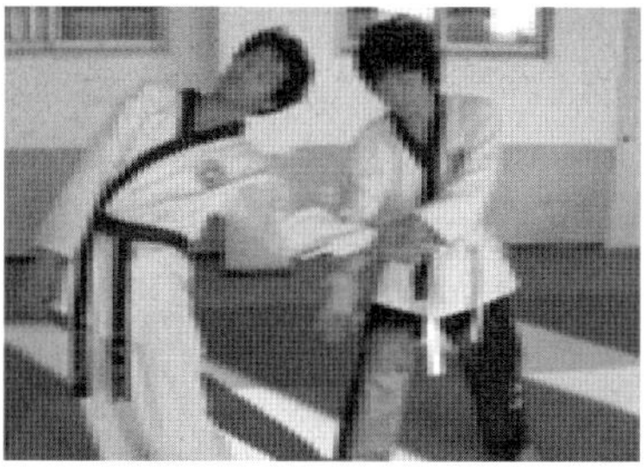

의복술 2

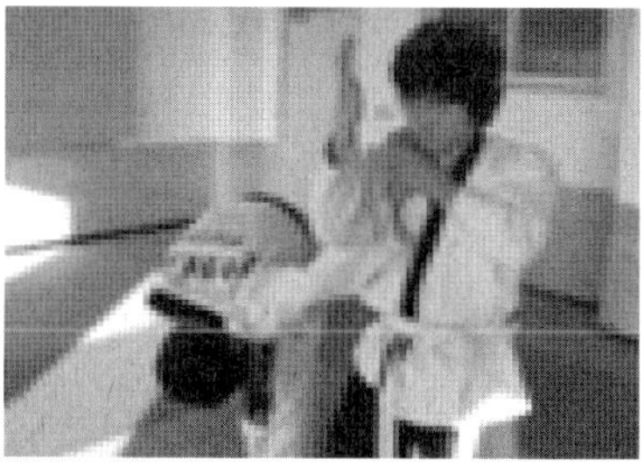

의복술 3

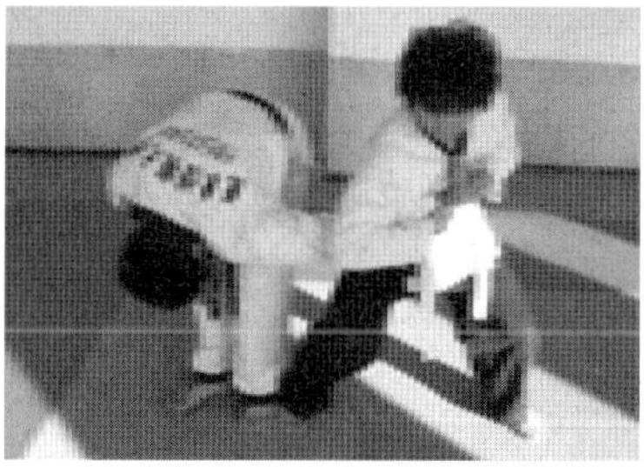

의복술 4

이러한 관점에서 비추어보면, 한국합기도의 수행은 경기에서의 승리에 중점을 두는 성취지향적인 외향의 추구보다, 수신修身, 효제孝悌, 충서忠恕로 이어지는 통합적이고 심신일원론적 합일을 통한 과

정중심의 내적 추구에 비중을 두어야 할 것이다. 이는 승리를 위한 기술동작 못지않게 평상심, 예절, 겸손, 노력, 최선, 인내 등의 정신적 요소가 보다 중요시 된다는 의미이다. 따라서 바람직한 인격체를 향한 한국합기도의 술기수련은 전인적 인격교육임과 동시에 무도성의 훼손을 최소화 할 수 있는 근본적인 이념이 될 수 있다.

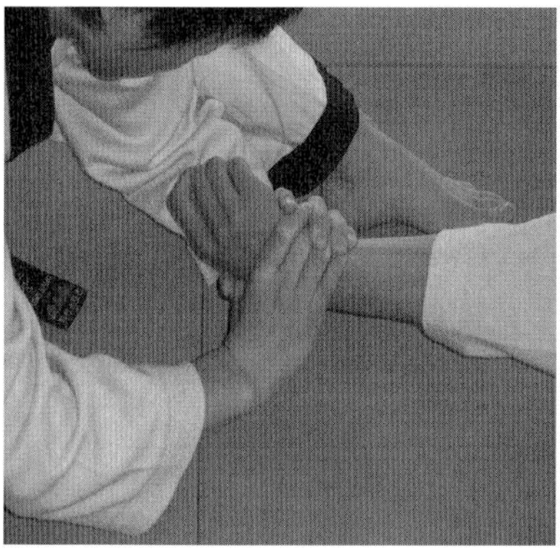
합기도 방권술

한국합기도의 술기에 포함되어 필수적인 구성요소로서 자리매김하고 있는 낙법·수기·발차기는 그 자체로서 수행분야로 인식되고 있으나, 엄밀한 의미에서는 술기 수행에 내포되어 있음을 알 수 있다. 술기의 완전한 구성이 낙법·수기·발차기 등의 복합적인 형태로서 표출되어 나타나기 때문이다. 그러므로 한국합기도 술기의 형태는 낙법, 수기, 발차기 등으로 구성되어 있음을 알 수 있다. 한국합기도의 낙법·수기·발차기 수행의 의미에 대해 살펴보면 다음과 같다.

마무리 기술(고정술)

합기도 응용술

(1) 한국합기도 술기수행에 내포된 낙법의 의의

① 인체상해방지

낙법落法은 상대로부터 메쳐진다든지 스스로 넘어졌을 때 몸에 받는 충격을 적게 하고 신체의 중요 급소들을 보호하는 방법이며(박태인, 이호룡, 2003), 운동 시 몸의 중요한 부분을 보호하기 위해 필요한 운동이다(최희선, 2005). 낙법은 어느 순간에 상대방 또는 지형·지물로 인해 넘어질 경우 자신의 몸을 보호할 수 있다(염장호, 1994). 낙법은 떨어질 낙落자에 법 법法자로 구성되어 있는데, 떨어지는 방법이 한국합기도 낙법의 본질이라고 할 수 있을 것이다.

전방낙법 1

전방낙법 2

몸의 유연성을 토대로 하는 한국합기도의 낙법은 일상생활 중 자세불안에서 오는 상해의 예방은 물론 실전에서 방어 움직임으로 활용되고 있다(이기세, 신원, 2007). 낙법에 대해 김의환(2004: 35)은 "안전법(安全法, safety methods)의 일환으로서 자의 또는 타의에 의해 넘어질 때 충격을 분산시켜 자신의 신체를 안전하게 갖는 방법"이라고 하였다. 이를 기반으로 하는 한국합기도의 낙법은 예상치 못한 일로 전후측방前後側方으로 떨어지거나 넘어질 때 안전하게 몸을 보호하기 위한 방법이라 할 수 있다.

후방낙법 1

후방낙법 2

② 신체단련

한국합기도의 수행기술은 신체의 좌우균형 상태를 유지하는 수련이라는데 의의가 깊다. 좌우 교대연습에 의해 어느 한 쪽으로 편중된 운동신경과 근력의 균형을 찾을 수 있으며, 이는 불의의 사고를 예방할 수 있다는 점에서 의의가 있다(정용우, 1997). 합기도 수련 과정에서 낙법을 할 때의 쾌적한 기분은 건강을 유지하는데도 도움을 준다(명광식, 2000). 즉 다양한 한국합기도의 낙법을 통해 인체의 모든 부분을 지면에 접촉함으로써 신체단련의 효과를 배양할 수 있는 것이다.

좌 측방낙법

우 측방낙법

③ 술기수련 용이

낙법이 숙달되면 술기습득이 용이하다. 이는 술기수련을 효과적으로 할 수 있음을 의미한다(송일훈, 2002). 상대가 술기를 거는 동작에서 상대 힘의 흐름과 술기의 진행방향 및 술기의 강도를 느낄 수 있다. 그리하여 낙법은 술기의 감각을 느끼고, 그 정도여부를 짐작하는데 중요한 역할을 한다.

낙법의 적용 1

낙법의 적용 2

낙법은 상대가 몸의 관절을 비틀거나 꺾음으로 해서 고통이 오거나 상해가 오는 것을 느끼고 그 방향으로 풀어 나가는 것이므로 몸으로 상대의 힘을 느끼면서 실시하는 것이 바람직하다. 낙법의 기본적인 핵심은 이용하고자 하는 몸의 사용면적을 최대한 넓게 활용하는 것이다. 기저면이 넓으면 넓을수록 충격이 적게 되는 원리이다(이홍진, 2007). 인체의 유연성을 기반으로 부드러우면서도 둥글게 충격을 완화해서 수행함이 한국합기도 낙법의 기본원리이다.

회전낙법을 응용한 장애물 낙법의 멀리낙법

④ 시범을 돋보이게 하는 예술적 인식

시범은 동작 하나하나가 심미적, 창조적, 건설적, 조직적으로 조화를 이룰 때 미美를 창출하며, 이때 행동예술이 창조된다. 특히 시범이 예술적 존재로 인식케 되는 것은 신체동작을 통해 인간이 추구하는 미의 극치에 도달할 수 있는 작업이기 때문이다. 그리하여 예술적 차원의 시범은 창조적 요소를 지니며, 우리에게 신선미를 더해 주고, 심적 욕구를 해결해 주는 역할을 한다(임일혁, 2005). 시범의 시示는 '보인다'는 뜻이고, 범範은 '본보기, 법, 틀' 등의 뜻을 내포하고 있는 것이다. 즉 시범은 모범을 보인다는 의미이다.

연출에 의한 낙법

술기와 낙법의 조화

현재 한국합기도의 각종대회나 시범들을 통해서 보여 지는 다양한 연출에 의한 낙법들은 각종 기법체계와 조화를 이루어 한국합기도기법의 현란함을 보여주기도 하고, 낙법으로 연출되어진 동작들이 인간의 아름다움을 표현하는 미적, 예술적 경지로 인식되어지기도 한다(박철희, 2005). 무도의 특성은 인격의 완성이나 기술적 요소를 위한 능력배양뿐만 아니라, 수행을 통해 예술적인 면을 승화시킬 수 있다는 측면에서 보면 한국합기도의 낙법수행은 그러한 점을 양호하게 대변하고 있다고 볼 수 있다.

이상에 논의된 낙법의 중요성을 요약하면, 첫째, 어떠한 환경에서도 부상을 당하지 않으며, 둘째, 신체의 컨트롤이 불가능 또는 미흡하여 부상을 당하더라도 덜 당하는데 있다. 따라서 인간에게

합기도 교차낙법

안전한 일상생활을 위해 안전 교육으로서 낙법이 필요하고 동시에 중요한 것이다(김의환, 2004). 한국합기도 낙법의 수련은 낮은 자세로부터 시작하여 차츰 높은 자세로, 정지한 동작에서 차츰 이동하면서, 느린 속도에서 빠른 속도로, 쉬운 동작에서 어려운 동작으로, 난이도가 낮은 것에서 높은 기술 등으로 하게 된다. 두 가지 이상의 낙법을 연결해서 하는 복식 또는 연결낙법과 도약을 이용한 특수낙법으로 구분되어져 수행되고 있다.

합기도 멀리낙법

이와 같이 한국합기도의 낙법은 신체에 균형을 상실하거나 외부의 충격으로부터 몸을 보호하는 기능적인 측면 외에도 신체단련 및 술기수련을 용이하게 하는 역할을 한다. 상대의 공격으로부터 몸에 받는 충격을 최소화하고 시범을 돋보이기 위한 수단 등이 한국합기도 낙법의 의의라 할 수 있다. 특히 인체에서 소중한 뇌와 심장의 보호는 낙법의 기본적이면서 필수불가결한 원칙이라고 할 수 있다. 한국합기도 낙법의 유형과 개념은 〈표 9〉와 같다.

표 9. 한국합기도 낙법의 유형과 개념

<table>
<tr><th colspan="2">유 형</th><th>개 념</th></tr>
<tr><td colspan="2">전방 낙법</td><td>앞으로 넘어질 때, 신체를 보호하기 위하여 취하는 방법이다.
팔을 이용하여 머리와 어깨, 상체 및 안면을 보호한다.</td></tr>
<tr><td colspan="2">후방 낙법</td><td>뒤로 넘어지면서 머리가 바닥에 닿지 않도록 들어주고,
등보다 양팔이 바닥에 먼저 접촉될 수 있도록 한다.</td></tr>
<tr><td colspan="2">좌측방 낙법</td><td>몸의 균형이 전방이나 후방이 아닌 왼쪽으로 기울어져서 넘어질 때 사용하는 낙법으로서 오른손은 도복 띠의 매듭을 가볍게 잡고 시선은 왼손 끝을 바라보며 머리를 가볍게 든다.</td></tr>
<tr><td colspan="2">우측방 낙법</td><td>몸의 균형이 전방이나 후방이 아닌 오른쪽으로 기울어져 넘어질 때 사용하는 낙법으로서 왼손은 도복 띠의 매듭을 가볍게 잡고 시선은 오른손 끝을 바라보며 머리를 가볍게 든다.</td></tr>
<tr><td colspan="2">오뚜기식
후방 낙법</td><td>후방낙법의 응용 또는 후수신이라고도 하며, 다리를 뒤로 빼고 무릎을 구부린 후 등을 대고 등이 동그랗게 되게 구른다. 머리는 후방낙법처럼 턱에 당겨 붙이고 팔과 다리는 자연스럽게 한다. 일어서는 방법은 넘어지는 순서의 역순으로 행한다. 합기도 술기 중 뒤로 넘어지는 받기기술에 응용할 수 있다. 무릎을 접으며 양쪽으로 연습한다.</td></tr>
<tr><td colspan="2">가슴복구 낙법</td><td>'전방무성낙법'이라고도 한다. 물구나무서기를 한 후 가슴이 지면에 닿으며 몸을 숙이며 굽힌다.</td></tr>
<tr><td rowspan="7">회
전
낙
법</td><td>전 방
회전 낙법</td><td>원을 그리듯이 몸을 둥글게 하여 앞으로 회전하여 측방낙법으로 정지 또는 일어나는 낙법으로서 앞으로 굴러서 넘어 질 때 주로 사용한다. 전방회전 낙법을 치는 동작으로서 어깨가 직접 닿지 않게 하고 머리가 지면에 닿지 않도록 주의해야 한다. rolling낙법이라고도 한다.</td></tr>
<tr><td>후 방
회전 낙법</td><td>원을 그리듯이 몸을 둥글게 하여 뒤로 회전하여 어깨를 타고 넘어가는 낙법으로서 뒤로 굴러서 넘어 질 때 주로 사용한다. 발을 뒤로 밀어주는 듯한 기분으로 실시하면 부드러운 낙법이 될 수 있다. 회전 시 머리가 닿지 않도록 한다.</td></tr>
<tr><td>뒤
회전 낙법</td><td>몸을 뒤로 180도 틀며 치는 낙법으로서 상대방의 치기나 술기의 받기로 주로 사용된다.</td></tr>
<tr><td>공 중
회전 낙법</td><td>전방회전 낙법의 응용이라고도 하며, 상대에게 술기를 당했을 때 관절을 보호하면서 빠져나오는 방법으로 사용되고, 시범이 돋보이도록 하기 위해 많이 연습한다.</td></tr>
<tr><td>술기 낙법</td><td>술기를 할 때 많이 사용됨으로써 얻어진 용어이며, 회전낙법과 거의 유사하다. 왼발과 오른발이 마지막 동작에서 위치가 바뀌는 낙법이다.</td></tr>
<tr><td>장애물 낙법
(높이,멀리)</td><td>장애물을 넘기 때문에 '장애물 낙법'이라고 한다. 높이·멀리낙법 등으로 수련되며 착지 할 때 회전낙법으로 일어난다.</td></tr>
<tr><td>굴러 치기</td><td>팔을 이용하지 않고 회전력, 허리, 다리의 유연성 등을 이용해 오른쪽으로 낙법할 경우 왼팔을 먼저 바닥을 짚고 왼팔로 몸을 조절하며 치는 낙법이다.</td></tr>
</table>

※ 동일한 낙법이라도 명칭을 달리 할 수 있으며, 상이한 낙법도 존재할 수 있다.

(2) 한국합기도 술기수행에 내포된 수기의 의의

수기手技는 발에 비하여 파워 면에서 떨어지기는 하지만 발과는 달리 동작범위가 크며 다양한 변화를 연출할 수가 있다. 단련된 손은 발에 못지않게 강한 힘을 발휘하며 정밀한 기술을 구사할 수 있는 것이다. 합기도에 있어서는 손의 사용이 절대적이라 해도 과언이 아니다. 상대를 움켜잡기도 하고, 급소를 눌러 제압하는 등의 발로 할 수 없는 역할을 갖기 때문에 손의 용도는 크다고 할 수 있다(김상덕, 고백용, 1997). 수기는 '권법', '권술', '타법' 등으로도 명칭이 통용되고 있으며, 인체의 혈穴이나 급소急所를 손의 여러 모양이나 팔꿈치, 팔의 상·하반, 팔 전체 등을 활용해 중요부위를 공격하는 손의 쓰임을 말한다. 즉 상대의 방어, 제압, 공격 등에 필요한 손이나 팔 전체를 사용하는 모든 손기술을 수기라고 할 수 있다.

수도치기

손은 공간의 운용이 협애하며 많은 시간을 소요하지 않기 때문에 민첩하다(김용옥, 1990). 또한 손은 수련에 의하여 발보다는 사용할 수 있는 기간이 길다. 나이가 들어가면 발은 쇠퇴하나 손은 오랜 시간 사용할 수 있으며, 자유자재로 변화를 가질 수 있다(김상덕, 고백용, 1997). 이홍진(2008: 97)은 손은 치기위해 사용되며, 그것은 방어라고 하기도 한다면서 "손은 발보다 기민하여 어느 방향으로도 빨리 움직일 수 있기 때문에 수기의 기술을 잘 숙지하여야 상대를 제압할 수 있다. 누구나 손을 가지고 있지만 그것을 바르고 빠르게 사용하는 법을 몰라 비기秘技가 되지 못한다."고 하였다.

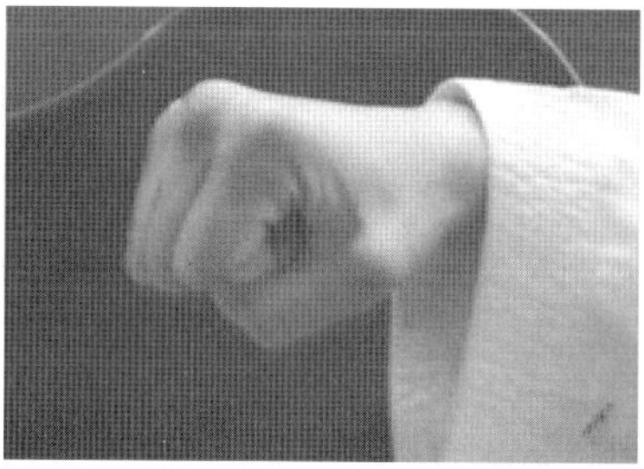

정권치기 1

정권치기 2

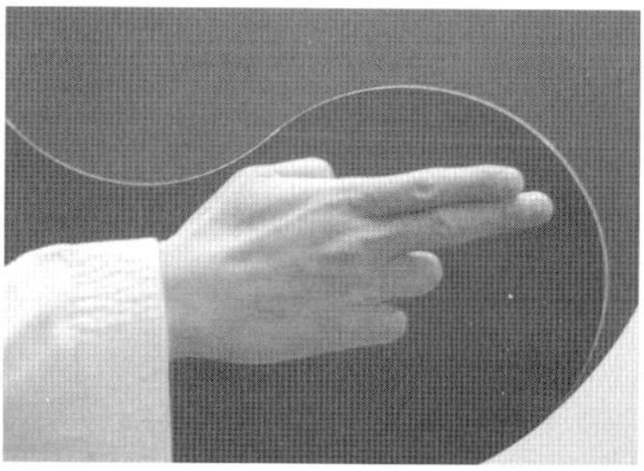

二指치기 1

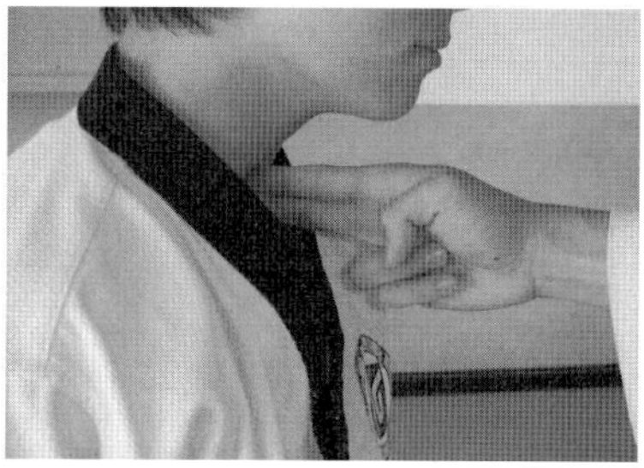

二指치기 2

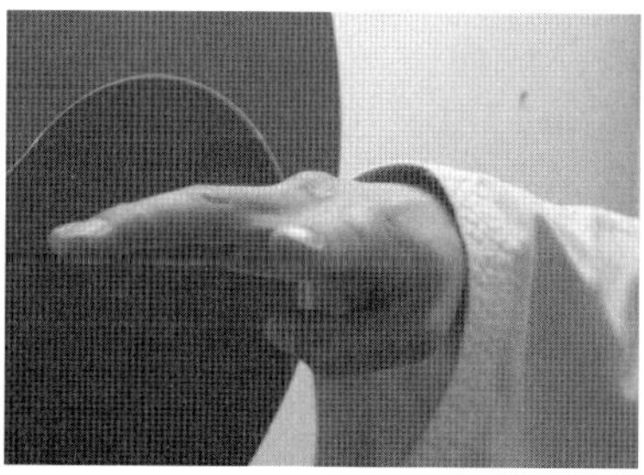

눈 찌르기

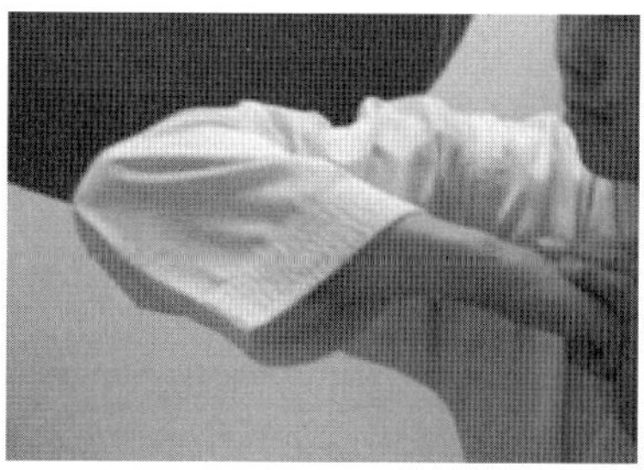

팔꿈치치기

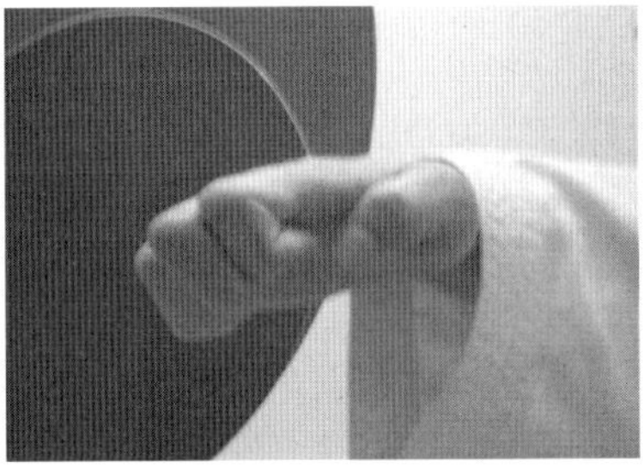

각권치기

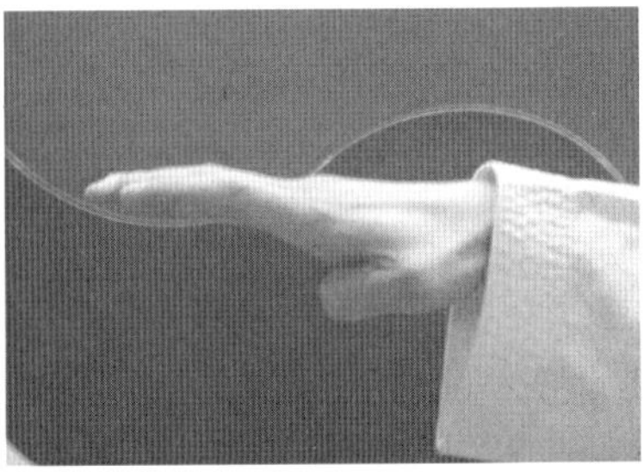

관수찌르기

수기동작은 다리, 허리(동체), 어깨(상완), 그리고 팔굽(하완과 주먹)의 움직임에서 만들어진 힘(운동 에너지)이 가세(전이)되어 마지막으로 주먹이 강한 힘을 발출할 수 있게 되어야 한다(박순진, 양진방, 2000). 상대를 동일한 힘으로 가격하더라도 공격자의 손 모양과 치는 각도에 따라 상대의 충격에는 차이가 생긴다. 따라서 상대의 타격부위에 따라 공격자의 손 모양이 적절하게 변하는데 이를 익히고 단련하는 것(권중기, 2009)이 수기이다.

맨손으로 상대에게 하는 효과적인 공격은 손과 발의 단련정도에 있다(이교윤, 2002). 이에 대해 합기패밀리(2006)는 다음과 같이 설명하고 있다.

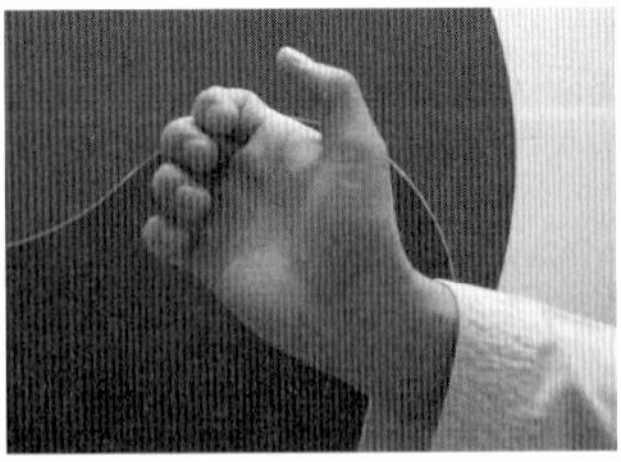

장권치기

수기에 있어 정확한 부위의 공략과 더불어 가장 중요한 것은 단련(鍛鍊)이다. 어느 정도 손에 힘이 집중되는가에 따라 또는 손이 어느 정도 강한가에 따라서 공격력의 차이가 생기기

> 때문이다. 그래서 인체의 穴과 急所 등을 바르게 알고 있어야 한다. 수기는 선술(先術)의 개념으로도 쓰인다. 즉 꺾기나 던지기를 할 때 상대를 순간적으로 가격하여 저항 불능의 상태로 만들어 제압하는 수단으로 사용되는 기술로서, 술기의 제압기술의 유형인 마무리 기술에서도 행하여진다.

한국합기도의 술기들을 수행하는데 있어 기본이 되는 동작들 중 일부를 치기·찌르기에 접목시켜 수행토록 한 것이 수기이다. 따라서 수기는 다른 술기들을 수행하는데 필요한 원리를 내포하고 있기 때문에 동작들을 정확하게 체득함이 중요하다(최상헌, 2002). 즉 한국합기도의 수기는 손의 여러 모양이나 팔꿈치 등으로 공격하는 의미뿐만 아니라 술기 시 선술의 목적으로도 쓰이며, 혈 누르기·꺾기·던지기 등의 이어지는 동작과 마무리 기술에 활용되어 진다. 한국합기도 수기의 유형과 개념은 〈표 10〉과 같다.

정권(正拳) 치기	다섯 손가락을 모아진 상태로 네 손가락을 말아 쥐고 모지를 인지와 중지의 제2관절 위에 얹어서 치는 기술
종권(從拳) 치기	'직권치기'라고도 하고, 대개 짧게 치는 경우에 많이 사용되며 정권을 세워서 치는 기술
역권(役拳) 치기	정권의 반대로 찔러 넣는 주먹으로 하복부나 밑에서 위로 올려칠 때 사용하는 기술
관수(貫手) 찌르기	손을 쫙 편 다음 모지를 접어서 인지 옆에 붙인 다음 손끝에 힘을 모으고 찌르는 기술
각권(角拳) 치기	관수 찌르기를 네 손가락의 매듭을 접어서 그 매듭으로 치는 기술
모지(母指) 치기	주먹을 쥔 자세에서 모지를 인지 위에 고정시키고 모지 끝 부분으로 치는 기술
인지(人指) 치기	'봉안권(鳳眼拳)'이라고도 하며, 주먹을 쥔 자세에서 인지를 돌출시켜 치는 기술
중지(中指) 치기	'용두권(龍頭拳)'이라고도 하며, 주먹을 쥔 자세에서 중지를 돌출시켜 치는 기술
이지(二指) 치기	인지와 중지를 붙여 모아서 급소 부위를 치는 기술
오지(伍指) 치기	다섯 손가락 끝으로 상대방의 안면을 위주로 공격하는 기술
반원 치기	옆에서 보면 호랑이가 입을 벌린 것과 같다고 해서 '호구치기'라 부른다. 네 손가락을 모으고 모지를 벌려서 인지와 모지의 모서리를 반원으로 만들어 치는 기술
장권(掌拳) 치기	손을 편 상태에서 오지의 매듭을 접은 다음 손바닥을 쫙 펴고 손바닥 밑 부분으로 치는 기술
평수치기	손바닥을 전부 펴서 손바닥 전체로 치는 기술
수도(手刀) 치기	손가락을 붙이고 손을 편 채 모지를 인지 옆에 붙이고 네 손가락의 첫 매듭을 약간씩 구부리고 그 모서리로 치는 기술
역수도(逆手刀) 치기	손을 편 채 모지를 바짝 당겨서 인지와 모지의 모서리로 치는 기술
손끝 모아 치기	다섯 손가락의 끝을 모아 새가 모이를 쪼우 듯이 치는 기술
꿈치 치기	팔꿈치를 이용해 치는 기술로 꿈치 쳐돌리기, 꿈치 뒤치기, 꿈치 좌우치기 등 가까이 있는 목표를 치기가 용이하고 파괴력이 강하다.
손등 치기	오지를 안으로 숙여서 손등 부분이 나오게 해서 치는 기술
보권 치기	'손목 치기'라고도 하며 손목을 안쪽으로 꺾어 손목 등으로 치는 기술
팔뚝 치기	손가락을 인지부터 소지까지 차례로 접고 인지를 모지로 감싸 쥔 다음 소지 끝의 매듭부터 팔꿈치까지의 팔뚝으로 치는 기술

※ 동일한 수기라도 명칭을 달리 할 수 있으며, 상이한 유형의 수기도 존재함.

(3) 한국합기도 술기수행에 내포된 발차기의 의의

동양의 여러 전통무도 중 발을 많이 사용하는 무도로는 태권도, 태껸, 합기도, 가라데, 쿵푸, 타이복싱 등이 있다. 이러한 무도들은 수백 가지의 다양한 기술들을 보유하고 있으며, 각각의 무도들은 기술적인 측면에서 그 고유성과 장점을 주장하고 있다(양창수, 2001). 한국의 무도는 발차기가 중심이고, 일본의 무도는 던지기가 중심이라는 말들을 많이 한다. 물론 이러한 전형적인 선입관에는 예외가 있지만 대체적으로 일본의 무도는 발차기보다는 던지기를 중심으로 발전한 것은 사실이다(윤익암, 이승혁, 2001). 이는 한국무도의 특성은 손보다 비교적 사용하기 어려운 발차기에 있음을 의미하는 것이다.

무릎차기

> 한국합기도는 성립시기인 해방 후 6·25전쟁의 불안정적인 사회적 구조의 문화에서 강한무도로 정착되어야 했다. 이러한 시대적 특수성과 한국 특유의 민족성 등으로 인하여 일본의 유술수련 체계와는 전혀 다른 관절기와 유술기를 포함한 실전적인 기술위주의 수련체계를 이루게 되면서 시대의 변화에 아주 빠르게 적응하게 되었다. 또한 군부대, 경찰, 실전 호신술로 활용되어지기 시작했으며, 발차기와 각종 특수목적 수행을 위한 기술들이 포함되었다(진성우, 2009: 90)

발의 기능과 구조는 손과 비교하여 제한되어 있다. 발은 일반적으로 중심 잡아 서 있기, 걷기, 달리기 등을 위하여 쓰인다. 서 있

합기도의 방족술

출처: 한국무예신문(2012년 11월 3일)

거나 걷기 등의 용도제한 때문에 특별한 수련 없이는 효과적인 발사용이 어렵지만, 인체부분 중의 하나인 발을 공격용으로 사용할 수 있다(명광식, 1999). 이에 한국합기도 발차기는 술기에서의 방족술 뿐만 아니라 '족술'이나 '발 쓰기' 등으로 명칭이 통용되며, 발·무릎 또는 다리 등으로 상대를 제압하는 기술을 총칭한다고 할 수 있다.

한국합기도의 발차기는 유연하면서도 빠르고 치명적으로 강한 힘을 발휘하는 것이 특징이다(양창수, 1999). 처음 한국합기도의 발차기는 상당히 단조로웠으며, 최용술은 주로 허리 아래를 차는 하단, 중단 차기만을 사용했다(문화일보, 2004년 3월 7일). 최용술은 상대방의 힘을 분산시키는 실용적인 발차기를 주로 사용했으며, 이것을 기반으로 제자들에 의해 발차기가 보강되면서 지금의 한국합기도 발차기가 이루어 졌다고 볼 수 있다.

하단 까내리기

지한재는 최용술에게 배운 발기술은 몇 개 되지 않았으며, 발기술은 족술이라 해서 곧은 발질하는 것하고, 발 안쪽으로 차는 것, 안다리 또는 바깥다리로 차는 것, 그리고 옆차기 정도였다고 하였다. 또한 안다리와 바깥다리는 높이 찼으며, 곧은 발질 등이 있는 것은 칼이 서로 맞물렸을 때 발로 미는 게 있어서 족술을 사용한 것이라고 하였다(허인욱, 2010년 4월 14일).

한국합기도 발차기의 특징이라면 힘을 빼서 부드럽고 가볍게 실시하되 최종 목표지점에서는 발의 힘뿐만 아니라 전신의 힘을 집중해야만 강한 파괴력으로 상대에게 치명상을 입힐 수 있다는 사실이다. 발차기를 실시할 때 시선은 언제나 정면 혹은 상대의 타격 부위에 고정되어야 한다. 그리고 모든 동작은 준비자세에서 발차기를 실시하여 완료되면 반드시 원위치, 즉 준비자세로 민첩하게 돌아가야 하는 것이 원칙이다(권중기, 2009). 한국합기도와 태권도의 발차기 차이점을 살펴보면 다음과 같다.

태권도와 합기도의 발기술에 몇 가지 차이점이 있는데, 주된 타격목표의 높이에서 오는 차이와 속도와 충격량 중 어느 것에 더 중점을 두느냐하는 문제로 요약할 수 있다. 태권도 경기규정에 따르면 발기술에 의한 유효한 공격부위는 얼굴과 가슴부위이다. 그러나 합기도는 호신이 중요한 목적이기 때문에 타격목표가 경우에 따라 하체부위가 되기도 한다. 실제로 합기도의 발기술 중 많은 기술이 상대의 하체를 공격하기 위한 기술로 소개되고 있다(양창수, 1999: 3).

한국합기도의 발차기는 이와 같이 상대방의 하체부위를 재빠르게 공격하는 하체발차기를 기반으로 신속성·정확성·균형성 등을 유지하는 것이 기본요건이다. 수기보다는 신속성이 떨어지지만 먼 거리의 공격에 유리하고, 공격범위가 넓고 다양하며 파괴력이 크다는 것은 발차기의 기본특성이다. 더불어 한국합기도의 발차기는 발 모양의 다양함을 토대로 상대방을 차고 넘겨 제압하는 기술을 포함한다. 한국합기도 단식발차기의 종류와 개념은 〈표 11〉에 제시하였으며, 이를 기반으로 연결·특수발차기 등의 수행이 이루어지고 있다.

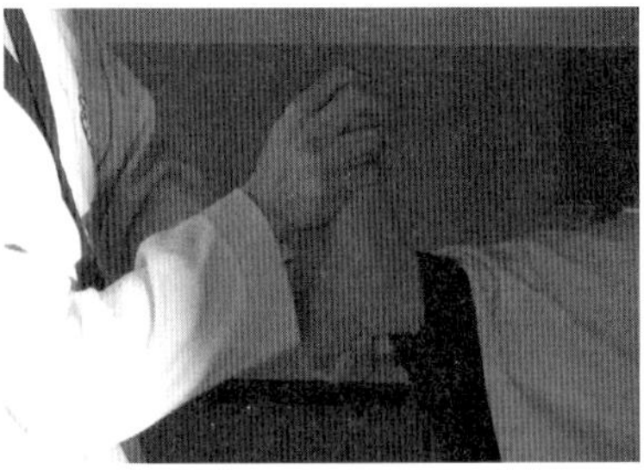

방족술 2

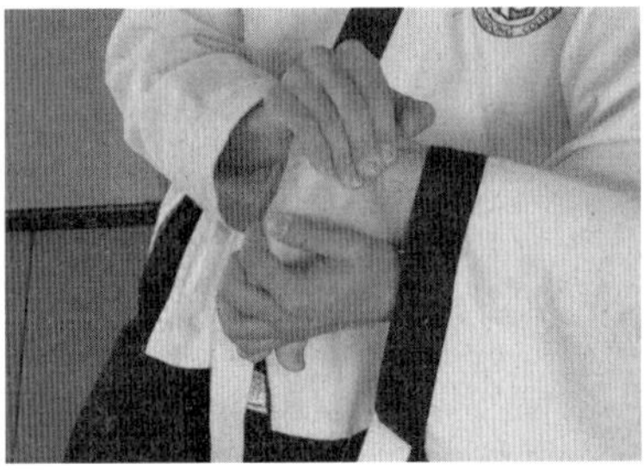

방족술 3

방족술 4

방족술 5

표 11. 한국합기도 단식발차기의 종류와 개념

상단 막고 하단 차기	상대공격을 막음과 동시에 안쪽에서 밖으로 무릎을 구부렸다 펴면서 발 안쪽으로 상대 경골을 차는 기술
하단 돌려 차기	발등이나 발의 앞꿈치로 상대 하단부분을 비켜 차는 기술로서 앞 돌려차기 동작을 하단으로 차는 기술
무릎 차기	근접전에서 사용되는 대표적 기술로 무릎으로 상대를 찍어 올려 차는 기술
하단 쳐돌리기	무릎을 접어 끌어올리면서 발의 앞꿈치나 발등으로 안에서 밖으로 무릎을 쳐돌려서 펴며 차는 기술
뒤꿈치 까내리기	뒤꿈치로 상대의 하단 부위를 밖에서 안으로 무릎을 접어며 차는 기술
하단 까내리기	무릎을 접어 끌어올린 다음 무릎을 상대의 하단 부위로 뻗으며 차는 기술로서 옆차기 동작을 하단으로 차는 기술
앉아 뒤돌려 차기	상대의 공격을 포착하여 앉으며 뒤꿈치로 상대방의 지지하는 발 하단을 돌려차는 기술
앞 차기	무릎을 접어 끌어올리면서 발의 앞꿈치로 목표를 향해 일직선으로 차는 기술
옆 차기	몸을 틀면서 딛고 있는 지지발 앞쪽으로 무릎을 접어 끌어올린 다음 무릎을 직선으로 뻗으며 발뒤축이나 발날로 차는 기술
앞돌려 차기	'찍어 차기'라고도 하며, 무릎을 끌어올림과 동시에 앞발을 축으로 몸을 내측으로 틀면서 발등이나 발의 앞꿈치로 목표를 향해 차는 기술
앞 차올리기	'앞 뻗어 올리기'라고도 하며, 무릎을 펴 상대를 차올리는 기술
바깥다리 차기	무릎을 펴서 몸 안쪽에서 바깥쪽으로 반원을 그리며 차는 기술
안다리 차기	무릎을 펴서 몸 바깥쪽에서 안쪽으로 반원을 그리며 차는 기술
안 꿈치 까내리기	안다리차기 식으로 발을 들어 올려 뒤꿈치로 허리의 힘을 이용해 목표부분을 찍어 내리며 차는 기술
바깥 꿈치 까내리기	바깥다리 차기 식으로 발을 들어 올려 뒤꿈치로 허리의 힘을 이용해 목표부분을 찍어 내리며 차는 기술
돌아 옆차기	제자리에서 360도 돌며 옆차기로 차는 기술
뒤 차기	앞발을 중심축으로 하여 몸을 뒤로 180도 회전하면서 무릎을 접어 끌어올림과 동시에 뒤축이나 발바닥을 이용하여 뒤쪽으로 무릎을 뻗어 차는 기술
시시 돌려 차기	앞발을 축으로 하여 몸을 뒤로 회전하면서 차는 발이 무릎을 굽혀 들고 허리를 틀어 몸과 함께 뒤로 돌면서 원을 그리며 차는 기술
후려 차기	지지발 앞쪽으로 몸을 틀면서 무릎을 접어 끌어올린 다음 무릎을 펴면서 발바닥이나 발뒤꿈치로 후리 듯 원 이동을 하면서 차는 기술
턴 차기	앞발을 축으로 뒤로 뛰어 돌면서 공중에서 돌려차기를 하는 기술

※ 동일한 발차기이더라도 명칭을 달리할 수 있으며, 다른 유형의 발차기도 존재할 수 있음.

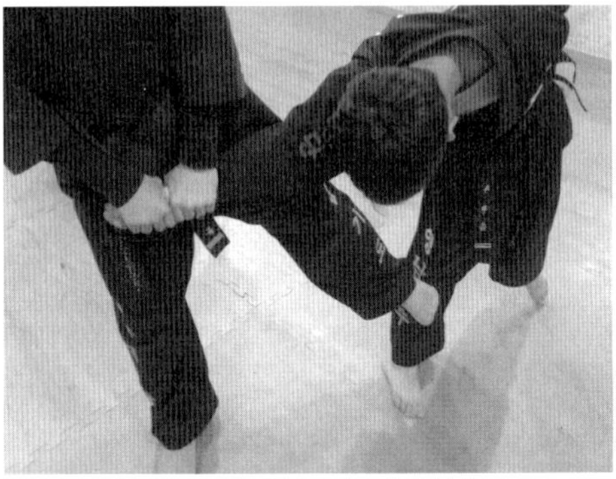

발차기의 요령은 첫째, 지지발의 무릎에서 나오는 탄력을 최대한으로 이용한다. 둘째, 찬 후에 즉시 발을 제자리로 가져와 잡히지 않도록 한다. 셋째, 상황에 따라 차는 방법을 결정하여 몸을 목표방향으로 지정한다. 넷째, 지지발의 무릎은 약간 구부린다. 다섯째, 차는 순간에 발을 고정하여 뒤꿈치가 들리지 않도록 한다. 여섯째, 목표물과의 거리조정과 중심을 잃지 않도록 한다(양진방, 김현호, 2004). 이어서 김경지 등(2005: 65)은 발차기의 정확한 기본기술을 습득하기 위한 방법을 다음과 같이 설명하고 있다.

> 첫째, 차기에 필요한 모든 관절을 이용하고 관절순서에 따라 실시하여야 한다. 둘째, 차기 동작 시 무릎관절을 완전히 펴고 다음 동작을 위해 빨리 접어야 한다. 셋째, 차기 동작 시 시선은 항상 차는 발끝을 주시해야 한다. 넷째, 근육이 균형 있게 발달하기 위해서는 차기 동작 시 좌우 동일하게 실시하여야 한다. 다섯째, 차기 동작 시 기저면과 무게중심을 적절하게 유지시켜야 한다. 이외에도 기합이나 반격에 대한 막기 동작들을 적절히 이용하여 기본기술을 습득하는 것이 중요하며, 또한 기본 기술훈련을 지도하거나 훈련에 임할 때 특히 중요한 문제는 잘못된 동작이나 나쁜 버릇이 습관화되지 않도록 하는 것이다. 잘못된 동작이 습관화되면 수정하기가 매우 어렵고, 기능향상에 방해가 되기 때문이다.

특수발차기 1

특수발차기 2

발차기는 발에 氣를 살려 공격하므로 정확도가 요구되며, 처음 수련에 임한 사람은 기본 발차기를 튼튼하게 연마한 후 정확도, 순발력, 유연성, 속도 등을 길러 한발 또는 양발로 두 번 이상 연속공격을 할 수 있도록 수련에 임하는 자세가 중요하다(염장호, 1994). 한국합기도의 발차기는 한발로 한 곳의 목표를 공격하는 단식 발차기와 한 발로 두 번 이상이나 양발로 두 번 이상 연속공격을 실시하는 복식 또는 연결 발차기가 있다. 또한 점프나 회전 등을 이용하여 공격하는 특수발차기로 구분된다.

특수발차기에는 점프회전돌려 차기, 이단 앞 차기, 이단 옆 차기, 두발 모아 옆 차기, 양발 벌려 차기, 가위차기, 모듬발 차기, 상단 두발감기, 풍차 차기, 굴러 차기, 뛰어 몸돌아 차기, 뛰어 벽 딛고 차기, 잡고 차기 능이 있다. 발차기의 꽃이라고 하는 특수

발차기를 최상헌(2002: 282)은 "단식·복식 발차기 수행이 미흡하면 행하기 어려운 술기로서 고도의 테크닉은 물론 자유로운 몸놀림이 요구되는 술기"라고 하였다. 이는 특수발차기가 단식·복식 발차기의 기초 없이는 난이도 높은 동작의 실행이 어려움을 강조한 것이라고 할 수 있다. 발차기는 가격부위와 발의 모양 및 기술의 형태에 따라 구분되며, 한국합기도 발차기의 종류와 개념은 〈표 12〉와 같다.

합기도 가위차기

표 12. 한국합기도 발차기의 유형과 개념

유 형	개 념
단식 발차기	한 발로 한 곳의 목표를 공격하는 발차기, 상·중·하단으로 분류
연결·복식 발차기	단식 발차기를 한 발로 두 번 이상의 연속 공격이나 양발로 두 번 이상 공격하는 발차기, 전·후·좌·우 4방으로 분류
특수 발차기	점프나 회전 등을 이용하여 공격하는 고난도의 발차기, 제자리 발차기와 점프 발차기 등으로 분류
※ 동일한 발차기의 유형이더라도 명칭을 달리 할 수 있으며, 상이한 유형의 발차기나 의미도 존재할 수 있음.	

이와 더불어 한국합기도의 발차기는 상대를 제압함에 있어 타 무도에서의 발차기처럼 발을 차기만 하는 발차기의 개념이 아닌 인체의 혈과 관절을 공략해 상대를 제압 하는데 목적을 두는 발

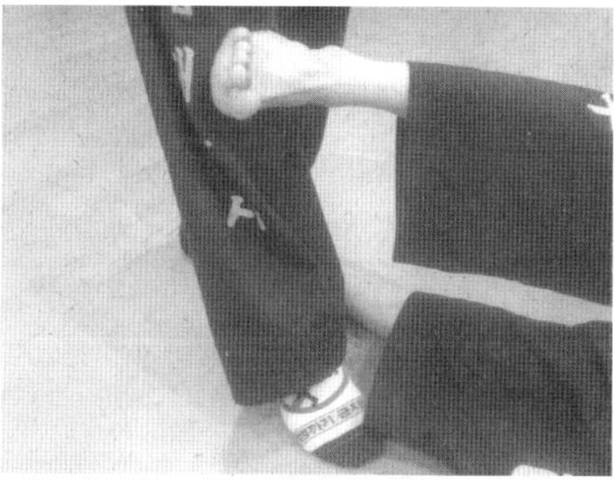

기술이며, 관절기와 함께 차 넘기기도 하고, 처리법과 고정술로도 이용되는 술기라고 할 수 있다(대한합기도협회, 2006). 즉 한국합기도의 발차기는 발로 상대를 제압하는 기능뿐만 아니라 적은 힘으로도 쉽게 상대방을 압도할 수 있는 술기의 기능까지 내포하고 있는 것이다.

2) 한국합기도의 무기술

한국합기도는 맨손술기와 함께 무기술이 존재한다. 이는 태초부터 맨손으로는 한계가 있고, 그 한계를 극복하기 위해서는 그 무엇인가가 있어야 되는 인간의 생득적·본능적·자연적 현상과 맥락을 같이 하고 있다.

장검술 1

장검술 2

> 사람은 다른 맹수에 비해 상대적으로 열세인 신체적 조건을 보강하기 위해 다른 물체를 이용하였고, 오랫동안 이런 활동에 적응하면서 두 발로 걷게 되었다. 그러므로 인류로 분류되는 시기에는 꽤 발달한 도구사용방법을 터득하고 있었다는 추측이 가능하다. 따라서 사냥을 할 때나 다른 맹수와 싸울 때, 또 다른 종족과 서식처를 두고 전투를 할 때는 맨몸으로 싸우는 것은 불리하다는 것을 잘 알고 있었음으로 애써 피할 수밖에 없다. 그리고 사용하기에 적당한 도구를 고르고 또 이를 잘 사용하는 신체기능을 발달시켜 나갔을 것이다(이용복, 2009: 65).

초창기 최용술에 의한 무기술로는 단봉술이 많은 부분을 차지하였으며, 술기만큼이나 단봉수련이 많이 이루어졌다. 이는 최용술이 검술의 명인으로 알려진 다께다 소오가꾸에게 전수받을 때 소도小刀를 이용한 실전에 버금가는 수련체계를 갖고 있었음을 알 수 있다. 단봉의 수련 형식이 小刀를 이용한 공방형태攻防形態와 별반 다를 바가 없기 때문이다(박철희, 2005). 이후 제자들에 의해 단·중·장봉뿐만 아니라 다양한 무기술이 전파·보급되었던 것이다. 좌측 그림은 합기도 원로 박병관의 단검술로서 단봉술을 응용하고 단검술을 활용하여 실전적인 기술을 습득하고 있는 자료이다. 그리하여 무기술의 수련은 어떤 상황에 서든지 주변에 있는 사물을 활용하여 자신을 보호할 수 있음을 기반으로 한다.

합기도 원로 박병관

권총술 1

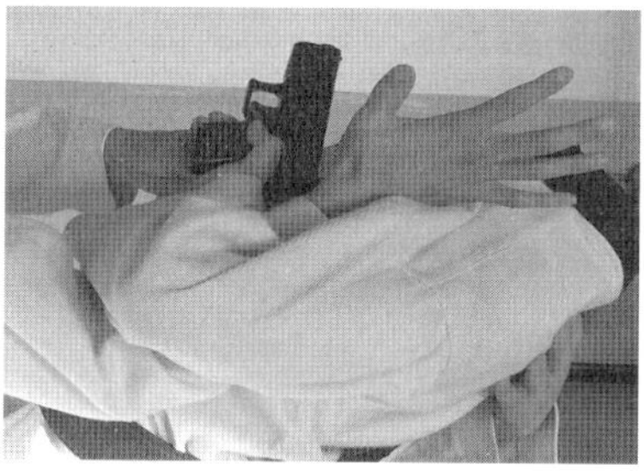

권총술 2

권총술 3

권총술 4

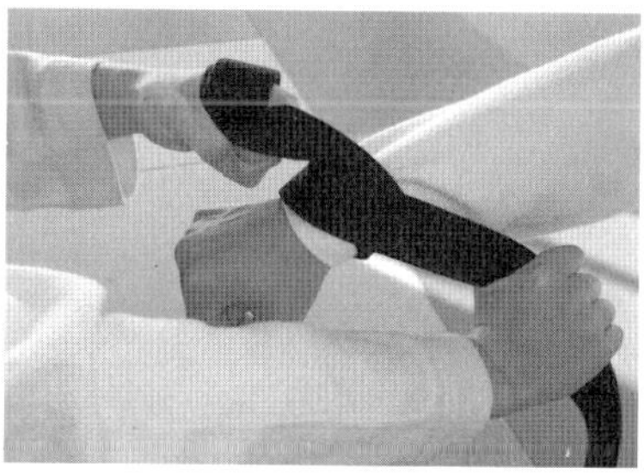

포박술 1

포박술 2

단검술 1

단검술 2

단검술 3

단검술 4

단검술 5

단검술 6

한국합기도의 무기술은 봉술, 지팡이술, 부채술, 포박술, 권총술, 검술 등으로 분류된다. 무기술은 반복수련을 원칙으로 하되, 기술의 양적 팽창보다는 집약된 술기의 수련을 근본으로 하고 있다. 무기술은 부상이나 치명상으로 이어지는 요소가 다분하기 때문이다. 단봉술은 유사 시 단봉은 물론 펜이나 짧은 막대 같은 주변사물을 이용할 수 있다. 지팡이술은 노인과 신체장애자 등이 사용하는 기술로서 단봉술의 응용기술이라고 볼 수 있으며, 부채술은 부채 외에 신문, 책, 잡지 등을 이용하여 상대를 제압할 수 있다. 포박술은 수건, 허리띠, 상의, 넥타이 등을 도복 띠처럼 사용하여 제압할 수 있으며, 권총술과 검술은 경찰·경호업무의 수행과 필수적으로 관련되는 술기이다. 한국합기도 맨손술기와 무기술의 종류와 개념은 〈표 13〉과 같다.

표 13. 한국합기도 맨손술기와 무기술의 유형과 개념

<table>
<tr><th colspan="3">유 형</th><th>개 념</th></tr>
<tr><td rowspan="3">맨
손</td><td rowspan="3">손
목
술</td><td>기본술</td><td>모든 술기의 기본으로서 상대가 손목을 잡았을 때 푸는 위주의 술기</td></tr>
<tr><td>바른 손목술</td><td>'바깥 손목술'이라고도 하며, 상대와 마주했을 때를 기준으로 상대의 왼손이 자신의 오른손을 잡았을 때나 상대의 오른손이 자신의 왼손을 잡을 때 제압하는 술기</td></tr>
<tr><td>반대 손목술</td><td>반대 손목을 엇갈려 잡는 것이라고 해서 '엇손목술'이라고도 하며, 상대와 마주했을 때를 기준으로 상대의 왼손이 자신의 왼손을 잡았을 때나 상대의 오른손이 자신의 오른손을 잡을 때 제압하는 술기</td></tr>
</table>

<table>
<tr><td rowspan="18">술
기</td><td rowspan="5"></td><td>한 손에
두 손목술</td><td>상대와 마주했을 때를 기준으로 상대의 두 손으로
자신의 한손을 잡았을 때 제압하는 술기</td></tr>
<tr><td>양 손목술</td><td>상대와 마주했을 때를 기준으로 상대의 오른손이 자신의 왼손을, 상대의 왼손이 자신의 오른손을 잡았을 때 제압하는 술기이다. 상대가 두 손으로 자신의 두 손을 잡았을 때 제압하는 술기</td></tr>
<tr><td>옆 손목술</td><td>상대와 같은 방향 또는 다른 방향을 볼 때를 기준으로 측면에서 옆 손목을 잡았을 때 제압하는 술기</td></tr>
<tr><td>뒷 손목술</td><td>상대와 같은 방향을 볼 때를 기준으로 상대가 뒤에서 한 손목이나 두 손목 또는 양 손목을 잡았을 때 제압하는 술기</td></tr>
<tr><td colspan="2">방권술</td><td>상대가 주먹으로 공격할 때 방어하면서
동시에 제압하는 술기</td></tr>
<tr><td colspan="2">방족술</td><td>상대가 발차기로 공격할 때 방어하면서
동시에 제압하는 술기</td></tr>
<tr><td colspan="2">의복술</td><td>상대방이 앞·뒤·좌·우에서 의복을 잡거나 끌고 가려
할 때 제압하는 술기</td></tr>
<tr><td colspan="2">악수술</td><td>상대방이 악수할 때 제압하는 술기로서 상대를 교란하거나 안심시켜 제압하고자 할 때 사용하는 술기</td></tr>
<tr><td colspan="2">연행술</td><td>특수목적에 사용되는 술기로서 상대의 관절과 맥 등을 제압하여 필요한 목적지 까지 연행하고자 할 때
사용되는 술기</td></tr>
<tr><td colspan="2">체포술</td><td>범법자의 격투 또는 흉기 등의 사용 행위를 제압하는 술기로서 최소한의 물리적인 방법으로 범인을 보다 효과적으로 제압, 체포하는데 필요한 술기</td></tr>
<tr><td colspan="2">전환술</td><td>직선적인 술기뿐만 아니라 부드러운 곡선,
즉 전환을 이용해 제압하는 술기</td></tr>
<tr><td colspan="2">좌술</td><td>바닥이나 의자 등에 앉아 있을 때 상대의 공격이나 위협으로부터 되받아 제압하는 술기</td></tr>
<tr><td colspan="2">와술</td><td>누워 있을 때 상대의 공격이나 위협으로부터
되받아 제압하는 술기</td></tr>
<tr><td colspan="2">다인처리술</td><td>두 명 이상의 상대를 제압하는 술기</td></tr>
<tr><td colspan="2">선술</td><td>상대방의 공격에 앞서 먼저 제압하는 술기로서
특수목적 수행 시 주로 사용되는 술기</td></tr>
<tr><td colspan="2">응용술</td><td>앞·뒤·좌·우 등에서 껴안는 등의 여러 가지 상황을 대비하고 설정하여, 그에 맞는 제압방법을 익히는 술기</td></tr>
<tr><td rowspan="2">무
기
술</td><td colspan="2">봉술</td><td>단봉·중봉·장봉·쌍절봉 등으로 공격하거나,
그것을 활용하여 제압하는 술기</td></tr>
<tr><td colspan="2">단장술</td><td>'지팡이술'이라고도 하며, 우산이나 지팡이 등
중간 정도의 막대로 상대의 급소를 찌르거나
굽어지는 부위 등을 이용하여 제압하는 술기</td></tr>
</table>

	부채술	부채를 도구로 단봉술을 응용하거나 전환술을 활용하여 부채 끝에 힘을 모아 상대를 제압하는 술기
	포박술	'용추술'이라고도 하며, 용이 꼬리를 휘감듯이 수건, 허리띠, 상의, 넥타이 등을 도복 띠처럼 활용하여 크게는 상대의 전신을 작게는 상대의 주요 관절부위나 맥 등을 묶어 제압하는 술기
	권총술	상대가 총으로 위협할 때 제압하는 술기
	검술	상대가 단·중·장검 등으로 공격해 올 때 제압하는 술기뿐만 아니라 정신수양이나 신체단련을 위주로 刀를 빼고 刀를 넣는 것을 기반으로 하여 모든 검을 다루는 기술을 통칭함.

※ 동일한 맨손술기와 무기술이더라도 술기의 명칭을 달리 할 수 있으며, 그에 대한 상이한 의미도 존재할 수 있음.

출처: 황종대(2006: 52-56) ; 황종대(2010: 117-118)

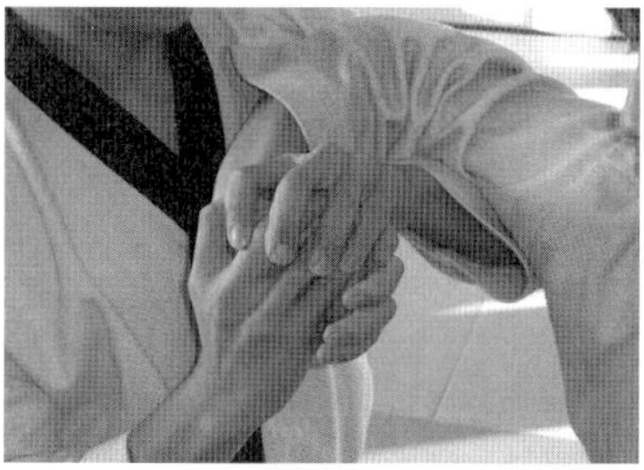

합기도 꺾기 1

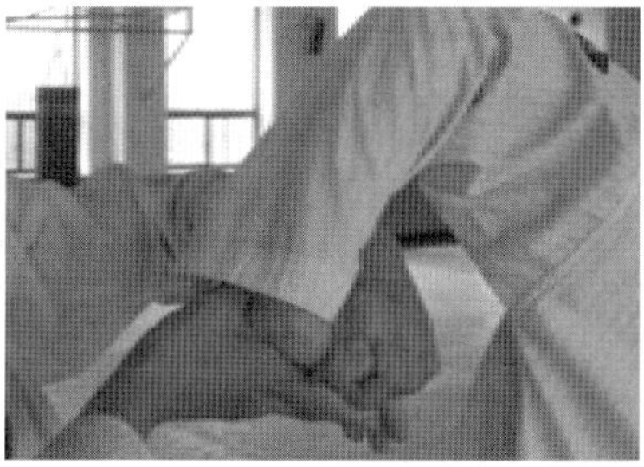

합기도 꺾기 2

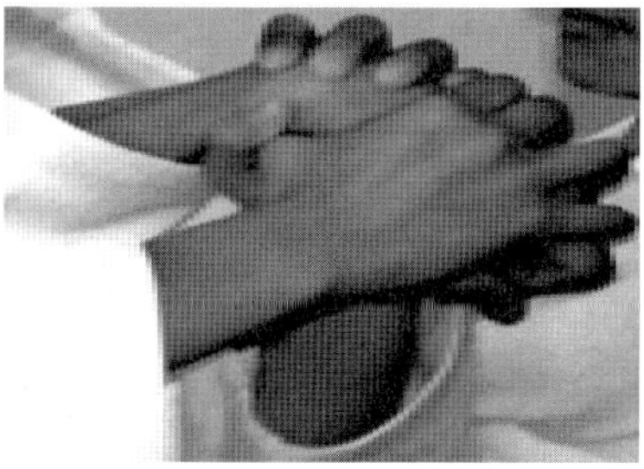

합기도 꺾기 3

합기도 꺾기 4

합기도 꺾기 5

합기도 꺾기 6

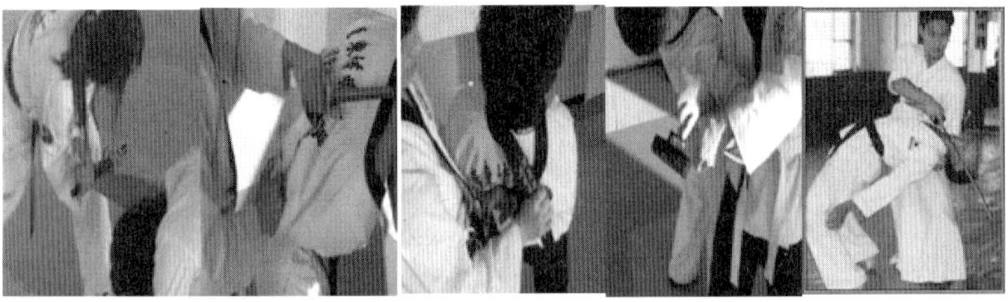

마무리기술(고정술)

상대의 힘을 역이용하여 인체의 관절을 중심으로 상대를 적극적으로 방어하는 기법은 술기의 실용적 가치가 포함되어 있다. 또한 인체의 급소, 경혈, 맥 등 생리적 약점과 지렛대의 원리를 이용하여 상대의 중심을 무너뜨려 제압하고, 제2의 공격을 방지하기 위해 관절부위를 꺾어 고정시키는 원리 등은 한국합기도의 실용적 무도성을 일반인에게 보급하는 기반이 되고 있다. 이에 김의영 등(2002: 95-96)은 "꺾기 기술은 합기도의 대표적인 기술이라 할 수 있으며, 던지기 기술은 원운동으로 상대의 공격에 대한 충격을 원으로 감소시켜 상대를 무너뜨리는 원리로서 꺾기의 기술과 함께 이어지는 기술"이라고 하였다. 한국합기도 제압기술의 유형에는 치기·찌르기, 발차기, 꺾기, 던지기, 혈 누르기, 마무리 기술 등이 있으며, 자세한 사항은 〈표 14〉와 같다.

합기도 던지기

표 14. 한국합기도 제압기술의 유형과 개념

유 형	개 념
치기, 찌르기	상대의 급소 부위를 치거나 찔러서 공격해 제압하는 기술
발차기	상대를 발로차서 제압하는 기술, 상대를 교란시키거나 힘을 분산 시킬 때 사용하는 기술
꺾기	합기도의 대표적 기술, 인체의 관절을 중심으로 상대를 공격하고 공격에 대한 호신의 기법으로 적용하는 기술
던지기	상대의 공격에 대한 충격을 원으로 감소시켜 상대를 무너뜨리는 원리의 기술
혈 누르기	상대의 급소·경혈·맥 등의 생리적 약점을 대상으로 제압하는 기술
마무리 기술	상대의 공격을 한국합기도 기술로 제압한 후 상대가 다시 반격을 못하도록 고정술을 하는 기술, 상대가 제2의 공격을 방지하려는 역할을 한다.

※ 동일한 술기의 제압유형이라도 명칭을 달리 할 수 있으며, 상이한 제압 유형도 존재할 수 있음.

한국합기도의 술기는 내·외적인 힘이 합일하여 상대방과 조화를 이루는 氣·心·體의 일치가 중요시 된다. 즉 마음과 몸의 움직임이 정확하게 밖으로 표출 되었을 때 술기가 제대로 체득되었다고 볼

합기도 단봉술

수 있다. 술기는 분리되어 기술을 적용하기도 하지만 상호 복합된 기술형태를 취하기도 한다. 던지면서 꺾고, 꺾으면서 던지며, 치면서 꺾고 던지는 등의 독특한 무도성이 내재되어 있다. 또한 술기와 낙법의 화합은 한국합기도만의 자유롭고 자주적인 기술일 뿐 아니라, 멋과 아름다움을 표현하는 요소이기도 하다. 그러므로 술기는 한국합기도가 존재하는 본질 그 자체로서 타 무도와 다른 독자적인 무도로 존재하는 근간이라고 할 수 있다.

합기도 전환술

한·일 합기도 간 기술내용의 차이는 한국합기도는 지역적이고 다양한 계열별로 분산됨으로 인해 단편적이고 반복연습이 강조되지 않고 발차기나 그 외의 기술에 중점을 두어 기술적인 통합을 이루지 못한 반면, 일본 아이기도는 시작부터 통합이 되어 기술이 단수위주이나 반복연습이 강조되면서 기술들이 연결되어 발전하였다(오세용 등, 2006). 이는 초창기부터 발전과정에서의 환경적인 요인과 지도체계 등의 특성에 기인하기 때문이다.

한국합기도는 신체와 정신의 조화를 지향하는 보편적 가치가 전제되어 氣를 합친다는 의미를 내포하고 있으며, 술기에 있어 가장 중요한 것은 氣를 살리는 것이다. 그리하여 술기는 氣의 운용을 토대로 하는 한국합기도의 핵심으로서 맨손술기나 무기술의 기술 하나하나를 의미할 때는 술기[術技]로 인지할 수 있으나, 포괄적인 의미의 기술을 명시할 때는 술기[術氣]가 적합할 수 있다. 즉 손이나 꿈치, 팔 등을 적용한 전반적인 기술을 수기[手技], 발이나 무릎, 다리 등을 적용한 전반적인 기술을 발차기, 위험으로부터 자신의 안전 등을 적극적으로 보호 하는 낙법 등과 같은 포괄적인 기술을 한국합기도의 술기[術氣]라 규정할 수 있는 것이다. 그와 동시에 단전을 중심으로 안정감 있게 위치를 이동하며 위해를 끼치려는 상대의 안전까지도 고려해서 제압하는 것이 한국합기도 술기에서 간과할 수 없는 정신적 가치이다. 이는 상생정신, 타인존중정신으로서 천기와 지기를 통해 인간중심의 동양적 우주관과 天·地·人 사상을 추구하는 바탕이 되고 있다.

최용술의 술기 7

* 제7장 2의 내용은 황종대(2011)의 논문「한국합기도 술기의 종류와 형태에 관한 소고」(대한무도학회지, 13권 3호)의 일부분을 수정 보완한 것임.

3. 한국합기도의 겨루기

무도를 수련하는 데는 공통적으로 몇 가지 단계가 형성된다. 처음에 기본동작을 수련하고 그것을 기초로 상대동작을 수련하여 익힌 기술을 실제 겨루기에 사용한다(이선장, 2009). 수련이 부족하면 겨루기나 실제 대결에 있어서 끊임없이 흔들리는 마음을 경험하게 된다(스티븐 캐페너, 1998). 무도의 가장 큰 특징은 '상대성'이다. 겨루기가 그 우위를 가리는 유일한 방법이지만 스포츠의 세계에서 공정성과 안전성을 배제할 수 없다는 이유로 실제 강한 기술 중 대부분이 위험한 기술이라는 점에서 사장死藏되고 있다는 것은 아쉬운 현상이라 할 수 있다(허건식, 2002). 겨루기는 '겨루다'의 명사형으로서 '서로 버티어 힘과 기를 견주어 본다.'라는 뜻을 가지고 있다. 즉 익힌 기술을 활용하여 서로 기량을 겨루어 보는 것이라고 할 수 있다. 한국합기도에서는 일반적으로 대련(對鍊: 기본형을 익힌 뒤 공격과 방어의 기술을 상대하여 연습함)이라는 용어로도 통용되고 있다.

1978년 동아일보 합기도 대회 장면

겨루기는 상대와 근접하여 손과 발로 상대방을 공격하고 방어하는 운동으로서 상대의 움직이는 동작 여하에 따라 자신의 기술을 결정하는 극히 순간적인 운동이므로 빠른 반응과 민첩성, 그리고 순발력을 요구함은 물론 주어진 시간과 공간에서 많은 방향전

환과 고도의 기술변화를 필요로 하는 운동이다(최영렬, 1990; 양진방, 김현호, 2004). 겨루기에 대해 박세동(2003: 32)은 "심리적으로 어떠한 일에도 앞장 설 수 있는 용기와 담력을 길러주며, 신체의 고른 발달과 체력을 향상시키고, 전신을 고루 사용하는 종합신체운동"이라고 하였다. 한국합기도의 겨루기에는 약속겨루기, 자유겨루기, 경기겨루기 등이 있으며, 이에 한국합기도 겨루기의 유형과 개념은 〈표 15〉와 같다.

표 15. 한국합기도 겨루기의 유형과 개념

유 형	개 념
약속겨루기	기술의 정확한 수행 및 상대방의 움직임을 예상하는 방법을 익힘
자유겨루기	공격에 즉각적으로 대처하는 방법이나 방어기술을 익힘
경기겨루기	두 사람 상호간의 수련과정을 실제 평가하는 방법으로서 수련한 것에 대한 외형적인 결과

※ 동일한 겨루기이더라도 명칭을 달리할 수 있으며, 상이한 유형의 겨루기도 존재할 수 있음.

1) 약속겨루기

무도수련은 가장 기본적으로 자세를 강조한다. 이 자세라는 것은 겨루기동작의 기본자세나 겨루기행위의 준비 자세를 말하고, 이는 적을 전제로 상대를 가해하려는 의지를 가지고 자신과 대립하는 것이고, 언제 어디서 상대의 공격을 받을 수 있으므로 이러

겨루기 기본자세

한 상황에 대비하여 이길 수 있는 마음의 자세와 기술을 배우는 것이 무도수행의 목적이었다. 실제 임기응변에 있어 적을 대할 때의 자세는 더욱 중요하다(박순진 등, 1998). 상대의 공격으로부터 틈이 보이지 않는 자세의 유지는 대적하는 상대로부터 범하지 못하게 하는 일종의 수단으로 간주되기 때문이다.

약속겨루기는 상대가 어떤 공격을 할 것인지 미리 정해져 있다. 많은 무도영화나 드라마는 약속겨루기와 같은 방식으로 만들어진다. 무도에서 초보자들은 약속겨루기를 하는 과정에서 자유겨루기를 접하게 된다. 몇몇 무도 유파에서는 단지 약속겨루기만을 허용하며, 특히 무기를 사용하는 몇몇 무도와 중국무도의 형태에서는 더욱 그렇다. 아이기도와 같은 몇몇 무도는 자유겨루기와 약속겨루기를 모두 연습하지만 약속겨루기를 훨씬 더 강조한다(김정행 등, 2002). 약속겨루기는 일정한 약속에 의해서 승부에 연연하지 않는 겨루기이다. 그래서 수련자의 기술을 향상하기 위하여 새로운 기술의 활용방법을 습득하고, 기술의 정확한 수행과 상대방의 움직임을 예상하는 방법을 가르치는데 주된 목적이 있다. 즉 공격과 방어의 기술체계를 숙달하기 위한 겨루기가 약속겨루기인 것이다.

2) 자유겨루기

모든 무도수련이 궁극적으로 가상적인 상대와 겨루기를 전제로 하며, 이것이 구체화된 수련방식을 가지고 이루어 질 때는 경기와 유사한 방법을 택하게 된다(김상철, 박범남, 1997). 자유겨루기는 일정한 방식에 의하지 않고 각자 자기식의 연습을 하는 것이며(吉丸慶雪, 2001), 실전에 가까운 방어기술과 공격에 대처하는 방법 등을 배울 수 있다는 점이 특성이라고 할 수 있다.

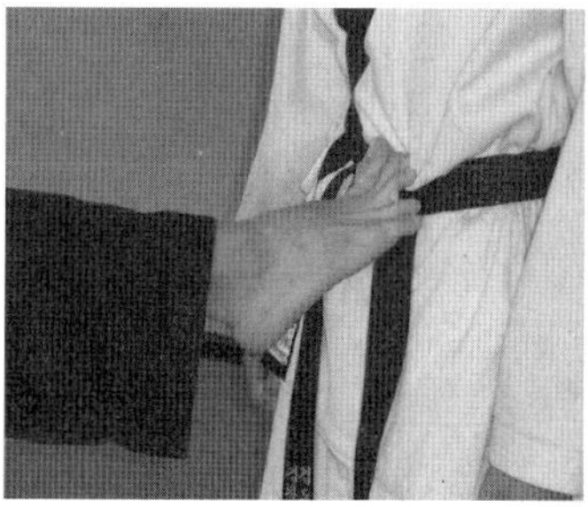

합기도 발차기 공격

자유겨루기란 경기겨루기를 위한 준비로서 실제 공격과 방어를 한다. 보호 장비를 착용하고 할 수도 있다. 심한 공격 형태를 피하고 전술적 훈련과 순간 대처능력을 발휘할 수 있도록 한다. 일정한 공식이 있는 것이 아니고 변화무쌍한 겨루기의 공방은 빠른 순간을 잡을 수 있는 능력이 필요하기 때문에 실제적으로 상대와 직접 겨루어 보지 않고서는 겨루기의 본질을 이해할 수 없으며, 기술도 향상할 수 없다(진중의 등, 2004: 54-55).

겨루기는 한정된 공간 안에서 상대와 승부를 내야하기 때문에 긴장감이 팽배하게 유지된다. 상대와 득점 차가 많이 나더라도 역전을 시킬 수 있는 극적인 美를 지니고 있고 많은 감동이 동반된다(임일혁, 2004). 한국합기도의 자유겨루기는 상대와 자신이 평소에 익히고 단련한 모든 기술을 발휘하여 상대의 공격으로부터 방어함과 동시에 공격을 가하는 수련형태이다. 1대1, 2대1, 3대1 등으로 한 사람이 여러 사람의 상대와 실전적으로 겨루기를 실시한다.

3) 경기겨루기

무도스포츠는 본질적으로 명예, 정직, 페어플레이, 예의범절 등과 같은 운동정신을 강조한다(윤상화, 김갑수, 2001). 경쟁적 상황 하에서의 규칙준수 및 심판에 대한 복종 등을 강조함으로써 자기훈련이나 사회통제의 도움이 될 수 있는 것이다(김동규 등, 2010). 한국합기도의 경기방법은 개인전 중 겨루기 대회는 토너먼트방식으로, 낙법·술기·무기술·발차기·연무(시범) 대회 등은 정확성, 신속성, 조화성, 기록적 우위 등을 심판 앞에서 시연을 하며, 개인별 및 팀별 채점방식으로 한다(황종대, 2006). 한국합기도 경기의 주요 내용은 다음과 같다.

합기도의 경기겨루기 1

합기도 경기는 크게 겨루기경기와 연무경기, 그리고 기록경기로 구분이 되며, 대회성격에 따라 발차기 경연대회를 할 수 있다. 겨루기경기는 1대1로 상대와 기량을 겨루는 것이다. 연무경기는 개인과 단체연무경기로 구분되며, 단체연무는 부별과 종합단체연무로 구분된다. 개인연무경기는 정해진

> 규칙에 의해 술기를 시연하는 것으로서 주최하는 협회의 규정에 따라 점수제와 토너먼트제, 점수 토너먼트제로 하며, 순위는 개인별로 정한다. 단체연무는 술기, 낙법, 발차기 등을 자유롭게 구성하여 시연하는 것으로 부별 또는 학제별로 인원구성을 하여 시행하는 단체연무와 부별, 성별에 상관없이 시행하는 종합단체연무가 있다. 출전 팀별로 규정에 의해 점수제로 순위를 결정한다. 기록경기는 멀리와 높이낙법이 있으며, 1차·2차시기 등으로 실시하여 선수개인의 측정기록에 의해 순위를 정한다(박정환, 2010: 36).

경기겨루기는 독특한 발기술과 실전적 전술이 내재되어 있는 독자적인 기술체계(임신자, 2009)이며, 두 사람 상호간의 수련과정을 실제 평가하는 방법으로서 수련한 것에 대한 외형적인 결과라고도 할 것이다. 경기규정에 명시된 규칙과 규율을 지켜야 하며, 보호장비(머리·몸통·팔·다리보호대, 마우스피스 등)의 착용을 의무화 하여 안전을 최우선으로 여겨야 한다. 이와 맥락을 같이해서 김의영, 장순용(2000: 6)은 무도의 안전사고에 대해 다음과 같이 설명하고 있다.

> 무도활동의 특성상 항상 안전사고의 문제점이 잠재되어 있을 뿐만 아니라, 인간의 한계를 도전하거나 무도경기 중 자기능력 이상을 발휘하려고 하는 기대감이나 분위기, 그리고 지나친 승부욕이나 투지에 의한 무모한 동작 등 주위상황이나 시합분위기에 따라 미처 발견하지 못한 사고의 발생소지가 높다. 무도는 인간의 정신수양과 신체를 단련하는데 목적이 있다고는 하지만, 그 이면에는 인간의 본성을 자극하는 경쟁성을 가지고 있다. 그러므로 상대와의 경기에서 자신의 능력이나 주위환경

을 생각하지 않고 무리한 행동을 범하기 때문에 인간이 무도를 행하는 동안은 언제나 안전사고의 위험성이 존재할 것이다.

경기규정과 규칙은 선수의 보호와 관중에 대한 흥미성, 평등한 경기운영, 공정한 심판의 역할 등의 내용을 포함하고 있다. 이러한 규칙은 스포츠 제도화의 가장 뚜렷한 요소이고 게임과 스포츠 일반에서 필요불가결한 요소이다(박경호, 2002). 경기규정과 규칙의 준수는 안전사고를 예방할 수 있는 최소한의 방책이기도 한 것이다. 이를 기반으로 하는 무도의 경기참여는 다음과 같은 가치를 부여할 수 있다.

> 경기참여는 경쟁적 상황 하에서 규칙준수 및 심판에 대한 복종 등을 강조함으로써 자기훈련이나 사회통제에 도움이 된다. 수련 내의 경쟁성은 사회에서의 생존경쟁에서 살아남을 수 있으며, 인생은 투쟁이고 적자생존의 선택원리에 바탕을 두고 있기 때문이다. 따라서 무도수련의 참여는 인생의 경쟁적 본질에 대한 준비를 하게 해 주며, 무도수련 내에는 경쟁이 불굴의 용기·인내·정신력을 길러 사회적으로 용인된 바람직한 성격을 형성한다. 이와 같이 무도수련 내외의 직접적 간접적 요인에 의해 이 사회가 지향하는 개인의 정서·가족·윤리·도덕·사회·종교·국가가치관 등을 형성하게 된다(홍장표 등, 2000: 19).

무도의 경기화는 정지된 기술적 개념을 넘어서 규정된 틀 속에서 새로운 기술체계와 수련방법이 자유롭게 발전하는 과정이다(박순진 등, 1999). 현재 한국합기도단체에서는 나름대로의 경기규칙을 정해놓고 겨루기 형태의 경기를 진행하고 있다(최종균 등, 2009). 이는 경기규칙이 통일되어 있지 않고 단체마다 상이하다는 의미이다.

합기도의 경기겨루기 2

한국합기도 겨루기 경기는 선수 상호간 손기술(손으로 던지기, 꺾기), 발기술(발 또는 다리를 이용한 차기, 걸기, 던지기), 허리기술(손으로 잡았거나 발로 상대를 걸었을 때 허리를 이용하여 상대를 던지거나 밀어치는 공격기술)을 이용하여 다득점하는 형태로 진행된다(김태민 등, 2009). 일반적으로 한국합기도의 경기겨루기는 체급을 구분해서 경기를 한다. 무득점 또는 동점일 경우 반칙(경고, 감점)이 있는 선수가 패하며, 예선전에는 주·부심에 의한 우세승으로 판정하고, 결승전부터는 연장전에 의한 선득점제(서든데스제) 등으로 승부가 결정된다. 그러나 이는 아직 정형화 되어 있지 않은 상태로서 한국합기도 단체나 대회의 규모 및 상황 등에 따라 달리 적용되어 진행되고 있다.

겨루기 전·후 상호간 경례

한국합기도 경기겨루기의 타점 인정은 1점·2점·3점 등의 득점과 KO승 및 반칙·감점 사항 등으로 구분되어 승패가 결정되며, 발을 이용한 공격과 술기를 이용한 꺾기, 던지기, 마무리 기술(고정술), 수기에 의한 가슴부위 타격 등이 타점의 인정범위라고 할 수 있다. 그러나 한국합기도 경기겨루기에 있어 수단과 방법을 가리지 않고 무조건 이기겠다는 결과중심주의나 승리지상주의의 추구는 자제되어야 한다. 이는 타인 존중정신을 기반으로 하는 페어플레이와 정정당당함의 추구가 한국합기도 겨루기의 근본정신이기 때문이다.

4. 한국합기도의 격파

합기도 격파 1
출처: 이석제(2007년 6월 5일)

지르기와 발차기의 위력을 시위하기 위하여 격파撃破를 실행한다. 타격의 목표가 되는 것은 기와, 송판, 자연석, 벽돌, 콘크리트 블록 등이 일반적이지만 때로는 큰 얼음덩어리, 야구배트, 맥주병 등도 이용된다. 격파물에 수직인 힘을 가할 것, 격파물의 제일 중간을 겨룰 것 등의 두 가지가 중요하다(배영상, 최성곤, 2005). 특히 힘과 氣, 그리고 정신력의 총합으로 충만된 힘과 정교한 기술은 물론 투철한 정신력이야말로 격파의 삼위일체라고 할 수 있다. 이 중에서 제일 중요한 것은 격파할 수 있다는 자신감이다(장하진, 2006). 이에 격파는 뼈의 골절이나 격파물의 파편에 의한 위험이 항상 동반됨에 유의해야 한다.

격파에서 신체부위를 단련하고 근력과 순발력을 발휘하는 순간, 정신집중의 유무에 따라 그 결과가 현저히 달라지는 것은 평소 수련 시에 경험하고 있는 것으로서 실행하고자 하는 일에 대하여 정신을 집중하는 것은 그것에 대한 생리적, 신경적 준비 자세를 갖추는 일이다(김경지, 곽정현, 1998). 동양무도에서 서구인들에게 가장 충격을 주는 것은 판자, 벽돌, 돌, 얼음, 병 등을 격파하는 시범이다. 맨손이나 무기를 사용하여 일격을 가하는 격파는 무도의 주된 모습이라 할 수 있다(김정행 등, 2002). 격파는 크게 묘기격파, 위력격파, 고난도 격파로 구분 할 수 있으며, 그에 따른 한국합기도 격파의 유형과 개념은 〈표 16〉과 같다.

표 16. 한국합기도 격파의 유형과 개념

유 형	개 념
묘기격파	격파자체보다 교묘한 기술과 재주로서 다양한 동작과 기술의 발휘가 목적이며, 격파 물체도 얇은 송판이나 풍선 등을 주로 사용함.
위력격파	동작의 위력이 얼마나 센가를 시험하거나 상대를 압도할 만큼 강력함을 보여주는 것으로서 격파물체는 벽돌, 기와, 대리석 등을 주로 사용함.
고난도 격파	기술의 난이도나 어려움의 정도가 상당한 수준의 격파를 말함

※ 동일한 격파이더라도 명칭을 달리할 수 있으며, 상이한 종류의 격파도 존재할 수 있음.

격파는 한국합기도 기술연마의 정도를 스스로 측정하기 위한 기술이며, 손발의 기술체계를 숙달하고 심사 또는 시연 때 실제의 위력으로 단단한 물체인 송판, 기와, 벽돌 등을 깨뜨려 보이는 기술을 말한다. 주머, 등주머, 손날, 손끝 등을 사용하고 발도 마찬가지로 앞축, 뒤축, 발날 부위를 사용하며 격파기술 또한 다양하다. 한국합기도의 공격기술이 인체에 치명적인 위력을 갖기 때문에 판자나 벽돌, 기와 등 고형물을 파괴함으로써 공격기술의 정확

합기도 격파 2

성, 힘의 집중과 의지력의 위력을 수련자 스스로 경험하게 된다(합기패밀리, 2006). 격파는 마음과 몸이 하나(心身一如 = 심신의 통합)가 되었을 때의 위력을 실감하고 이미지 트레이닝의 중요성을 터득함과 동시에 신체의 균형이 격파 시에 중요하게 작용하는 지를 몸소 배우고 익힘으로써 균형철학을 터득한다(지칠규, 2001). 격파는 힘의 조절, 가격하는 부분, 치는 방법, 재질 등을 고려해야 한다.

> 주먹으로 강한 벽돌을 깨고, 발로써 송판을 깨고, 점프하여 두 동작, 세 동작 격파를 하는 그 자체가 모두 대인간의 공격적인 하나의 패턴이기 때문에 수련도가 높은 사람은 고도의 기술이 표현되고 하급자는 거기에 못 미치는 것이다. 그러므로 격파기술이 하나가 되었을 때 완결의 미를 구체화한다. 그래서 내공에 의한 氣의 운행법을 터득함으로써 수준 높은 격파를 할 수 있으며, 이는 평소에 꾸준하고 밀도 있는 전문적인 수련에 의해 이루어진다(윤상화, 김갑수, 2003: 394).

그렇지만 손날로 대리석 몇 장을 격파하고, 발로 송판 몇 장을 격파하는 방식은 수련의 정도를 표현하는 것으로는 이해될 수 있으나, 이러한 과정이 무도수련의 궁극적 가치를 추구하는 길로 오

인되어서는 곤란하다. 무도는 상대에게 생명의 위협을 느끼도록 신체적인 고통을 가하는 것이 아니라, 무도의 근본정신이 상생을 기반으로 하고 있다는 전제 하에서의 수련이 되어야 하는 것이다(김기홍, 김동규, 2007). 격파는 하루아침에 이루어 질 수 없는 것으로서 수많은 반복에 의해 근육과 피부의 강화뿐만 아니라 끈기와 정신적 인내의 결과로 이루어지는 것이다. 격파는 심신의 단련을 나타내는 현상적 결과로 볼 수 있는 것이다(류병관, 지치환, 1998). 한국합기도 격파의 수련은 오랜 인내와 지속적인 시간을 요구하는 무도의 본질이 내재된 수련형태이다.

5. 한국합기도 활법수행의 무도철학적 함의

1) 무도 활법수행의 기본원리

각 나라의 문화와 사회적 삶을 토대로 다양한 이름과 형식을 갖추게 된 무도는 그것을 기반으로 하는 사회적·이념적 차이에도 불구하고, 전반적으로 동양사상의 일반적 특성을 토대로 몸과 마음의 조화를 찾는 총체적 신체활동이라는 공통의 특성을 가진다(스티븐 캐페너, 1998). 이에 송일훈, 김재우(2005: 16)는 “무도는 긴 세월동안 전해오면서 다양한 개개인의 체험을 통해 완성되었으며, 신

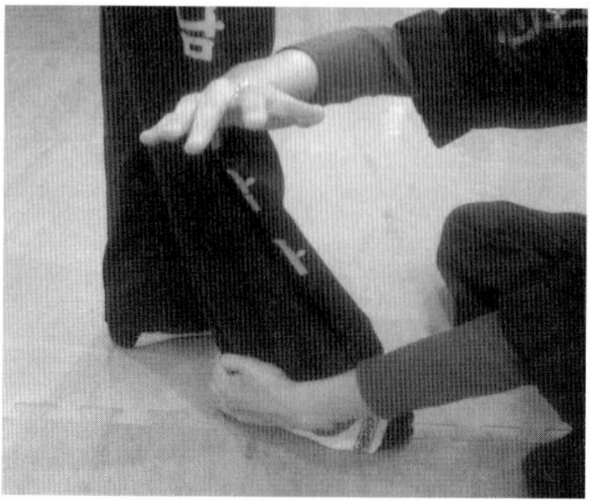

체의 움직임을 통해 심신합일을 추구하는 '신체의 교육'이라는 점을 견지"하고 있다. 하지만 오늘날 무도가 추구하고 있는 호신, 건강, 상업성에 의한 경기화 등에 대해 많은 사람들은 '수단적 가치추구의 지나침에 의해 무도가 정체성을 상실하고 있다.'고 염려하고 있다.

현대사회에서 호신, 건강, 상업성에 의한 경기화 등은 전면적으로 거부되기 어려운 것이 사실이다. 문제는 무도수련이 수단적 가치추구의 요인들에 의해 매몰되어 무도수련의 내재적 가치, 즉 '수행'이라고 하는 영역이 절대적으로 손상되고 있다는데서 나타난다(김동규, 2011). 그렇기 때문에 무도철학은 무도수련의 정신적인 측면을 강조하지만, 신체의 움직임과 관련한 실제적이고 본질적이며 근원적인 것도 중요한 요인이 된다. 즉 수행을 통한 경험으로부터 무도에 대한 근본원리와 본질을 체득하는 것이 무도철학의 기본요건인 것이다(황종대, 김동규, 2010).

현대사회에서 무도의 신체활동, 즉 운동이 예방의학적 측면은 물론 부분적으로 치료의학적 측면에서까지 건강에 도움을 줄 수 있다는 전제는 체육인 이외의 집단에서 더욱 강조되어 발전되었음은 주지의 사실이다. 뿐만 아니라 무도의 신체움직임은 호신의 기능과 더불어 예방의학적 차원에서 건강유지는 물론 삶의 질을 향상시키는 문화로까지 의미가 확대되고 있다.

무도는 살법과 활법, 즉 '죽이는 법'과 '살리는 법'을 기반으로 하고 있다. 손의 앞뒤와 같은 이 두 측면을 함께 갖고 있는 무도를 사람이 어떻게 구사하여 조절하느냐에 따라 전혀 다른 의미를 지니는 행위가 되는 것이다(고동영, 1993). 그리하여 명성광(2010: 42)은 "무도는 몸의 중심과 관절의 비틀림과 혈을 이용하여 상대를 제압할 때 적당한 압력과 조화를 이루면 활법으로서 신체의 이완과 혈자리의 자극으로 건신성을 부여할 수 있지만, 과도한 자극을 가하면 상해의 위험을 내포하는 살법으로 작용된다."고 하였다. 즉 무武는 문文의 반대 개념으로서 武의 이념은 道로서, 상대적 입장에서는 침략이나 정복을 위해 무력행사를 하는 것으로 생각 할 수 있으나, 절대적 입장에서 본다면 스스로의 깨달음에 근거를 두고 있다.

따라서 "무도는 인간이 스스로 깨달음을 얻을 수 있는 능력을 개발하는 동시에 인간의 생명을 살리는 활인活人의 道로서 심신수련을 통한 인간교육"(김동규 등, 2010: 36-37)인 것이다. 이에 무도의 기법技法은 무엇을 죽이는 살법이 아닌 활법이라고 볼 수 있다(육태안, 1990). 그리하여 무도에서의 활법은 광의의 의미로는 호국의 기능을 담당하는 역할을 하고, 협의의 개념으로는 가사假死상태에 빠진 사람에게 인공호흡 따위를 시켜 되살아나게 하는 방법이다. 즉 활법은 사람을 살리는데 활용하거나 응용하는 방법을 의미한다. 활법의 개념과 기본원리에 대해 서효순(2001: 3)은 다음과 같이 진술하고 있다.

> 활법은 사지관절·신체마찰·신체압박 운동이며, 이 세 가지가 단독으로 또는 결합하여 이루어진다. 활법은 기·혈의 순환을 원활하게 하여 불로장수의 비법으로 전해 내려왔다. 활법은 氣의

> 활용 측면에서 그 효과가 뛰어나 유·불·선 삼교 그 어느 곳에서나 사용하지 않은 곳이 없고 모두 공유하고 있다. 단, 그 지칭하는 용어는 다양하다. 유교에서는 도인법(導引法), 불교에서는 행선(行禪), 선교에서는 행공(行功)이라는 용어를 사용한다. 무도인이나 일상의 생활에서는 활법이라는 용어로 통용된다.

또한 박금실(1990a: 20)은 "활법이란 문자 그대로 소생술蘇生術과 건신술健身術로서 단순한 이론과 해부학, 생리학만으로 답할 수 없는 오랜 연구와 노력에서 기인된 실존철학이며 경험과학이다. 즉 무인武人에게 구전口傳으로 전수된 실증의 과학으로서 수많은 사람의 체험과 연구에 의해서 이루어진 지식의 축적"이라고 하였다. 결국 무도의 활법은 개인건강의 증진에서부터 국가의 안녕을 추구하는 것으로 의미를 규정할 수 있지만, 그 의미는 역사적 관점과 맥락에 따라 미시적인 의미로 축소되고 있음을 알 수 있다.

2) 한국합기도 활법수행의 무도철학적 의의

(1) 한국합기도 활법수행의 양생적 의의

무도는 원래 생사生死의 장에서 마음과 자세, 태도, 공격과 방어의 기술을 연구하는 것이지만, 기존 살상殺傷의 기술을 차츰 순화하여 인간수양의 道로 발달하여 왔고, 최근에는 적을 공격하기 위한 것보다는 마음의 적을 극복하기 위한 것으로 차원을 달리했다. 또한 신체적으로는 건강, 표현적으로는 미적 표현을 추구하게 되었다(이병익, 김현주, 2004). 경쟁적인 대인적 성격을 지닌 무도가 개인의 美와 건강을 위한 양생무도의 등장으로 변화하고 있음은 스포츠화 되어 가던 전의 모습과는 사뭇 다른 독특한 현상이 아닐 수 없다(체육사상연구회, 2008). 이러한 맥락은 현대사회에서 무도의 신체움직임이 추구하고자 하는 방향이 점차 다양화 되고 포괄적으로 접근되고 있음을 의미한다.

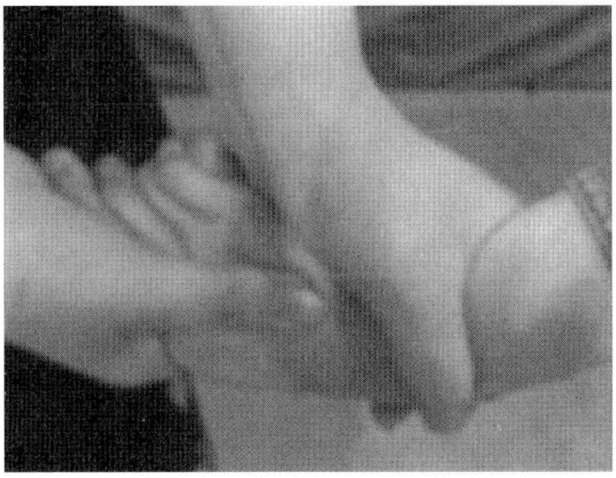

무도는 태초에 양생술이나 건강법으로 생겨난 것은 아니지만 무도의 모양 자체는 양생법과 밀접한 관련이 있다(허건식, 2002). 양생養生이라는 말은 심지어 섭생攝生이나 위생衛生이라는 용어와도 의미가 서로 통하여 그 함의가 매우 넓다. 그것은 사람들이 건강하게 장수하는데 도움이 되게 하여 병을 물리치고 신체를 강하게 하는 것만이 아니라, 정신과 신체에 유익한 것이라면 모두 양생의 범위에 넣을 수 있다(정병석, 2006). 즉 고통이나 통증을 최소화하여 심신의 평안함과 가치 있는 삶의 질을 구현하는 양생은 건강관리를 건실하게 하여 장수를 꾀하거나, 병 조리를 효과적으로 하여 쾌차케 함을 의미하는 것이다.

고대 동양에서의 건강법은 자연에서 찾고자 노력하였으며, 선인들이 생활하는 가운데 노화와 질병이 투쟁하는 과정에서 점차 인식되어 창조되었다(김지선, 허일웅, 2010). 이를 송기택(1989: 25)은 자신이 병을 고치려고 하는 힘을 '선천적 치유력'이라고 하였다. 이러한 동양식 건강방법에 대해 박금실(1990b: 19)은 "성현들이 체험해온 임상적인 건강법이야말로 미확인된 합리성만으로 건강을 해결하려는 것과는 근본적으로 그 체계를 달리하고 있다."고 하였다. 양생차원에서 활법수련의 의의를 서효순(2001: 25)은 다음과 같이 서술하고 있다.

> 활법은 장애인이나 어린이가 지시에 따라 혼자 해도 되며, 장애를 가졌거나 발달이 늦어 혼자 할 수 없는 경우는 보호자나 부모가 시켜준다. 활법은 부작용이 없고 방법이 까다롭지 않으며, 지시한 방법대로 하지 않아도 또 다른 이로움만 있고 해가 없다는 데에 장점이 있다. 또한 갓 태어난 어린이부터 노인까지와 장애인이나 건강한 사람에게도 구애됨이 없이 누구에게나 적용된다. 그 밖에 활법은 치료적인 효과가 탁월하다.

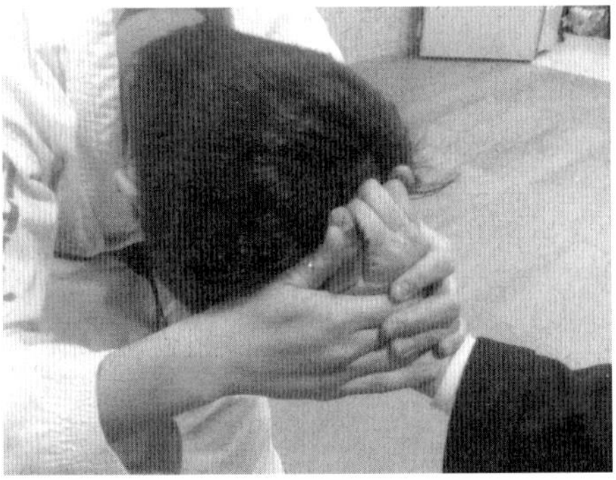

신체의 불균형들을 바로잡아 체내기운의 흐름을 원활히 하는 방법과 인체가 지닌 재생능력을 강화시켜 건강을 회복토록 하는 것이 무도활법의 양생적 의의라고 할 수 있다. 그러한 면에서 한국합기도의 활법수련은 우주 속에 내재된 氣의 운용으로서 정신과 육체의 조화를 지향하는 보편적인 가치가 전제되어 있음을 고려할 때 양생적 의미가 있다. 즉 한국합기도의 활법수련은 꺾이고 비틀림에 의해 근육과 인대, 관절이 자극을 받아 혈액순환을 촉진시키며, 낙법수련으로 유연성과 좌·우 균형의 자세교정이 이루어진다는 측면에서 양생적 의의가 있다. 그리하여 한국합기도의 활법은 술기에 있어서 무도수행의 맥락에서 시술요법의 일부로 통용되기도 한다. 동·서양을 막론하고 양생에 대한 인간의 관심은 보편적으로 추구하는 근본요인으로서 한국합기도의 활법수행도 그러한 의미에서 의의를 찾을 수 있다.

(2) 한국합기도 활법수행의 존재론적 의의

동양무도는 다른 문화권의 무도에 비해 유난히 호흡이나 명상을 강조하는 경향이 강하다. 또한 이를 통해 싸움기술의 향상을 꾀하는 목적을 넘어서 심신의 건강을 추구하는 의료적인 측면이 강하게 나타난다(송형석, 2001). 그리하여 동양무도에서는 가사 상태에 빠진 사람에 대해서 무도특유의 소생술인 활법을 통하여 생명을 구하기도 한다. 활법은 몸에 氣의 흐름을 원활히 하여 혈액순환을 촉진시켜 세포의 활성화로 질병을 예방하고 치료하는 역할을 하게 되는 것이다(서효순, 2001). 또한 활법은 척추와 근육계를 부드럽게 풀어주어 척추 이상 상태를 바로잡아 주기도 한다(혜원스님, 1991). 즉 활법은 위급 시 응급처치 기능과 인체의 혈액순환, 유연성 증가, 신체교정 효과와 자연치유력을 증강시키는 예방의학적 차원으로 유용되고 있다.

고대로부터 내려 온 전통의학인 한약, 침, 뜸, 부항 등은 정규학문에 속한 한의과대학에서 계승 발전시켜 왔고, 민간요법에서도 꾸준한 연구를 통하여 많은 책들이 저술되어 발전을 계속 하고 있다. 그러나 맨손으로 하는 수기요법들은 많은 사람에게 손쉽게 고통과 아픔을 달래주는 중요한 수단이 되고 있음에도 불구하고 더 이상 큰 발전이 없는 것이 사실이다(이진우, 2003). 이는 사회적으로 대중에게 역사성, 실용성, 보편성, 지속성 등이 인정되더라도 비과학적이라는 인식으로 인한 현대과학의 외면과 제도권에서의 제약에 기인하기 때문일 것이다.

한국합기도 고단자 중에는 활법을 통해 대체의학 계열에 합류하려는 경향이 있으나, 이는 한국의 실정법상 의료법 위반에 해당된다. 이의 공과[功過]에 대해 나영일(1994: 82)은 다음과 같이 주장하고 있다.

> 합기도계열의 운동을 한 무도인 중에는 접골과 혈도, 침술, 그리고 카이로프락틱을 함께 접목시킨 활법으로 준 의료행위를 하고 있다. 그들은 이러한 행위를 스스로 할 수 있다고 생각하고 있으며, 미국이나 일본에서는 이러한 분야가 법적으로 커다란 문제가 되지 않고 있다고 강변하고 있다. 이러한 준 의료행위는 우리나라에서는 불법이긴 하지만 오랫동안 무도인들이 수련과정과 시합 중에 스스로 터득한 인체의 각 부분에 대한 정확한 이해와 치료방법의 확신에 기인하여 시술하고 있는 것이 현실이다. 따라서 이러한 전통무도인에 의한 준 의료행위를 불법적이라고 몰아붙이는 것이 능사는 아니다. 이 문제에 대하여 체육계와 무도계의 체계적인 대책이 마련되어야 할 것이다.

현대사회에 있어 의학적인 치료의 담당은 의사, 한의사, 약사 등 법으로 보장된 전문인에게 맡겨져야 한다. 그러므로 무도인이 의료적인 행위의 치료목적으로 접근하는 방식은 지양되어야 한다. 그러나 무도 나아가 한국합기도 활법에 의한 요법, 즉 운동요법의 인간생명 존중사상까지 불법적인 행위로 간주하는 것은 합리적인 판단이라고 할 수 없다.

(3) 한국합기도 활법수행의 본질적 의의

무도에 있어 급소의 활용은 전통적으로 필수불가결한 본질 그 자체이며, 한국합기도 또한 인체의 역학적·생리적 약점인 급소를 이용함은 물론이다(구병화, 2004). 이기세, 신원(2007: 45)은 "한국합기도에서 급소라 함은 인중, 명치, 관자놀이 및 생식기 등과 같이 외부에 노출되어 있으면서 타격 시 강한 통증을 호소할 수 있는 부위를 지칭한다." 그리고 급소는 자극에 의해 해부생리학적인 기질에 따라 사람이 죽거나 정신을 잃으며, 벙어리가 되는 수도 있기 때문에 이를 사혈死穴, 운혈暈穴, 아혈啞穴 등으로 구분하고 있다(박태인, 이호룡, 2003). 그리하여 조금만 다쳐도 생명에 지장을 주는 몸의 중요한 부분이 급소라고 할 수 있으며, 개인의 단련정도에 따라 반응이 강하게 또는 약하게 나타날 수도 있다. 한국합기도 수행에 있어 혈이나 급소에 대한 지식은 활법의 본질적 측면에서 가장 기본적인 요소이며, 이를 기반으로 모든 기술을 바르게 적용하고 응용할 수 있는 것이다.

혈穴은 직통으로 맞으면 죽을 수도 있고 반대로 살릴 수도 있는 만큼 오장육부에 결정적인 영향을 주며, 전기나 열 자극에도 민감하여 모든 자극이 일반부위보다 몇 배나 반응이 빠르므로 동양에서는 이곳을 자극하는 방법으로 침, 뜸, 열 자극, 지압, 안마 등으로 치료에 활용해 왔다. 그리고 무도인들에게는 필살의 일격을 가하는 수단으로 이용되어 왔다(최상헌, 2005). 한국합기도 술기에 손목을 잡힘으로써 자극을 받아 지압효과를 얻음으로 하여 심장질환의 강화와 정신안정, 중풍예방 등의 효과를 얻게 됨은 한 예라 볼 수 있다(주영창, 2009년 2월 76호).

따라서 인체의 해부학적 특성이나 급소 등에 대한 습득과 이해는 한국합기도 활법수행에 있어서 본질적으로 큰 의의가 있음을 알 수 있다. 이는 한국합기도의 활법수행이 그 자체로서의 가치뿐만 아니라, 단전호흡, 술기, 낙법, 수기, 발차기, 겨루기 등의 수행에도 직·간접적으로 연관되어 있음을 의미한다. 그리고 활법수행은 인공호흡, 혈 자극을 통한 혈액순환의 촉진과 자세교정, 운동요법과 지압 등에 의한 자연치유력의 강화, 응급처치와 접골 등으로 실행되고 있다. 이러한 점에 비추어 볼 때, 현대사회에서 한국합기도의 내재적 가치를 구현하는 활법수행은 무도의 본질적 의미를 무시한 채 경기적인 요소만 강조하고 있는 현실을 고려할 때 무도의 본질을 구현할 수 있다는 측면에서 의의가 있다.

이에 한국합기도 활법이 갖는 무도철학적 의의와 과제는 다음과 같이 정리될 수 있다. 첫째, 무도에는 살법殺法과 활법活法, 곧 죽이는 법과 살리는 법이 있다. 손의 앞뒤와 같은 이 두 측면을 함께 갖고 있는 무도를 어떻게 구사하여 조절하느냐에 따라 전혀 다른 의미를 지니는 행위가 된다. 즉 무도의 활법은 국가의 안녕을 추구한다는 거시적 의미와 함께 개인의 건강증진이라고 하는 미시적인 의미가 동시에 조명되고 있다.

둘째, 신체의 불균형을 개선시켜 체내기운의 흐름을 원활히 하고, 인체가 지닌 재생능력을 강화시키는 것이 무도활법의 양생적 의의이듯이, 한국합기도의 수련 또한 꺾고 비틀음으로써 근육과 인대, 관절에 자극을 주어 혈액순환을 개선하며, 낙법수련으로서 유연성과 자세교정의 효능을 추구하게 된다.

셋째, 혈이나 급소에 대한 습득과 이해는 살법이나 활법을 바르게 적용할 수 있는 한국합기도 활법수행의 본질적이며 기본적인 요소이다. 이는 경기적인 요소만 강조하여 무도의 본질이 상실되고 있는 현실을 고려할 때 무도의 정체성을 구현할 수 있다는 측면에서 의미가 있다.

넷째, 한국합기도의 양생적 의의에도 불구하고, 한국합기도 활법수행은 의료행위인 치료목적으로의 접근은 지양되어야 한다. 즉 운동요법으로서 위급 시의 응급처치, 인체의 혈액순환, 유연성 증가, 신체교정, 자연치유력 등을 촉진하는 예방의학적 차원이나 건강유지에서의 역할이 수행 본래의 자세라고 할 수 있다.*

---

* 제7장 5의 내용은 황종대·구강본·김동규(2011)의 논문「한국합기도 활법수행의 무도철학적 함의」(한국체육철학회지, 19권 4호)의 일부분을 수정 보완한 것임.

참 고 문 헌

강경화(2005). 현대 태권도의 정체성 고찰 - 한국 무예의 역사, 문화를 중심으로. 미간행 석사학위논문. 창원대학교 대학원.

강신석(1991). 남자 합기도 수련생과 비수련생의 체력에 관한 연구. 미간행 석사학위논문. 수원대학교 대학원.

강신익(2007). 몸의 역사, 몸의 문화. 서울: 휴머니스트룹.

강영숙(1995). 누구나 알아야 할 생활예절. 서울: 문학아카데미.

강유원, 김이수(2004). 합기도에 내재된 화, 원, 류의 사고. 한국체육학회지, 43(5), 65-76.

강유원, 김이수(2005). 동양무예에 나타난 게이코와 가타에 관한 연구, 한국체육학회지, 44(3), 27-36.

강유원, 김이수, 김평석(2006). 한국의 신체문화에 나타난 수행과정과 몸닦달의 의미. 한국체육학회지, 45(1), 79-92.

강유원, 차명환(2006). 한국무술에 내재된 신화의 의미. 한국체육학회지, 45(6), 73-80.

경찰청(2012). 사이버경찰청. 2012년 7월 23일 발췌. http://www.police.go.kr.

고동영(1993). 한국상고무예사. 서울: 한뿌리.

구병화(2004). 합기도 수련자의 참여동기와 만족도에 관한 연구. 미간행 석사학위논문. 명지대학교 대학원.

국립민속박물관(2003). 한국의 무예 단체현황. 서울: 국립민속박물관.

국회도서관(2013). 통합검색. 2013년 2월 15일 발췌. https://u-lib.nanet.go.kr/dl/SearchIndex.php.

권영균, 이지항(2009). 치유무용으로서 선무의 특성과 효과에 관한 소고. 한국체육학회지, 48(5), 327-336.

권오석(1992). 합기도 형의 수련이 기초체력에 미치는 영향. 미간행 석사학위논문. 인천대학교 대학원.

권중기(2005). 무도종목별 이미지 비교분석을 통한 합기도장경영 활성화 방안. 미간행 석사학위논문. 국민대학교 대 학원.

권중기(2008). 무도스포츠도장의 경영환경(SWOT) 및 이미지 비교분석을 통한 종목별 마케팅전략. 미간행 박사학위논문. 국민대학교 대학원.

권중기(2009). 합기도 상. 경기도: 한국학술정보.

권중기(2010). 합기도 하. 경기도: 한국학술정보.

권중기, 신승호(2008). 합기도 도장의 경영환경 및 6P's 비교분석을 통한 활성화 방안. 한국사회체육학회지, 33, 135-145.

김경지, 곽정현(1998). 동양사상을 통한 태권도정신 정립을 위한 연구. 체육과학논총, 11, 27-43.

김경지, 최영렬, 방영진, 김형돈, 전정우(2005). 태권도 겨루기 지도 및 방법론. 서울: 대한미디어.

김교빈외 역(2004). 기의 철학. 서울: 예문서원.

김교빈, 최종덕, 김문용, 전호근, 김제란, 김시천(2006). 함께 읽는 동양철학. 서울: 지식의 날개.

김기태(2000). '한' 사상의 역사적 정통성에 관한 연구. 교육논총, 18(1), 55-88.

김기홍(2006). 근대 한국 태권도의 기원과 정체성 및 스포츠화 과정에 관한 연구. 미간행 박사학위논문. 영남대학교 대학원.

김기홍(2009). 태권도 품새 경연의 전개와 전제원칙. 한국체육철학회지, 17(1), 129-143.

김기홍, 김동규(2007). 태권도의 무도성과 스포츠화의 공존. 한국체육철학회지, 15(1), 35-52.

김기홍, 한국선, 김동규(2007). 태권도의 역사철학적 탐구. 경북: 영남대학교 출판부.

김길평(1997). 태권도 발전의 무도사적 고찰과 전망. 생활체육연구, 8, 83-100.

김남기(2005). 합기도 활성화 방안에 관한 연구. 미간행 석사학위논문. 동신대학교 대학원.

김동규(1999). 세계체육사. 경북: 영남대학교 출판부.

김동규(2002a). 스포츠사회철학담론. 경북: 영남대학교 출판부.

김동규(2002b). 체육학에 있어서 인문학 연구의 자생적 패러다임. 한국체육철학회지, 10(2), 173-191.

김동규(2006). 무도의 개념정의와 가치지향을 근거로 한 자생적 과제. 한국체육철학회지, 14(1), 149-160.

김동규(2010). 체육원리의 제문제. 경북: 영남대학교 출판부.

김동규(2011). 무도학 단상 3제. 대한무도학회지, 13(1), 31-40.

김동규, 김기홍(2008). 태권도수련의 진보 - 보편성과 개방성. 한국체육철학회지, 16(4), 215-239.

김동규, 김영갑(2006). 스포츠의 사회운동적 이해. 경북: 영남대학교 출판부.

김동규, 한준영, 구강본(2010). 스포츠의 사회학적 이해. 경북: 영남대학교 출판부.

김명수(1992). 태권도 스포츠 제도화 과정에 관한 연구. 미간행 박사학위논문. 한양대학교 대학원.

김문정, 신성녀, 임은교, 이충희(1994). 등장성 혹은 등척성 정리운동이 동적근력회복에 미치는 효과. 한국전문물리치료학회지,

1(1), 67-74.

김문헌(2002). 합기도 수련자의 수련참여동기 분석. 미간행 석사학위논문, 영남대학교 대학원.

김방출, 이창후(2007). 태권도 철학의 비판과 그 방법론. 한국체육학회지, 46(2), 35-45.

김병천(2000). 우리나라 무도의 현황과 과제에 관한 연구. 미간행 석사학위논문. 용인대학교 대학원.

김병태(2005). 한국 전통무예의 수련목적 고찰. 미간행 석사학위논문. 용인대학교 대학원.

김병태, 김현수, 김동규(2008). 태권도 품새에 함축된 교육적 의의와 과제. 한국체육철학회지, 16(1), 111-128.

김부찬(2005). 한국 전통무예의 체육철학적 의미와 현대적 의의 탐색. 미간행 박사학위논문. 전남대학교 대학원.

김부찬(2006a). 전통무예의 체육철학적 의미. 한국체육학회지, 45(1), 35-43.

김부찬(2006b). 한국 전통무예의 체육철학. 전주: 신아출판사.

김부찬(2007). 유교, 불교, 도교 체육철학적 특성 비교. 한국체육학회지, 46(1), 57-68.

김상규, 이병익, 윤상화(1996). 현대 무도론 연구. 용인대학교 무도연구지, 7(1), 207-230.

김상덕(2003). 무술기공단련법. 서울: 서림문화사.

김상덕, 고백용(1997). 비전합기도. 서울: 서림문화사.

김상철(2000). 유도론. 서울: 교학연구사.

김상철, 박범남(1997). 태껸의 무술성과 놀이성. 용인대학교 무도연구지, 8(2), 167-174.

김상철, 이병익, 윤상화(1996). 현대 무도론 연구. 용인대학교 무도연구지, 7(1), 207-230.
김상철, 전형상(1997). 일본무도에 내재된 예의 의미 고찰. 용인대학교 무도연구지, 8(2), 55-62.
김상철, 허건식(1999). 무도의 교육적 필요성과 방향. 용인대학교 무도연구지, 10(1), 39-48.
김수청(2007). 동양철학산책. 경북: 신지서원.
김세환(2002). 친절과 에티켓. 서울: 학문사.
김영선(2007). 한국 운동문화 속의 오리엔탈리즘 - 사회비판이론적 접근. 한국체육학회지, 46(4), 63-80.
김영환, 김동규, 신현군, 함정혜, 안용규, 권욱동(2002). 체육철학. 서울: 연세대학교 출판부.
김용옥(1990). 태권도철학의 구성원리. 서울: 통나무.
김우철(2007). 근대 일본의 국가주의 교육정책과 학교 무도교육 변천의 상황적 맥락성 탐색. 한국스포츠리서치, 18(6), 193-206.
김원현(1999). 수영시 준비 및 정리운동 실시여부가 혈액내 젖산 농도에 미치는 영향. 미간행 석사학위논문. 서강대학교 대학원.
김이수(1995). 합기술의 한국유입에 관한 무예사적 연구. 미간행 석사학위논문. 명지대학교 대학원.
김이수(2000). 합기탐구. 서울: 도서출판 홍경.
김이수(2005). 한국의 신체문화, "몸닦달"로의 접근. 미간행 박사학위논문. 세종대학교 대학원.
김이수(2008). 최용술의 일본 수련기에 대한 再考. 한국체육학회지, 47(6), 27-37.
김이수(2009). 동양무예에 보이는 단급제도와 품계제도에 관한 연구. 대한무도학회지, 11(1), 35-47.
김이수, 김종필(2001). 덕암 최용술에 관한 초고. 대한무도학회지,

3(1), 19-30.

김이수, 김태현, 강덕모(2008). 유·불·선의 신체문화에 나타난 체육 방법. 한국체육철학회지, 16(2), 87-99.

김의수(1982). 건강교육과 운동위생의 실재. 서울: 청문각.

김의영(1988). 합기도. 서울: 도서출판 금광.

김의영(1997). 합기도의 올바른 인식에 관한 조사 연구-96년 Y대학 합기도전공 수험생 108명을 대상으로-용인대학교 무도연구지, 8(1), 101-110.

김의영, 윤대중, 김의영(2002). 국내 합기도단체간 기술형성의 특성. 대한무도학회지, 4(1), 89-102.

김의영, 장순용(2000). 무도안전교육에 관한 고찰. 용인대학교 논문집, 18, 1-14.

김의영, 최종균(1997). 무도의 예법에 관한 고찰. 용인대학교 무도연구지, 8(2), 29-37.

김의영, 최종균(1999). 현대합기도의 성립에 영향을 미친 유술과 사상에 관한 연구. 용인대학교 무도연구지, 10(1), 205-216.

김의환(2004). 유도과학교실(14). 대한유도회 계간 유도 2004년 봄호, 71, 34-47.

김의환, 김종달(1999). 체포술(Arrest Tactis)의 체계적 실용 방안 [I]. 용인대학교 무도연구지, 10(1), 163-176.

김의환, 김창우, 이재학, 김성섭, 이항택, 김미선, 강병표, 이광호, 김지태, 송일훈, 이동헌(2010). 전통 무예단체 조직정비방안. 대한무도학회지, 12(1), 39-57.

김정수(2006). 합기도 손목술기 종류와 동작방법의 분석. 미간행 석사학위논문. 대구카톨릭대학교 대학원.

김정윤(1962). 합기술. 서울: 歐美書館.

김정효(2008). 미셸 푸코의 신체관 연구. 한국체육학회지, 47(4), 25-37.

김정행, 최종삼, 김창우(2002). 무도론. 서울: 교학연구사.

김정행, 김창우, 이재학(2007). 무도지침서. 서울: 대한미디어.

김종현(2006). 검도, 합기도, 태권도 수련이 수련생의 신체적·정서적·사회적 생활태도에 미치는 영향. 미간행 석사학위논문. 명지대학교 대학원.

김주연(2008). 武道史에서 구술자료의 활용. 한국체육학회지, 47(4), 1-8.

김주연(2009). 태권도사 속의 왜곡된 이데올로기 - 반일주의, 반공주의, 종주국주의를 중심으로. 한국체육학회지, 48(2), 1-9.

김재우(2009). 해방 직후 서울YMCA의 체육프로그램. 한국체육학회지, 48(3), 45-56.

김태도(2000). 新羅明神考. 일본문화학보, 9, 165-184.

김태민, 박정환, 김지선, 김은정(2009). 합기도 경기규정 통합에 대한 정책제언 - 합기도 경기단체의 경기규정 비교를 중심으로. 대한무도학회지, 11(3), 133-151.

김현리(1990). 일부지역 청소년들의 건강행위 이행에 관한 조사 연구 - 건강책임, 건강관심도, 건강행위, 건강통제위와의 관계. 충남의대잡지, 17(2), 517-524.

김호연(2004). 역사란 무엇인가. 울산: 울산대학교 출판부.

나영일(1994). 전통무예의 현황과 과제에 관한 연구. 한국체육학회지, 33(2), 64-86.

나영일(2009). 스포츠 둥지 - 체육인과 조선시대 무인들의 공통점. 2009년 9월 22일 발췌.
http://www.sportnest.kr/65.

나영일, 최복규, 김성재(2001). 전통무예의 문제점과 과제. 대한무도학회지, 3(1), 295-314.

나현성(1974). 한국체육사연구. 서울: 문천사.

노희덕(1999). 세계체육사. 서울: 서울대학교 출판부.

대한기도회(2010). 합기도소개 - 합기도란. 2010년 1월 4일 발췌. http://www.kidohae.or.kr/02/01.htm.

대한민국전자정부(2007). 국가상징, 국기. 2007년 3월 7일 발췌. http://www.mopas.go.kr/gpms/view/korea/korea_index_vm.jsp?cat=bonbu/chief&menu=chief_06_04.

대한합기도총연맹(2010). 합기도자료실. 2010년 8월 23일 발췌. http://daehanhapkido.net/hap_1.php.

대한합기도협회(2006). 합기도술기. 2006년 10월 20일 발췌. http://www.daehanhapkido.org.

대한합기도회(2006). 아이기도란 - 아이기도의 창시자. 2006년 10월 25일 발췌. http://www.aikido.co.kr/aikido/aikido_originator.php3.

류병관(1999). 전통 무도 수련과 스포츠 트레이닝을 통한 태권도 수련법의 고찰. 미간행 박사학위논문. 서울대학교 대학원.

류병관, 지치환(1998). 태권도 수련의 철학적 가치에 대한 재고(再考). 용인대학교 무도연구지, 9(1), 181-195.

류지량(2007). 한국합기도와 일본합기도의 변천사에 관한 비교 연구. 미간행 석사학위논문. 대전대학교 대학원.

명광식(1998). 합기도특수호신술. 서울: 서림문화사.

명광식(1999a). 전통표준 합기도 교범 제1권. 서울: 서림문화사.

명광식(1999b). 전통표준 합기도 교범 제3권. 서울: 서림문화사.

명광식(2000). 전통표준 합기도 교범 제5권. 서울: 서림문화사.

명성광(2010). 한기도의 연구. 미간행 석사학위논문. 한양대학교 대학원.

명재남(1982). 합기도활법교본. 서울: 서림문화사.

무예신문(2012). 국무총리기 전국합기도대회 '성료'. 2012년 11월 22일 발췌. http://www.mooye.net.

무카스(2012). 코리아오픈 H.K.D 무술대회. 2012년 9월 7일 발췌. http://www.mookas.com/media_view.asp?news_no=14165.

문화일보(2004). 무림고수를 찾아서. 2004년 3월 7일 발췌.

문화체육관광부(2012). 비영리법인현황. 2012년 11월 29일 발췌. http://www.mcst.go.kr/web/dataCourt/corporation/coporList.jsp.

박경호(2002). 유도기술의 변천과정에 관한 연구. 미간행 박사학위논문. 용인대학교 대학원.

박금수(2007). 조선후기 공식무예의 명칭 '十八技'에 대한 고찰. 한국체육학회지, 46(5), 55-65.

박금실(1990a). 체육건강관리. 서울: 한국문화.

박금실(1990b). 활법건강술. 서울: 한국문화.

박금실(1990c). 활법기초이론. 서울: 한국문화.

박기용(2003). 운동처방과 트레이닝. 경북: 영남대학교 출판부.

박미영(2008). 니체 사상에서의 한국무용의 의미. 한국체육철학회지, 16(3), 163-179.

박맹로, 박성희(1998). 삼국시대의 무예사적 고찰. 동의공업대학논문집. 641-652.

박병국, 김경호(2005). 사회체육학개론. 울산: 울산대학교 출판부.

박순진, 김의영(1999). 합기도의 성립과 관련된 유술 및 사상에 관한 연구. 대한무도학회지, 1(1), 78-91.

박순진, 양진방(2000). 무도이론의 기초개념으로서의 강유론 - 부드러움과 힘의 운동학. 용인대학교 무도연구지, 11(1), 23-36.

박순진, 윤종대, 허건식(1998). 무도수련에서 형(形)의 의미. 용인대학교 무도연구지, 9(1), 11-18.

박순진, 홍장표, 김의영, 장재이, 최종균(1999). 현대 무도의 지향과제에 대한 논의. 용인대학교 무도연구지, 10(1), 195-204.

박승한, 류호상, 권영우(2008). 운동과 건강. 경북: 영남대학교 출판부.

박신도(2003). 현행맨손체조의 실태와 개선방안에 관한 조사연구. 미간행 석사학위논문. 조선대학교 대학원.

박세동(2003). 태권도의 발전가능성 및 발전방향. 미간행 박사학위논문. 한국교원대학교 대학원.

박세림(2008). 대동류합기유술이 한국의 합기도와 일본의 아이기도에 미친 영향과 합기도와 아이기도의 비교 연구. 미간행 석사학위논문. 명지대학교 대학원.

박용우(2006). 신인류 다이어트. 경기도: 김영사.

박웅희 역(2004). 에크낫 이스워런. 마음의 속도를 늦추어라. 서울: 바움.

박은영(2007). 궁중정재의 시대적 변천에 따른 철학성 탐색. 한국체육철학회지, 15(2), 179-200.

박정숙, 김정남, 고효정, 권영숙, 박청자, 박영숙, 이경희, 신영희(1995). 생활과 건강. 대구: 계명대학교 출판부.

박정환(2010). 한국 합기도 경기의 통합 경기규정 모델 제시. 미간행 박사학위논문. 명지대학교 대학원.

박종길(1995). 합기도의 역사정립에 관한 고찰 - 기원에서 정립까지를 중심으로. 미간행 석사학위논문. 명지대학교 대학원.

박준석(2004). 한국무예학통론. 서울: 백산출판사.

박철희(2005). 한국합기도의 형성 및 발전에 관한 고찰. 미간행 석사학위논문. 계명대학교 대학원.

박태인, 이호룡(2003). 유도와 호신술. 경북: 경북P&P.

박현우(2006). 체육철학과 스포츠세계의 의사소통. 한국체육철학회지, 14(4), 183-204.

박홍규(2003). 박홍규의 에드워드 사이드 읽기. 서울: 우물이 있는 집.

박희생(1980). 호국무술합기도. 서울: 대한합기도협회.

방환복(2006). 무도시설 이용고객의 지각된 서비스품질이 고객 만족 및 행동의도에 미치는 영향 - 합기도장 이용고객을 중심으로. 미간행 박사학위논문. 명지대학교 대학원.

峰山(1994). 단전행공. 서울: 도서출판 유림.

배영상, 최성곤(2005). 호신술의 원리 이해. 대구: 계명대학교출판부.

백민정(2007). 강의실을 찾아온 유학자들. 경기도: 사계절출판사.

백승훈(2001). 조선왕조 이후 한국의 무예. 미간행 석사학위논문. 경희대학교 대학원.

서인선(2006). 무예신문 - 합기도의 역사. 2006년 6·9월 제45·48호 7면 발췌.

서정섭(2006). 단전호흡과 명상수련이 양궁선수들의 신체평형성과 폐기능에 미치는 영향. 미간행 석사학위논문. 계명대학교 대학원.

서효순(2001). 장애아동을 중심으로 한 생활 중심 활법. 미간행 석사학위논문. 단국대학교 대학원.

송기택(1989). 카이로프락틱 - 최신 척추·골반·디스크 교정. 서울: 진명.

송복(2003). 동양적 가치란 무엇인가. 서울: 지식마당.

송일훈(2002). 한국합기도와 일본합기도의 기술 비교 연구. 미간행 석사학위논문, 명지대학교 대학원.
송일훈(2003). 한·일 합기도사와 신체지의 이기론 연구. 한국체육철학회지, 11(2), 101-134.
송일훈(2007). 고류《대동류유술》의 장보고(신라명신)에 관한 연구. 미간행 박사학위논문. 한양대학교 대학원.
송일훈, 김재우(2005). 대동류유술의 도래인 기원에 관한 연구 - 장보고(신라명신)를 중심으로. 한국체육학회지, 44(2), 15-25.
송형석(2001). 동양무술의 기원과 발달에 관한 일고. 대한무도학회지, 3(1), 45-59.
송형석(2004). 문명화과정과 스포츠, 그리고 동양무예. 한국체육학회지, 43(2), 15-23.
스티븐 캐페너(1998). 동양 무도 수련관의 변천과 현대적 의미. 미간행 박사학위논문. 서울대학교 대학원.
스포츠사회철학연구회(2000). 스포츠사회철학 담론. 서울: 21세기교육사.
스포츠사회철학회(2004). 체육·스포츠 인물사. 서울: 21세기교육사.
신도환(1991). 매일신문 - 대구가 발원지·신라삼랑원의광이 시조, 한국합기도 뿌리 찾는다. 1991년 9월 3일 발췌.
신동원(2004). 합기도 창시자 최용술. 2004년 12월 13일 발췌. http://cafe.daum.net/choiyongsul.
신용철(1998). 한방기공클리닉. 서울: 북클럽.
신장호(2007). 한국 태권도 근대화 과정에 관한 연구. 미간행 석사학위논문. 단국대학교 대학원.
신좌중(2006). 합기도 참여요인이 수련지속의지에 미치는 영향. 미간행 석사학위논문. 한국체육대학교 대학원.
신준철(2008). 무카스 - 합기도. 2008년 4월 26일 발췌.

http://www.mookas.com/media_view.asp?news_no=7534.
신재칠(2010). 영대동창회보 제299호. 2010년 3월 5일 발췌.
신현무(2010). 생활 호신술 및 성폭력의 유형과 예방. 서울: 가림출판사.
심상규(1998). 무인의 철학. 서울: 문예마당.
심재권(2008). 장자의 기론과 스포츠 행위. 한국체육학회지, 47(3), 29-38.
안광복(2005). 철학, 역사를 만나다. 서울: 웅진 지식하우스.
안병근, 우종응(1999). 파워호신술. 서울: 삼호미디어.
안용규(2000). 태권도 역사·정신·철학. 서울: 21세기교육사.
안용규(2006). 태권도 탐구논리. 서울: 대한미디어.
안용규, 안근아(2005). 태권도 준비운동. 서울: 대한미디어.
안용규, 임관인(2006). 순자(荀子)의 심신수양론 탐색. 한국체육철학회지, 14(1), 99-120.
양점홍, 이정화(1997). 한국춤 전공 대학생의 준비운동 유·무가 체력에 미치는 영향. 체육과학연구소 논문집, 13, 219-226.
양진방(2002). 전통무도의 세계화 방안. 용인대학교 무도연구지, 13(1), 91-98.
양진방, 김현호(2004). 경호무도로서 태권도 가치와 활용 방안에 관한 연구. 용인대학교 무도연구지, 15(1), 1-22.
양재혁(1998). 동양철학 서양 철학과 어떻게 다른가. 서울: 조합공동체 소나무.
양창수(1999). 태권도와 합기도의 돌려차기 동작시 타격 목표의 높이가 운동역학적 요인에 미치는 영향. 미간행 박사학위논문. 국민대학교 대학원.
양창수(2001). 태권도와 합기도의 돌려차기 동작에 관한 운동학적 비교. 한국운동역학회지, 10(2), 157-164.

여인성(2007). 태권도의 근대스포츠화 과정과 특성변화에 관한 고찰. 한국체육학회지, 46(5), 91-103.

염장호(1994). 전통합기도백과. 서울: 오성출판사.

오세용(1999). 아이기도(AIKIDO). 서울: 학민사.

오세용, 임승혁, 박정환, 이영석(2006). 대학합기도교본. 경기도: 한국학술정보(주).

오영진(2006). 경찰 태권도의 현황과 과제. 한국체육학회지, 45(1), 1-11.

오장환(1991). 태껸 전수교본. 서울: 영언문화사.

용술관(2012). 자료나눔터. http://hapkiyusul.com/

유기효(2010). 무예신문 - 한국의 「합기도」명칭 이대로 사라지는가?. 2010년 2월 19일 발췌.
http://www.mooye.net/sub_read.html?uid=2150&section.

유병돈(1990). 심리연습이 합기도의 기능학습에 미치는 영향. 미간행 석사학위논문. 동국대학교 대학원.

유병돈(1993). 정통합기도 도해교본. 대구: 일일사.

유아사 야스오(1990). 氣·修行·身體. (박희준 역). 경기도: 범양사 출판부.

유정래(2008). 무도의 세계에서 바라본 일본. 서울: 일본문화사.

육태안(1990). 우리무예 이야기 - 다시 찾은 수벽치기. 서울: 학민사.

윤대중(2002). 합기도 단체의 조직형성 과정과 기술 비교. 미간행 석사학위논문. 용인대학교 대학원.

윤사순(1996). 신실학사상론. 서울: 예문서원.

윤상화, 김갑수(2001). 무도(태권도)경기의 윤리와 도덕성 회복 및 성찰. 용인대학교 논문집, 19, 89-99.

윤상화, 김갑수(2003). 태권도 격파 시범 수련이 어린이 인성교육에 미치는 영향. 인문사회과학연구, 9, 385-402.

윤우용(1999). 준비운동 및 정리운동의 실태조사와 상해예방에 관한 연구. 학생생활연구, 4(1).

윤익암(2000). 和의 合氣道. 서울: 하남출판사.

윤익암, 이승혁(2001). 고류검술과 아이기도. 서울: 하남출판사.

윤창내(1998). 합기도의 미학적 고찰. 미간행 석사학위논문. 용인대학교 대학원.

이광호, 김창우(2008). 국선도 조식법의 무도교육적 가치와 의미. 대한무도학회지, 10(1), 73-88.

이경명(1997). 태권도. 서울: 대원사.

이교윤(2002). 정통태권도교본 上. 서울: 일신서적출판사.

이교윤(2003). 정통태권도교본 下. 서울: 일신서적출판사.

이기백(1967). 한국사신론. 서울: 일조각.

이기세, 신원(2007). 실전 경호무도 - 합기도편. 서울: 대경북스.

이기세, 정형진, 신원(2004). 합기도 체육관 선정에 대한 학부모의 의식 조사. 한국스포츠리서치, 15(4), 1397-1404.

이달원(2002). 생활체육의 원리. 대구: 중외전자인쇄소.

이동건, 김남희(2008). 퇴계 이황의 6자결 기공연구. 한국체육철학회지, 16(4), 255-272.

이동운(2000). 수영과 건강. 대구: 중외출판사.

이민형(2009). 고려시대 호위조직의 무예활동에 관한 사적 고찰. 대한무도학회지, 11(2), 357-368.

이병선(1997). 일본고대지명연구. 서울: 아세아문화사.

이병익, 김현주(2004). 무도 도장의 참여자에 관한 이용실태 및 만족도에 대한 질적 연구. 용인대학교 무도연구지, 15(1), 109-121.
이석제(2007). 2007 춘계대학연맹 전국합기도대회. 2007년 6월 5일 발췌. http://www.mookas.com/media_view.asp?news_no=6198
이선장(2009). 태권도 품새를 통한 상대수련의 가능성 탐색. 대한무도학회지, 11(2), 107-119.
이성진(2005). 무도학개론. 서울: 교학연구사.
이성진, 김의영(2005). 합기도의 역사적 고찰. 대한무도학회지, 7(1), 35-48.
이승건, 안용규(2004). 유아사 야스오의 동양철학적 심신관. 한국체육철학회지, 12(1), 253-277.
이승수(2007a). 대한태껸진흥회의 설립과 그 활동에 관한 연구. 한국체육학회지, 46(3), 1-12.
이승수(2007b). 한국 무예의 근대화 - 태껸의 심사체계를 중심으로. 한국체육학회지, 46(6). 51-64.
이승호(2004). 아동의 합기도 수련이 사회성 발달에 미치는 영향. 미간행 석사학위논문. 명지대학교 대학원.
이승환(2006). 무예수련의 수양론적 의미. 한국체육철학회 추계학술대회 논문집, 1-9.
이용국, 김종욱, 이제행(2003). 아동들의 태권도 수련활동참가에 따른 예절의식과 자기통제능력의 관계. 한국체육학회지, 42(6), 399-406.
이용복(2009). 무도에 대한 코페르니쿠스적 전환. 대한무도학회지, 11(2), 61-74.
이윤근, 한재덕(1998). 고려시대 무예활동에 대한 역사적 이해. 한국체육학회지, 37(1), 9-17.

이정학(2006). 건강의 의미에 관한 체육학적 이해. 한국체육학회지, 45(2), 13-21.

이정학(2007). 스포츠 가치관의 본질과 딜레마. 한국체육학회지, 46(4), 27-38.

이종민(1979). 합기도교본 초단과정 - 공공기관원 및 경찰지도 교본. 서울: 한국독서문화원.

이종영, 김권택(2009). 조선시대 무인의 의복과 검술의 연관성. 대한무도학회지, 11(2), 1-17.

이지원(2005). 세계 속의 한국의 역사와 문화. 서울: 혜안.

이진수(1999). 일본무도연구. 서울: 교학연구소.

이진수(2001). 한국체육사상사. 서울: 한양대학교 출판부.

이진수(2003). 도가사상과 일본무도. 한국체육철학회지, 11(2), 191-224.

이진수(2004). 동양무도연구. 서울: 한양대학교 출판부.

이진우(2003). 한국수기요법의 변천과정 및 발전방향에 관한 연구. 미간행 석사학위논문. 명지대학교 대학원.

이재학(2005). 한국 무도의 근대적 변천과정에 관한 연구. 미간행 박사학위논문. 용인대학교 대학원.

이창후(2003a). 태권도의 삼재강유론. 서울: 상아기획.

이창후(2003b). 태권도의 현대사와 새로운 논쟁들. 서울: 상아기획.

이충중(2006). 합기도 수련생의 생활태도에 관한 연구. 미간행 석사학위논문. 명지대학교 대학원.

이학준(2008). 스포츠의 힘 - 이해와 활용. 한국체육학회지, 47(5), 77-86.

이현주(1989). 이완술로서 단전호흡 교육의 단기 효과에 관한 연구. 미간행 석사학위논문. 한양대학교 대학원.

이형일, 김학덕(2008). 대학교 엘리트 운동선수들의 국선도 체험에 관한 연구. 한국체육철학회지, 16(3), 1-14.

이홍진(2007). 호신술교본. 서울: 교학연구사.

이홍진(2008). 무예원론. 서울: 교학연구사.

에드워드 쉴즈(1992). 김병서, 신현순 옮김. 전통. 서울: 민음사

예만기(2006). 한국인의 정체성에 관한 연구. 미간행 석사학위논문. 국제평화대학교 대학원.

임경택(1998). 숨쉬는 이야기 - 단침과 열기. 서울: 명상.

임동규(1990). 한국의 전통무예. 서울: 학민사.

임동규(1991). 무예사연구. 서울: 학민사.

임식, 홍재익(2008). 고구려 무장들의 삶과 철학이 현대 무술에 미친 영향. 한국체육철학회지, 16(4), 1-18.

임신자(2009). 태권도 품새와 겨루기 기술의 체계정립과 실전성 모색. 한국체육학회지, 48(1), 9-19.

임일혁(2004). 태권도 겨루기의 미적 고찰. 한국체육철학회지, 12(1), 55-70.

임일혁(2005). 태권도 미학의 특성에 관한 연구. 한국체육철학회 지, 13(3), 43-55.

장대년(1989). 中國古典哲學概念範圍要論. 서울: 중국사회과학출판사.

장봉우, 이현희(2009). 圓和道의 가치 및 특성. 한국체육철학회지, 17(2), 159-170.

장성수(2007). 고려와 조선시대 체육에 대한 역사철학적 고찰 - 체육용어를 중심으로. 한국체육학회지, 46(1), 99-111.

장수영(2006). 동양무예수련 시 호흡에 대한 연구. 미간행 석사학위논문. 원광대학교 대학원.

장재이, 최종균, 허건식(2000). 무도의 교육적 적용 가능성과 한계.

선문대학교 자연과학논총, 3, 185-197.

장하진(2006). 우리나라 태권도학 연구의 동향과 방향 탐색. 미간행 석사학위논문. 영남대학교 대학원.

전병관, 김홍석(1999). 청소년의 무도수련과 자아효능감, 스트레스 및 자아실현의 인과 관계 탐색. 한국체육학회지, 38(4), 280-294.

전상인, 정범모, 김형국(2008). 배움과 한국인의 삶. 경기도: 나남.

정병석(2006). 유가의 인간 완성과 신체의 수련 - 유가의 성인관과 양생 운동을 중심으로. 한국체육철학회지, 14(4), 17-36.

정병호(2004). 한국무용의 미학. 서울: 집문당.

정삼현(1996). 한국무도사 연구. 한국체육학회지, 35(4), 9-26.

정순태(2004). 신라화랑도와 일본무사도. 월간조선 4월호.

정용우(1997). 청소년 합기도 수련생의 운동지속요인에 관한 기술적 분석. 미간행 석사학위논문. 인천대학교 대학원.

정의권(1996). 합기도의 움직임 미학을 통한 체육철학적 고찰. 한국교육문제연구소 논문집, 11, 77-84.

정진우, 최재청, 민영기(1996). 스포츠물리치료학. 서울: 대학서림.

정재성(2007). 전통무예로서 태껸의 특성. 한국체육학회지, 46(1), 89-98.

정재환(2007). 오병수박희 논쟁에 관한 탐색. 한국체육철학회지, 15(3), 151-163.

정해은(2007). 18세기 무예보급에 대한 새로운 검토. 이순신연구논총, 9, 217-255.

조민욱(2007). 칼끝에 천하를 춤추게 하다. 서울: 황금가지.

조용철, 정훈, 김정석(2009). 전문가를 위한 호신술. 서울: 금광미디어.

조지훈(1996). 한국학연구. 경기도: 나남출판.

조재기, 유성연(2009). 강도관유도 예법의 본질과 변천과정. 대한무도학회지, 11(2), 19-30.

조춘호, 표내숙, 박순자, 최영곤(1998). 단전호흡수련 및 운동처치가 심박수, 혈압, 호흡수에 미치는 영향. 한국체육학회 학술발표 논문집, 855.

주영창(2009). 무예신문 - 합기도 호신술로 얻어지는 지압(자극요법) 효과. 2009년 2월 제76호 14면 발췌.

지칠규(2001). 태권도 수행지침 정립을 위한 고찰. 미간행 석사학위논문. 경희대학교 대학원.

진성우(2009). 한국합기도의 정체성 확립을 위한 경기화 모색에 관한 연구. 미간행 박사학위논문. 선문대학교 대학원.

진성우(2010). 무카스 - 대한민국 합기도 현황. 2010년 4월 24일 발췌. http://www.mookas.com/media_view.asp?news_no=11442.

진성우, 이형일, 최종균, 이현우(2009). 한국 합기도의 경기화가 한국 합기도 에 미친 영향에 관한 연구. 대한무도학회지, 11(3), 83-94.

진중의, 강성철, 윤상화, 류병관, 양진방, 전형상(2004). 태권도. 서울: 홍경.

재남무술원(2010). 합기도 - 호신도법. 2010년 1월 4일 발췌.
http://www.hapkido.or.kr/hapkido/6_hoshindo_2008.html

차명환, 허건식, 김종필(2002). 한국합기도의 발전과정에 관한 문화기술적 연구. 대한무도학회지, 4(1), 153-187.

충청대학한국사연구실(1998). 한국의 역사와 문화. 서울: 서경문화사.

최낙덕(1994). 호신술 교본. 서울: 오성출판사.

최복규(2007). 근·현대 한국 무예의 자기 정체성 - 국술을 중심으로.

한국체육학회지, 46(6), 21-30.

최방호(2007). 합기도장의 공간분포와 입지특성에 관한 국제 비교 연구. 미간행 박사학위논문. 수원대학교 대학원.

최상헌(2002). 합기도 술기교본 초단편. 서울: 대한무림합기도협회 출판부.

최상헌(2005). 합기도 수련정도에 따른 재미요인과 정신건강 및 수련효과의 관계. 미간행 박사학위논문. 한국체육대학교 대학원.

최영렬(1990). 태권도 겨루기론. 서울: 삼학출판사.

최점현(2008). 대한민국태권도 오천년사. 서울: 상아기획.

최종균(2002). 일본무도의 형성과정과 특징에 관한 연구. 미간행 박사학위논문. 용인대학교 대학원.

최종균, 권정훈, 김의영, 김태민, 박정환, 방환복, 송영주, 오세용, 이세환, 이승철, 이영석, 진성우(2009). 대학합기도지도법 - 이론편. 서울: 레인보우북스.

최종삼(1993). 체육사. 경기도: 보경문화사.

최종삼(1996). 무도 경기규정의 변천과정에 관한 연구. 미간행 박사학위논문. 명지대학교 대학원.

최종삼, 손수범(2006). 스포츠 체육학 개론. 서울: 보경문화사.

최희선(2005). 실전 합기도 교본. 서울: 서림문화사.

체육교재편찬위원회(1995). 생활체육. 대구: 계명대학교 출판부.

체육교재편찬회(1997). 현대사회와 스포츠. 서울: 형설출판사.

체육사상연구회(2008). 스포츠 인문학. 서울: 레인보우북스.

커트 브룬가르트(2002). 한정석 역. 복근운동 30분. 서울: 넥서스 BOOKS.

크랙루터(2005). 서양 무도수련자를 위한 동양무도철학의 탐색. 미간행 석사학위논문. 용인대학교 대학원.

탁석산(2000a). 한국의 정체성. 서울: 책세상.

탁석산(2000b). 한국의 주체성. 서울: 책세상.

파인뉴스(2005). 전국합기도대회. 2005년 6월 5일 발췌. http://파인뉴스.kr/read.php3?no=896&read_temp=20050605§ion=6.

하남길, 김세기(2009). 英美 스포츠 문화의 종교사적 전통 - 잉글리시 선데이와 애슬레틱 선데이. 한국체육학회지, 48(3), 1-18.

학술연구정보서비스(2013). RISS 통합검색 - 합기도. 2013년 2월 15일 발췌. http://www.riss.kr/search/Search.do.

한국무예신문(2012). "한번 걸리면 끝장" 청소년무예축전 합기도 시연. 2012년 11월 3일 발췌. http://www.mooyenews.kr.

한국의역사와문화편찬위원회(1995). 한국의 역사와 문화. 대구: 계명대학교 출판부.

한국철학사상연구회(2007). 한국철학스케치 1. 서울: 풀빛.

한기욱(1995). 참선과 건강호흡. 서울: 고려원미디어.

한민족전통마상무예·격구협회(2003). 한국의 무예(마상무예). 서울: 국립민속박물관.

한민족합기도무술협회(2010). 자료실. 2010년 1월 4일 발췌. http://www.hmjhapkido.or.kr.

한정두(1994). 생활합기도. 서울: 학민사.

한형조(2000). 왜 동양철학인가. 경기도: 문학동네.

합기도창시자최용술(2010). 창시자 앨범 - 최용술 술기 1, 2, 3, 4, 5, 6, 7. 2010년 1월 4일 발췌. http://cafe.daum.net/choiyongsul.

합기패밀리(2006). 기술의 모든 것. 2006년 10월 20일 발췌.

http://www.hapkifamily.com.

허건식(2002). 동양무도의 문화적 해석에 관한 연구. 미간행 박사학위논문. 용인대학교 대학원.

허건식(2006). 무도연구기초. 서울: 무지개사.

허건식(2008). 전통무예진흥법 기본계획을 예측한다. 2008년 4월 3일 발췌.
http://www.mookas.com/media_view.asp?news_no=7430.

허건식(2011). 합기도 '체육회 승인취소'가 무예계에 던진 교훈. 2011년 2월 18일 발췌. http://www.mookas.com/media_view.asp?news_no=12613.

허건식, 차명환, 김종호, 임일혁, 김형룡, 지동철(2003). 무도론. 서울: 무지개사.

허인욱(2010). 합기도와 나 - 지한재 편 1부·3부. 2010년 4월14일·28일 발췌.
http://www.mookas.com/media_view.asp?news_no=11402.

허일웅(2005). 무예신문 - 대동류합기유술. 2005년 10월 제37호 14면 발췌.

허일웅, 김의영, 김이수(2000). 합기도의 생활체육 활성화 방안. 대한무도학회지, 2(1), 173-182.

현대레저연구회(2000). 현대합기도교본. 서울: 태을출판사.

홉스보옴 랑거(1995). 전통의 날조와 창조. (최경석 역). 서울: 서경사.

홍장표, 이병익, 김의영, 이재학(2000). 무도수련을 통한 가치관의 형성관계에 대한 고찰. 용인대학교 무도연구지, 11(1), 9-21.

황경순(2007). 초등학생의 경험 중심 시 쓰기 지도방안 연구. 미간행 석사학위논문. 백석대학교 대학원.

황기동(2006). 무도 수련이 신체적 자기개념에 미치는 영향. 미간행 석사학위논문. 광운대학교 대학원.

황종대(2006). 한국합기도 사상의 성립과 본질. 미간행 석사학위논문. 영남대학교 대학원.

황종대(2010). 합기도의 철학적 구성원리와 수행의 실제. 미간행 박사학위논문. 영남대학교 대학원.

황종대(2011). 한국합기도 술기의 종류와 형태에 관한 소고. 대한무도학회지, 13(3), 17-31.

황종대, 구강본, 김동규(2011). 한국합기도 활법수행의 무도철학적 함의. 한국체육철학회지, 19(4), 193-204.

황종대, 김기홍, 김동규(2009). 경호무도로서 한국합기도 수행의 의의와 실용적 구현. 대한무도학회지, 11(3), 291-304.

황종대, 김동규(2006). 한국합기도 사상의 성립과 본질. 한국체육철학회지, 14(4), 239-258.

황종대, 김동규(2008a). 한국합기도의 구성원리와 術氣에 내재된 철학적 의미. 한국체육철학회지, 16(2), 255-269.

황종대, 김동규(2008b). 한국합기도의 준비·정리운동에 대한 의미 탐색. 체육연구, 4(1), 111-119.

황종대, 김동규(2009). 한국 무도의 역사적 맥락과 한국합기도의 창시와 변천. 대구·경북체육학회 동계학술대회 발표논문집, 39-52.

황종대, 김동규(2009). 한국합기도철학 단상. 한국체육철학회지, 17(2), 301-314.

황종대, 김동규(2010). 한국합기도 단전호흡 수행의 무도철학적 의의. 한국체육철학회지, 18(2), 169-181.

황종대, 주동진, 김동규(2012). 한국 합기도의 태동과 발전사 - 대동류합기유술을 중심으로. 대한무도학회지, 14(1), 1-15.

황종대, 주동진, 이진택(2013). 호신술의 전통적 원리와 기술적용에 대한 논고. 한국체육학회지, 52(4), 273-82

행정안전부(2010). 국가상징 - 태극기. 2010년 1월 4일 발췌. http://www.mopas.go.kr/gpms/view/child/index.jsp.

혜원스님(1991). 선체조. 서울: 가람기획.

田中 守, 藤堂良明, 東憲一, 村田直樹(2006). 일본무도론. (최종삼, 김영학, 최종균 역). 서울: 무지개사.

湯淺泰雄(1992). 氣, 修行, 身體. 일본: 平河出版社.

阿部忍(2004). 체육·스포츠철학론·무도론. (박홍식 역). 서울: 대경북스.

吉丸慶雪(1997). 合氣道의 科學. (강태정 역). 서울: 서림문화사.

吉丸慶雪(2001). 發勁의 科學. (강태정 역). 서울: 서림문화사.

DAITO-RYU AIKIJUJUTSU(2010). 大同流の歴史 - 武田惣角. 2010년 2월 19일 발췌. http://www.daito-ryu.org/jp/takeda-sokaku.html.

Angelo, N. (1975). Lactic acid removel rates during controlled and uncontrolled recovery exercise. *J. Appl. Physiol. 39*(6), 932-936.

Frank, G. S. (1983). Physiological Benefits of warm-up. *Thephysician and sports medicine. 11.*

Gisolfi, C., Robinson, S. & Turrell, E. S. (1966). Effects of aerobic work performed during recovery from exhausting work. *J. Appl. Physion. 21*(6), 1767-1772.

http://cafe.daum.net/redsun8118.

http://ja.wikipedia.org/wiki.

John Corcoran(1994). *The Martial Arts Sourcebook.* Harper

Perennial, Harper Collins Publishers, Inc.

Kimm He-Young(2008). *History of Korea and Hapkido*. Hando Press.

Karpovich, P. V. & Hale, C. J. (1959). Effect of warm-up on speed of armmovements, *Res. Quart. 30.*

McMaster, W. C., Stoddard T. & Duncan W. (1989). Enhancement of Blood lactate clearance following maximal swimming. *Am J Sports Med. 17,* 472-477.

부 록 I

합기도 관련 박사학위논문

번호	연구자	연도	제 목	출 처
1	양창수	1999	태권도와 합기도의 돌려차기 동작시 타격 목표의 높이가 운동역학적 요인에 미치는 영향	국민대학교
2	최상헌	2005	합기도 수련정도에 따른 재미요인과 정신건강 및 수련효과의 관계	한국체대대학교
3	방환복	2006	무도시설 이용고객의 지각된 서비스품질이 고객만족 및 행동의도에 미치는 영향 : 합기도장 이용고객을 중심으로	명지대학교
4	최방호	2006	합기도장의 공간분포와 입지특성에 관한 국제비교 연구 : 한국과 독일을 중심으로	수원대학교
5	유병돈	2007	합기도 수련이 중년여성의 골밀도에 미치는 영향 : 합기도의 타법과 관절기법 수련을 중심으로	대구대학교
6	송일훈	2007	고류 대동류유술의 장보고(신라명신)에 관한 연구	한양대학교
7	김유성	2007	합기도 수련이 노인의 면역반응에 미치는 영향	원광대학교
8	박철희	2009	합기필라테스 운동이 중년여성의 건강관련체력, 혈청지질, 면역글로불린 및 사이토카인 농도에 미치는 효과	대구가톨릭대학교
9	진성우	2009	한국합기도의 정체성 확립을 위한 경기화 모색에 관한 연구	선문대학교
10	황종대	2010	합기도의 철학적 구성원리와 수행의 실제	영남대학교

번호	연구자	연도	제 목	출 처
11	박정환	2010	한국 합기도 경기의 통합 경기규정 모델 제시	명지대학교
12	류지량	2010	합기도수련자의 인성발달과 실기능력의 관계	대전대학교
13	전진열	2011	합기도와 카이로프랙틱이 건강관련 체력, 심혈관위험인자 및 면역글로불린에 미치는 영향	대구가톨릭대학교

출처: 학술연구정보서비스(2013); 국회도서관(2013)

부 록 Ⅱ

합기도 관련 국내학회지 게재논문

번호	연구자	연도	제 목	출 처
1	이민영	1969	합기도와 예비군	대한예비군사 예비군 1(6), 42-43
2	조윤총	1973	합기도	보운-충남대학교 3, 84-96
3	조윤총	1973	합기도란 무엇인가	월간청풍 3(3), 105-108
4	남종선 김의영	1987	합기도 수련생의 외상에 관한 조사연구	대한유도학교논문집 3(1), 63-78
5	이병익	1987	격기종목 수련학생들의 외상에 관한 연구 : 검도, 레슬링, 복싱, 씨름, 합기도(Aikido)	대한유도학교논문집 3(1), 167-186
6	김의영	1991	합기도 전공학생들의 circuit weight training 후 심박수 및 근력변화	대한체육 과학대학 무도연구소지 3(1), 233-242
7	김태홍 권오석	1994	합기도 형의 수련이 기초체력에 미치는 영향	인천대 논문집 19, 439-460
8	정의권	1996	합기도의 움직임 미학을 통한 체육철학적 고찰	중앙대한국교육문제연구소 논문집 11, 77-84
9	김의영	1996	합기도 운동시의 운동강도 및 에너지 소비량에 관한 연구	용인대무도연구소지 7(1), 69-76
10	박해천 박정식 위승두	1996	EMG(근전도) 분석을 통한 합기도 손목빼기 동작의 비교 연구	운동과학 5(2), 127-135

번호	연구자	연도	제 목	출 처
11	권오석	1997	합기도 선수의 요통에 관한 연구	최신의학 40(11), 50-54
12	김의영	1997	합기도의 올바른 인식에 관한 조사연구 : 96년 Y대학 합기도전공 수험생 108명을 대상으로	용인대 무도연구소지 8(1), 101-110
13	우종웅 김의영	1997	운동부하 적용에 의한 합기도 운동의 혈중지질에 미치는 영향	무도연구소지 8(2), 205-215
14	김규완 정용우 김해성 노석규	1997	청소년 합기도 수련생의 운동지속 요인에 관한 기술적 분석	인천대학교 스포츠과학 연구지 10, 31-50
15	김의영	1998	합기도 수련생의 수련 지속 요인에 관한 연구	무도연구소지 9(1), 229-237
16	노선표 김중언	1998	합기도 수련참여가 청소년의 사회 심리적 정신건강에 미치는 영향	생활체육연구 9, 49-60
17	박순진김 의영	1999	합기도의 성립과 관련된 유술 및 사상에 관한 연구	대한무도학회지 1(1), 78-91
18	김의영 최종균	1999	현대합기도의 성립에 영향을 미친 유술과 사상에 관한 연구	용인대 무도연구소지 10(1), 205-216
19	허일웅 오세용	1999	합기도(AIKIDO)의 성립에 관한 고찰	예체능논집 10, 183-197
20	김이수	2000	무예로서 합기도의 의미와 그 정신	선무학술논집 10, 457-472

번호	연구자	연도	제 목	출 처
21	허일웅 김의영 김이수	2000	합기도의 생활체육 활성화 방안	대한무도학회지 2(1), 173-181
22	강충식 진성우	2000	한국합기도의 호신술 수련방법에 관한 내용분석	스포츠과학연구소 논문집 14, 328-343
23	곽동원	2000	경찰합기도 교육훈련의 개선 및 개발방안에 관한조사연구 : 일선 경찰관 및 신임 교육생과 시민을 중심으로	중앙경찰학교 교관논문집 5, 85-134
24	김이수 임란희	2001	합기도의 수련형태 및 개선방안 연구 : 사범연수생을 대상으로	대한무도학회지 3(1), 345-369
25	양창수	2001	태권도와 합기도의 돌려차기 동작에 관한 운동학적 비교	한국운동역학회지 10(2), 157-164
26	김이수 김종필	2001	덕암 최용술에 관한 초고	대한무도학회지 3(1), 19-30
27	김의영 윤대중 김의영	2002	국내 합기도 단체간 기술형성의 특성	대한무도학회지 4(1), 89-102
28	차명환 허건식 김종필	2002	한국합기도의 발전과제에 관한 문화기술적 연구	대한무도학회지 4(1), 153-187
29	문영래 이경일 김정호	2002	합기도 훈련중 발생한 쇄골 골절과 예방	대한정형외과 스포츠의학회지 1(2), 163-166
30	양칭수	2002	태권도와 합기도와 돌려차기시 다걱높이가 지면 빈력에 미치는 영향	한국운동역학회지 12(1), 213-224

번호	연구자	연도	제 목	출 처
31	윤종대 김의영 정성숙	2002	청소년의 합기도 수련이 기초생리, 체력 및 혈중 지질에 미치는 영향	발육발달 10(2), 103-113
32	오세용	2003	한·일 합기도 기술 성립에 관한 고찰	연구논집(영동대) 9, 237-248
33	송일훈	2003	한·일 합기도의 기술 비교 연구	대한무도학회지 5(1), 141-162
34	송일훈	2003	한·일 합기도사와 신체지의 이기론 연구	한국체육철학회지 11(2), 101-134
35	김문헌 김기한 한광걸	2003	합기도 수련자의 수련참여동기 분석	한국사회체육학회 9(2), 881-891
36	남중웅 김문헌	2003	합기도 수련자의 수련참여동기 분석	한국스포츠리서치 14(3), 467-479
37	이종갑	2004	합기도 옆차기의 운동학적 분석	한국체육교육학회 8(3), 183-192
38	홍성찬 김유성 박병근	2004	고령남성의 합기도 수련이 건강관련 체력에 미치는 영향	체력과학연구 27(1), 1-8
39	최웅재	2004	합기도 참여와 스포츠 태도의 관계	한국스포츠리서치 15(4), 1391-1395
40	이기세 정형진 신 원	2004	합기도 체육관 선전에 대한 학부모의 의식 조사	한국스포츠리서치 15(4), 1397-1404

번호	연구자	연도	제 목	출 처
41	강유원 김이수	2004	합기도에 내재된 화, 원, 류의 사고	한국체육학회지 43(5), 65-76
42	최종균	2004	합기도 체육관의 효율적인 경영을 위한 마케팅 전략 방안	선문대자연과학논총 6(1)
43	윤미정 김영환	2004	Steve Paxton Contact Improvisation과 Aikido(합기도)의 상관성 연구	한국체육철학회지 12(1), 427-446
44	방환복 김창은	2005	직무만족도 분석을 위한 합기도 지도자 사례 연구	안전경영과학회지 7(1), 167-178
45	송일훈 김재우	2005	대동류유술의 도래인 기원에 관한 연구 : 장보고(신라명신)를 중심으로	한국체육학회지 44(2), 15-25
46	이성진 김의영	2005	합기도의 역사적 고찰	대한무도학회지 7(1), 35-48
47	황종대 김동규	2006	한국합기도 사상의 성립과 본질	한국체육철학회지 14(4), 239-258
48	신승호 권중기	2006	무도종목별 이미지 분석을 통한 합기도장 경영 활성화 방안	한국체육학회지 45(1), 539-550
49	이승호 김창우	2006	합기도 체육관의 아동교육기관으로서의 역할	체육연구논문집 13(1), 1-14
50	홍성찬 김유성 박병근	2006	고령남성의 합기도 수련이 체력 및 체구성에 미치는 영향	한국스포츠리서치 17(6), 55-64

번호	연구자	연도	제 목	출 처
51	박주식	2006	초등학교 아동의 태권도 및 합기도 수련기간에 따른 BMI 및 건강관련 체력의 비교	한국체육과학회지 15(1), 797-805
52	최종균 장재이 정필운	2006	한국 합기도의 현황과 지향과제에 관한 연구	자연과학논총 7, 113-124
53	이성노 박철희 박영노	2006	한국합기도의 형성 및 발전에 관한 고찰	한국체육과학회지 15(2), 69-78
54	박상갑 권유찬 김윤희 서정민 장재희 박영곤 이연선	2007	합기도가 비만 여성의 신체구성, 건강관련체력 및 혈청지질과 CRP 농도에 미치는 영향	한국스포츠리서치 18(3), 387-396
55	이승호 빙원철 공오택	2007	합기도 수련이 초등학교 아동들의 생활태도에 미치는 영향	한국사회체육학회 31
56	이승호 빙원철 정연수	2007	아동의 합기도 체육관 수련프로그램에 대한 선호도 연구	한국스포츠리서치 18(3), 203-212
57	최방호	2007	독일 합기도장의 공간확산과 시설운영 특성	한국스포츠리서치 18(6), 321-328
58	권중기	2007	합기도 수련유무에 따른 정신건강 비교분석	대한검도학회지 23(2), 172-181
59	황종대 김농규	2008	한국합기도의 준비·정리운동에 대한 의미 탐색	대구·경북체육학회 체육연구 4(1), 111-119
60	권중기 신승호	2008	합기도 도장의 경영환경 및 6P's 비교분석을 통한 활성화 방안	한국사회체육학회지 33, 135-145

번호	연구자	연도	제 목	출 처
61	황종대 김동규	2008	한국합기도의 구성원리와 術氣에 내재된 철학적 의미	한국체육철학회지 16(2), 255-269
62	홍성찬 박병근	2008	합기도 수련이 노인의 면역글로블린 반응에 미치는 영향	운동영양학회지 12(3), 177-182
63	장재이	2008	유도와 합기도선수의 골절 부상에 대한 비교분석	대한무도학회지 10(2), 143-158
64	김이수	2008	최용술의 일본 수련기에 대한 再考	한국체육학회지 47(6), 27-37
65	신좌중 류지량	2009	초등학생의 합기도 수련만족도 및 몰입도가 수련지속의지에 미치는 영향	한국콘텐츠학회 논문지 9(3), 329-335
66	황종대 김동규	2009	한국합기도철학 단상	한국체육철학회지 17(2), 301-314
67	박철희 장인현	2009	합기도와 필라테스의 복합운동이 중년여성의 건강관련체력, 혈청지질, 면역글로불린 및 사이토카인 농도에 미치는 영향	한국운동생리학회 운동과학 18(2), 193-202
68	진성우 이형일 최종균 이현우	2009	한국 합기도의 경기화가 한국 합기도에 미친 영향에 관한 연구	대한무도학회지 11(3), 83-94
69	김태민 박정환 김지선 김은정	2009	합기도 경기규정 통합에 대한 정책제언 - 합기도 경기단체의 경기규정 비교를 중심으로	대한무도학회지 11(3), 133-151
70	황종대 김기홍 김동규	2009	경호무도로서 한국합기도 수행의 의의와 실용적 구현	대한무도학회지 11(3), 291-304

번호	연구자	연도	제 목	출 처
71	류지량 신좌중 김재원 원주연	2009	합기도 수련생들의 인성발달을 위한 학부모의 인식에 관한 연구 - 대전 서구지역 초등학생들을 중심으로 - 의 개발 분석	한국스포츠리서치 20(5), 37-46
72	박인숙	2009	경호무도로서 합기도 수련의 가치성 고찰	대구과학대학교 논문집 30, 341-372
73	조용찬 이현우 신충식	2009	합기도장 이용자의 만족도 차이분석에 따른 효율적 운영방안	중앙대스포츠과학 연구소 체육연구 31, 1-6
74	최방호	2009	수요자 중심의 합기도장 경영활성화 연구	동굴 92, 31-40
75	황종대 김동규	2010	한국합기도 단전호흡 수행의 무도철학적 의의	한국체육철학회지 18(2), 169-181
76	남경완	2010	무도스포츠(태권도, 검도, 합기도) 수련중인 초등학생의 특성과 종목에 따른 참여만족도 및 고객만족도 비교 분석	한국체육과학회지 19(2), 725-739
77	김종필 최종균 송일훈	2010	한국합기도의 단체통합을 위한 정체성에 관한 소고	한국체육과학회지 19(2), 901-916
78	정지웅 이흥진	2010	합기도 수련이 청소년 사회성 발달에 미치는 영향	한국청소년지도학회 10(1), 67-93
79	김 승 이흥진	2010	청소년 합기도수련과 사회성 발달의 관계 연구	한국청소년지도학회 10(1), 133-159
80	이흥진 이충중	2010	합기도 수련과 청소년 교육에 관한 연구	한국청소년지도학회 10(2), 35-60

번호	연구자	연도	제 목	출 처
81	박기범 김태민	2010	한국 합기도 기술의 경호무도 적용	대한무도학회지 12(3), 343-359
82	오정환 김용학 신의수	2010	합기도 찍어차기 동작의 운동학적 분석	한국사회체육학회지 42(2), 1035-1047
83	최영준 김귀종 조건상	2010	태권도장 지도자의 합기도 프로그램 적용에 대한 이해	한국스포츠학회지 8(2), 319-329
84	김이수	2010	덕암의 풀리지 않는 수수께끼 - 일본에서의 여정에 감추어진 진실과 허구	스포츠인류학연구 5(2), 75-89
85	명성광	2010	한기도의 연구	무도연구소지 21(1), 43-62
86	박충진 조규청	2010	합기도 대회 참가자의 자신감, 동기유발 및 운동태도의 관계	한국체육과학회지 19(1), 621-630
87	이정권 김인재	2010	합기도 수련생의 교육서비스 지각과 수련만족도 및 수련지속의사의 관계	대한무도학회지 12(2), 185-198
88	박정환 김동제	2010	합기도 경기규정 모델설정에 관한 연구	경운대학교 사회과학연구 13, 211-232
89	박인숙	2010	생활체육으로서 합기도의 발전 방향	대구과학대학교 논문집 31, 319-342
90	박인숙	2011	태권도 경기 내용 변화를 통해서 본 합기도 경기화 모색 방안	대구과학대학교 논문집 32, 299-326

번호	연구자	연도	제 목	출 처
91	황종대	2011	한국합기도 술기의 종류와 형태에 관한 소고	대한무도학회지 13(3), 17-31
92	황종대 구강본 김동규	2011	한국합기도 활법수행의 무도철학적 함의	한국체육철학회지 19(4), 193-204
93	류춘태 송상혁 지용석	2011	단전호흡 수행여부가 합기도 수련생들의 ADHD 점수와 신체구성 및 심박수에 미치는 영향	한국초등체육학회지 17(3), 31-43
94	강신영 손환희	2011	합기도 원리의 유아교육적 의미 탐색	생태유아교육연구 10(1), 201-221
95	박재용 이순규 송영주	2011	장기간의 합기도 운동이 남자대학생의 관절가동범위 및 혈액성분에 미치는 영향	한국운동재활학회지 7(1), 197-207
96	황종대 주동진 김동규	2012	한국 합기도의 태동과 발전사 - 대동류합기유술을 중심으로	대한무도학회지 14(1), 1-15
97	박정환 김태민	2012	한국 합기도 경기규정의 개정방안 연구	대한무도학회지 14(1), 17-33
98	강두식 김의영 최종균	2012	무도(태권도, 유도) 경기화 과정 분석을 통한 합기도경기의 활성화 방안	대한무도학회지 14(2), 139-154
99	조기정 김형철	2012	해방 후 한국 합기도의 근원적 문제점 고찰과 개선방안	대한무도학회지 14(3), 111-122
100	김이수 김명권	2012	"합기유술 용술관"에서 덕암과 만나다	한국스포츠인류학회 7(2), 185-203
101	장인현	2013	초등학생의 합기도 운동경력이 건강체력, 심박수 및 혈중젖산 농도에 미치는 영향	코치능력개발지 15(2), 114-124

출처: 학술연구정보서비스(2013); 국회도서관(2013)

부 록 Ⅲ

합기도 관련 국내단체

번호	단체명	설립일	대표	허가기관
1	대한기도회	1963. 9. 2	박계홍	문화관광부
2	대한합기도협회	1990. 1. 15	오세림	문화관광부
3	(재)재남무술원	1999. 8. 4	명성광	문화관광부
4	국술원	2000. 12. 20	서인주	대구광역시
5	대한국술합기도협회	2001. 2. 5	박윤박	부산광역시
6	한국합기도연맹	2001. 3. 16	박금실	서울특별시
7	대한무림합기도협회	2001. 5. 23	최상헌	서울특별시
8	세계합기도협회	2001. 6. 20	엄상섭	충청북도
9	KOREA합기도중앙협회	2001. 7. 14	송순기	서울특별시
10	합기원	2001. 11. 12	이병균	경기도
11	대한국예원합기도협회	2001. 12. 24	조진래	부산광역시
12	대한신무합기도협회	2002. 1. 14	황덕규	경기도
13	대한무예합기도협회	2002. 3. 30	감삼남	전라북도
14	대한전통합기도협회	2002. 5. 22	김칠용	서울특별시
15	한국무술합기도협회	2002. 8. 14	김용수	서울특별시
16	대한합기도중앙협회	2002. 9. 10	김일남	서울특별시
17	대한호국무예합기도 협회	2002. 11. 30	유선종	경기도
18	한국정통합기도협회	2002. 12. 27	유병돈	경상북도
19	세계합기도총연맹	2003. 1. 20	김정수	대구광역시
20	합기도세계연맹	2003. 1. 27	송기환	경기도

번호	단체명	설립일	대표	허가기관
21	국제합기도연맹	2003. 2. 17	정남주	전라북도
22	대한합기도유술협회	2003. 3. 24	김부기	울산광역시
23	한민족합기도무술협회	2003. 3. 27	서인선	서울특별시
24	대한정일합기도협회	2003. 4. 18	진경환	대구광역시
25	한국합기회	2003. 4. 30	윤광암	서울특별시
26	대한합기도연맹	2003. 6. 18	박기성	서울특별시
27	대한활무합기도협회	2003. 7. 11	문병태	경상남도
28	대한효천무예협회	2003. 7. 24	류동구	경기도
29	둥근힘(合氣道)협회	2003. 8. 14	원유훈	서울특별시
30	국제연맹합기도중앙협회	2003. 9. 16	엄태일	부산광역시
31	세계합기도무도연맹	2003. 10. 20	최돈오	서울특별시
32	국민생활체육 전국합기도연합회	2004. 2. 25	정재규	서울특별시
33	생활체육전국합기도 연합회	2004. 5. 19	박재실	서울특별시
34	대한국기합기도협회	2004. 5. 20	이주용	대구광역시
35	대한합기도총연합회	2004. 7. 10	박만동	서울특별시
36	대한합기도무술협회	2004. 11. 18	박상규	서울특별시
37	국제연맹실전합기도회	2004. 12. 4	홍영균	서울특별시
38	흑추관협회	2005. 4. 6	진종문	대전광역시
39	세계합기도무술협회	2005. 4. 27	김진환	경기도
40	대한유권술합기도협회	2005. 5. 9	정무권	대구광역시

번호	단체명	설립일	대표	허가기관
41	전세계합기도연맹	2005. 8. 12	김종일	광주광역시
42	한국전통무도연맹	2005. 10. 20	정서윤	광주광역시
43	대한합기도세계연맹	2005. 11. 4	박해동	서울특별시
44	에이치투비삼상경무술 연맹	2006. 2. 3	황복희	서울특별시
45	대한합기도연합회	2006. 4. 17	조명진	경기도
46	대한합기도협의회	2007. 4. 3	김일남	경기도
47	신대한기도회합기도협회	2008. 2. 5	박인배	충청북도
48	대한합기도총연맹	2009. 3. 10	박금실	서울특별시
49	대한합기도경기연맹	2009. 4. 24	공형옥	대전광역시
50	대한합기도중앙연맹	2010. 5. 13	박영대	법인체 아님
51	대한민국합기도협회	2011. 3. 5	최방호	경기도

출처: 문화체육관광부(2012)

부 록 Ⅳ

강 의 계 획 서

20 年 學期 **○ ○ 대학교**

교과목명	합기도	학점	2	담당교수	황종대 ㉑
교과번호	○○○○	강의시간	1:00~ 2:50	소속학과	경호무도학부
개설학과	경호무도전공	강의실	○○○	연락처	000-000-0000
E-mail	redsun8118@hanmail.net			휴대폰	000-0000-0000

1. 교과목표 및 내용

첫째, 합기도의 이론과 실기를 습득한다.

둘째, 합기도를 지도할 수 있는 능력을 배양한다.

셋째, 수업을 통해 뚜렷한 목표의식과 바람직한 인격체를 형성하여 나라와 사회에 필요한 인재가 되도록 한다.

2. 강의방법

실기위주의 수업을 주로 하되 이론을 병행하여 수업을 진행할 수 있다.

3. 과제물

합기도의 이론과 실제에 대한 레포트를 학기 중 1회 제출하는 것으로 한다. 제출 등에 관한 자세한 사항은 추후 공지한다.

4. 평가방법

* 성적배점: 중간고사 30%, 기말고사 30%, 출석 20%, 과제물/실습 20%
* 성적평가비율 기준 : 절대평가

– 권고사항 : A^{+} · A^{0} : 30%, B^{+} · B^{0} : 40%, C^{+} · F: 30%

5. 교재 및 참고서적

가. 주교재 :

황종대, 김동규(2013). 합기도 역사 · 철학 · 수행. 경북: 영남대학교 출판부.

나. 부교재 · 참고문헌 :

○○○ 등(2010). 합기도. 경기도: ○○○○○○.

○○○ 등(2011). 대학합기도교본. 서울: ○○○○○.

6. 강의계획

주	월/일	요일 · 시간	강의 일정 및 내용	강의방법	비고
1	0/0	화요일 1:00 ~ 2:50	과목에 대한 개요와 수업진행 및 성적부여 방법 등 소개	이론	필기 도구
2	0/0	화요일 1:00 ~ 2:50	합기도의 역사인식과 기본 술기	이론/실기	도복
3	0/0	화요일 1:00 ~ 2:50	합기도의 역사인식과 기본 낙법	이론/실기	도복
4	0/0	화요일 1:00 ~ 2:50	합기도의 개념과 바른 손목술	이론/실기	도복
5	0/0	화요일 1:00 ~ 2:50	합기도의 개념과 반대 손목술	이론/실기	도복
6	0/0	화요일 1:00 ~ 2:50	합기도의 3대 예의와 손목술, 낙법	이론/실기	도복
7	0/0	화요일 1:00 ~ 2:50	합기도의 역사, 개념, 3대 예의와 손목술기, 낙법	이론/실기	도복
8	0/0	화요일 1:00 ~ 2:50	중간고사 시험기간	이론/실기	
9	0/0	화요일 1:00 ~ 2:50	합기도의 3대원리와 한 손에 두 손목술	이론/실기	도복
10	0/0	화요일 1:00 ~ 2:50	합기도의 3대원리와 양손목술	이론/실기	도복
11	0/0	화요일 1:00 ~ 2:50	합기도의 수련분야에 대한 이해와 뒷 손목술	이론/실기	도복
12	0/0	화요일 1:00 ~ 2:50	합기도의 수련분야에 대한 이해와 1 대 2 방권술	이론/실기	도복
13	0/0	화요일 1:00 ~ 2:50	합기도 유단자가 갖춰야 할 특성과 1대 2 응용술	이론/실기	도복
14	0/0	화요일 1:00 ~ 2:50	전반적인 이론과 종합적인 기술수련	이론/실기	도복
15	0/0	화요일 1:00 ~ 2:50	기말고사 시험기간	구술/실기	

강 의 계 획 서

20 학년도 학기 **○ ○ 대학교**

<table>
<tr><td>교과목명</td><td>무도</td><td colspan="2">이수구분</td><td colspan="2">전공핵심</td></tr>
<tr><td>학과(계열)</td><td>부사관 · 경찰경호계열</td><td>학점</td><td>2</td><td>E-mail</td><td>○○○</td></tr>
<tr><td>전공</td><td>부사관, 경찰경호</td><td>시수</td><td>4</td><td>연구실</td><td>○○○</td></tr>
<tr><td>담당교수명</td><td>황 종 대</td><td>요일</td><td>목1,2,3,4</td><td>전화</td><td>000-0000</td></tr>
<tr><td>교수 소속</td><td>부사관 · 경찰경호계열</td><td>강의실</td><td>○○○</td><td>휴대폰</td><td>000-0000-0000</td></tr>
<tr><td>교과목 개요</td><td colspan="5">합기도는 전통무도의 본질적 요소인 지속성, 고유성, 대중성, 현재성 등에 부합됨은 물론 종합무도의 성격이 강하고 수행분야가 다양하며, 상대를 제압함에 있어 독자적인 특성이 존재하는 무도이다. 또한 경찰공무원 가산점 종목 등에 포함되어 있으며 경호무도나 실전무도 등으로 다양하게 활용되고 있는 것은 주지의 사실이라 할 수 있다. 이에 합기도에 대한 이해와 습득은 개개인의 가치를 향상시키는데 유용한 시간이 될 것으로 보여 진다.</td></tr>
<tr><td>수업목표</td><td colspan="5">첫째, 합기도에 대한 이론과 실기를 배양한다.
둘째, 합기도를 지도할 수 있는 능력을 키운다.
셋째, 수업을 통해 뚜렷한 목표의식과 바람직한 인격체를 형성하여 나라와 사회에 필요한 인재가 되도록 한다.</td></tr>
<tr><td>수업방법</td><td colspan="5">실기위주의 수업을 주로 하되 이론을 병행하여 수업을 진행 할 수 있다.</td></tr>
<tr><td>수업형태</td><td colspan="5">강의식, 실습</td></tr>
<tr><td rowspan="4">성적평가 방 법</td><td>중간시험(30%)</td><td colspan="2">성적평가기준</td><td colspan="2">이론 / 실기</td></tr>
<tr><td>기말시험(30%)</td><td colspan="2">성적평가기준</td><td colspan="2">실기</td></tr>
<tr><td>과제물 (20%)</td><td colspan="2">성적평가기준</td><td colspan="2">학기 중 1회 / 문헌 표기</td></tr>
<tr><td>출 석 (20%)</td><td colspan="2">성적평가기준</td><td colspan="2">4회 이상 결석 D, F</td></tr>
<tr><td>교재 및 참고문헌</td><td colspan="5">황종대, 김동규(2013). 합기도 역사 · 철학 · 수행.
경북: 영남대학교 출판부.</td></tr>
</table>

주 별 수 업 계 획

주	주제	수업내용	준비도구
1	오리엔테이션	학생과의 만남 수업진행 및 성적 부여 방법 소개	빔 프로젝트 필기도구
2	합기도에 대한 이론과 실기를 배양한다.	합기도 이론과 수기, 발차기, 낙법	필기도구 도복
3	합기도에 대한 이론과 실기를 배양한다.	합기도 이론과 기본술	필기도구 도복
4	합기도에 대한 이론과 실기를 배양한다.	합기도 이론과 바깥손목술	필기도구 도복
5	합기도에 대한 이론과 실기를 배양한다.	합기도 이론과 반대손목술	필기도구 도복
6	합기도에 대한 이론과 실기를 배양한다.	합기도 이론과 한 손에 두 손목술	필기도구 도복
7	합기도에 대한 이론과 실기를 배양한다.	합기도의 역사, 개념, 예 정신, 원리, 수행분야와 수기, 발차기, 낙법, 손목술	빔 프로젝트 필기도구 도복
8	중간고사	이론 / 실기	
9	합기도를 지도할 수 있는 능력을 키운다.	종합적 기술수련과 양손목술	빔 프로젝트 도복
10	합기도를 지도할 수 있는 능력을 키운다.	종합적 기술수련과 뒷 손목술	빔 프로젝트 도복
11	합기도를 지도할 수 있는 능력을 키운다.	종합적 기술수련과 방권술	빔 프로젝트 도복
12	합기도를 지도할 수 있는 능력을 키운다.	종합적 기술수련과 방족술	빔 프로젝트 도복
13	합기도를 지도할 수 있는 능력을 키운다.	1 대 2 응용술과 무기술	빔 프로젝트 도복
14	합기도를 지도할 수 있는 능력을 키운다.	전반적인 이론과 종합적인 기술수련	빔 프로젝트 도복
15	기말고사	실기	

20 - 학기 ○○대학교 강의계획서

과 목 명	호 신 술	교 수 명	황 종 대
연 락 처	휴대전화 000-0000-0000	E-mail 주소	redsun8118@hanmail.net

성적평가요소	중간시험 30%	기말시험 30%	과제물 20%	출석 20%

성 적 분 포	90점 이상	30%
	80점 이상 ~ 90점 미만	40%
	80점 미만	30%

주	강 의 내 용	수업방법	학습자료(과제포함)	기자재(보조교구)
1	1) 강의제목: 교과목 및 수업방법소개 2) 강의주제: 실기위주의 수업을 주로 하되 이론과 병행하여 수업을 진행할 수 있다. 3) 강의세부내용: 수강생과의 만남, 수업목표, 교과목 개요 등	이론	호신술 레포터 학기 중 1회 제출	빔프로젝터
2	1) 강의제목: 호신술의 이론적 개념 2) 강의주제: 호신술에 대한 이론적 개념을 이해한다. 3) 강의세부내용: 호신술의 개요, 특성, 종류 등	이론	1. 호신술의 유래 및 역사	빔프로젝터
3	1) 강의제목: 호신술의 기본원리와 기본낙법 2) 강의주제: 호신술의 이론과 실기를 습득한다. 3) 강의세부내용: 낙법의 궁극적 목표와 전, 후, 측방 낙법 등	이론 실기	2. 호신술의 기본원리와 낙법	빔프로젝터
4	1) 강의제목: 호신술 수기와 기본술 2) 강의주제: 호신술의 수기와 기본술을 습득한다. 3) 강의세부내용: 호신술의 기본인 잡혔을 때 푸는 위주의 기술	이론 실기	3. 호신술의 필요성과 기본술	빔프로젝터
5	1) 강의제목: 손목술 1 2) 강의주제: 호신술의 손목술을 습득한다. 3) 강의세부내용: 바깥 손목술, 반대손목술 등	이론 실기	4. 호신술의 효과와 손목술 1	빔프로젝터
6	1) 강의제목: 손목술 2 2) 강의주제: 호신술의 손목술을 습득한다. 3) 강의세부내용: 한 손에 두 손목술, 양손목술 등	이론 실기	5. 정당방위와 손목술 2	빔프로젝터
7	1) 강의제목: 종합적 기술수련 2) 강의주제: 호신술의 이론적 개념과 종합적 기술수련을 습득한다. 3) 강의세부내용: 기본낙법, 기본술, 수기, 손목술 1, 2등	이론 실기	6. 호신술의 이론과 종합적 기술수련	빔프로젝터

주	강 의 내 용	수업 방법	학습자료 (과제포함)	기자재 (보조교구)
8	중 간 시 험			
9	1) 강의제목: 종합적 기술수련과 손목술 3 2) 강의주제: 종합적 기술수련과 손목술을 습득한다. 3) 강의세부내용: 손목술 1, 2와 뒷 손목술 등	이론 실기	7. 상황별로 알아보는 호신술과 손목술 3	빔프로젝터
10	1) 강의제목: 종합적 기술수련과 악수술 2) 강의주제: 종합적 기술수련과 악수술을 습득한다. 3) 강의세부내용: 악수술	이론 실기	8. 성폭력의 개념과 악수술	빔프로젝터
11	1) 강의제목: 종합적 기술수련과 의복술 2) 강의주제: 상대가 의복을 잡았을 때 제압하는 기술을 습득한다. 3) 강의세부내용: 소매, 멱살, 머리카락 등을 잡혔을 때 제압	이론 실기	9. 성폭력의 유형과 의복술	빔프로젝터
12	1) 강의제목: 종합적 기술수련과 방권술 2) 강의주제: 상대의 주먹 공격 시 제압하는 기술을 습득한다. 3) 강의세부내용: 방권술	이론 실기	10. 성폭력에 대한 잘못된 편견과 방권술	빔프로젝터
13	1) 강의제목: 종합적 기술수련과 무기술 2) 강의주제: 상대가 무기로 공격해 오거나, 그것을 활용하여 제압하는 기술을 습득한다. 3) 강의세부내용: 단검술, 단봉술 등	이론 실기	11. 성폭력에 대한 대처행동과 무기술	빔프로젝터 단검 · 단봉 등
14	1) 강의제목: 전반적인 이론과 종합적인 기술수련 2) 강의주제: 종합적인 호신술 이론과 실기를 습득한다. 3) 강의세부내용: 손목술, 악수술, 의복술, 방권술, 무기술 등	이론 실기	12. 전반적인 호신술 이론과 실기	빔프로젝터 단검 · 단봉 등
15	기 말 시 험			

부 록 V

ㅇㅇ대학교 합기도 승단심사 채점표

번호	성명	이론 심사 (30)	실기심사(예절 · 신속성 · 정확성 점수 포함)					총점
			낙법 (10)	수기 (10)	발차기 (10)	겨루기 (10)	술기 (30)	
1								
2								
3								
4								
5								
6								
7								
8								
9								
10								
11								
12								
13								
14								
15								
16								
17								
18								
19								
20								
· ·								

찾아보기

용어

ㄱ

ㄹ

ㅁ

ㅈ

ㅎ

찾아보기

인명

ㄱ

ㄴ

ㄷ

저자소개

황종대黃鍾大

영남대학교 스포츠과학대학원 졸업(체육학석사)
영남대학교 대학원 체육학과 졸업(이학박사)
영남대학교 체육학부 강사
동아시아운동스포츠과학회 이사(韓·中·日)
국민생활체육 대구시합기도연합회 홍보위원장
국민생활체육 경산시궁도연합회 학술자문위원
대한민국경호무술 실무위원회 교육분과위원장
대한민국합기도 영남본부 원장
합기도 공인 8단 / 短劍道 公認 八段
전) 경산1대학 경찰경호무도학부 겸임교수
전) 수성대학교 생활체육레저과 강사
전) 영남이공대학 사회실무학부 부사관·경찰경호전공 강사

김동규金東奎

영남대학교 문리과대학 체육학과 졸업
고려대학교 대학원 체육학과 졸업(체육학석사)
한국체육대학교 대학원 체육학과 졸업(이학박사)
현재, 영남대학교 체육학부 교수(스포츠과학대학원장)
동아시아운동·스포츠과학회 명예회장
한국체육철학회 고문
대구·경북체육학회 고문